幼儿园区域活动设计与指导

主　编◎全晓燕

副主编◎黄琼慧

编写组◎全晓燕　黄琼慧　周　俊　黄训君　唐廷秀

刘昌群　魏华丽　阮晓磊　金　叶　李照会

华东师范大学出版社

·上海·

图书在版编目（CIP）数据

幼儿园区域活动设计与指导/全晓燕主编. —上海：华东师范大学出版社，2015.12
高职高专学前教育专业系列教材
ISBN 978-7-5675-4444-4

Ⅰ.①幼… Ⅱ.①全… Ⅲ.①幼儿园-教学活动-教学设计-高等职业教育-教材 Ⅳ.①G612

中国版本图书馆CIP数据核字(2015)第312397号

幼儿园区域活动设计与指导

主　　编　全晓燕
项目编辑　陈菊香
审读编辑　陈晓红
责任校对　赖芳斌
装帧设计　陆　弦
封面作品　张雯珺

出版发行　华东师范大学出版社
社　　址　上海市中山北路3663号　邮编200062
网　　址　www.ecnupress.com.cn
电　　话　021-60821666　行政传真021-62572105
客服电话　021-62865537　门市(邮购)电话021-62869887
地　　址　上海市中山北路3663号华东师范大学校内先锋路口
网　　店　http://hdsdcbs.tmall.com/

印 刷 者　常熟高专印刷有限公司
开　　本　890×1240　16开
印　　张　11
字　　数　301千字
版　　次　2016年2月第1版
印　　次　2022年7月第8次
书　　号　ISBN 978-7-5675-4444-4/G·8869
定　　价　24.00元

出 版 人　王　焰

前言

2011年，为了加快幼儿教师专业发展，建立一支高素质的学前教育教师队伍，教育部颁发了《幼儿园教师专业标准（试行）》，从专业理念上明确要求："幼儿教师要重视环境和游戏对幼儿发展的独特作用，创设富有教育意义的环境氛围，将游戏作为幼儿的主要活动。"在专业能力上将"环境的创设与利用"作为幼儿教师必备的七大专业核心技能之首，要求幼儿教师要"创设有助于促进幼儿成长、学习、游戏的教育环境"，会"合理利用资源，为幼儿提供和制作合适的玩教具和学习材料，引发和支持幼儿的主动活动"。为此，环境创设作为一门"隐性课程"越来越受到大家的重视，各地幼儿园纷纷将其纳入教师职责范围，并将教师是否会创设和利用幼儿园区域活动作为教师基本技能考核之一。广大幼教工作者已充分认识到幼儿园区域活动开展的独特价值，区域活动已经成为我国幼儿园普遍采用的一种教育活动形式。但在实际工作中，一些教师对区域活动的理解不够深入，对如何具体创设和利用上存在诸多困惑，导致盲目跟风和过于随意的现象产生，这些都亟待科学规范的指引。

教育要适应时代发展，为社会服务。作为以培养适应社会需求的高素质、技能型应用人才为目标的相关高等职业院校，更加迫切需要使学前教育专业的学生掌握幼儿园区域环境创设和运用这一突出的专业技能，这样才能与时俱进，适应幼儿园改革发展的市场需要，顺应时代的发展。因此，本书基于广大幼儿园在职教师和高职高专院校中的学前教育专业学生的现实需求编写，希望能及时做好专业指引。

本教材是基于《幼儿园教育指导纲要（试行）》、《幼儿教师专业标准（试行）》的精神，遵循教育部颁发的《教师教育课程标准（试行）》以及高职高专学前教育专业教学标准的要求，借鉴学前教育前辈和同行的研究成果，体现时代特征，力求扬长补短，凸显理论指导和实践操作相结合，体现了前瞻性、基础性、时代性、系统性、操作性和实用性等特征。

本教材分为区域活动创设与利用理论知识和实操两部分，共六章。前两章为理论部分，主要介绍幼儿园区域活动的内涵、特点、教育价值、区域活动规划应遵循的原则等基础理论知识；后四章为实操部分，紧紧围绕幼儿园区域活动创设和指导的理论要义，详细指导幼儿园几种常见班级区域活动的具体规划和利用要点，国内公共区域活动的创设与利用指导，在材料投放、教师环节指导和评价等实操环节进行有针对性的引领和训练。本书还针对广大农村幼儿教育工作者的现实需求，介绍了结合乡村特色创设本土化、特色化区域活动的有益探索。

本教材遵循理论与实践紧密结合、理论指引实践、实践丰富理论的基本原则，采用"名师名言点睛→案例或问题引入→理论知识指路→实践拓展练习"的基本体例，力求体现《教师教育课程标准（试行）》中"育人为本、实践取向、终身学习"的基本理念，以理论指引、知识阐述、问题解答为载体，以实际操作、能力训练为基本点，力求实现学前教育专业人才培养实训新模式；写作风格上力求浅显易懂、条理清楚、生动有趣，突出实用性、操作性和专业性。教材是学习的工具，授之以鱼不如授之以渔，但愿本教材能抛砖引玉，也希望幼儿园一线教师和学生们在使用本教材时，能够突出学习的主体性，带着问题去思考，使自己成为能发现问题、分析问题并解决问题的幼教工作研究者。

本教材由川南幼儿师范高等专科学校全晓燕副教授担任主编，主要负责确定本教材的编写体例，设计与修改教材提纲框架，确定编写人员，参与编写本书部分章节约十万字的撰写，及全书的统稿、审稿和定稿等事宜。川南幼儿师范高等专科学校黄琼慧副教授担任副主编，负责组织协调人员、参与讨论本书提纲拟定，撰写部分章节和统稿、审稿等工作。川南幼儿师范高等专科学校的夏蔚老师、王芳老师、尚月清老师、易晓玲老师为本书提供了大量的文字和图片资料。参与编写的老师有：川南幼儿师范高等专科学校的全晓燕、黄琼慧、唐廷秀、周俊、魏华丽、黄训君、刘昌群，四川幼儿师范高等专科学校的阮晓磊、金叶、李照会。具体分工如下：全晓燕（前言，第一章，第二章的第三节，第三章、第四章的第一、三、七节，第五章的第一、四节）；黄琼慧（第二章的第一节）；阮晓磊（第二章的第二节）；金叶（第二章的第四节）；魏华丽（第四章的第二节）；李照会（第四章的第四节）；唐廷秀（第四章的第五、六节）；黄训君（第五章的第二节）；周俊（第五章的第三节）；刘昌群（第六章）。

本书的出版特别受到了四川幼儿师范高等专科学校秦莉老师的大力支持，也得到了一些同行老师的帮助，感谢四川内江市第一幼儿园、四川攀枝花实验幼儿园、四川绵阳小岛幼儿园、四川泸州纳溪丰乐镇幼儿园、四川隆昌中心街、石碾镇、周兴镇、石燕桥镇幼儿园、上海浦东新区好儿童幼儿园、江苏徐州幼专国基幼儿园的大力支持，特别感谢四川省隆昌县莲峰幼儿园伍红云园长、郑静园长及全体老师为编写者提供大量编写图片等素材支持。本书的编写还得到了华东师范大学出版社朱健宝老师的亲切指导和无私帮助，特表示衷心感谢！本书在编写过程中，参阅了大量幼教同仁们的文献资料，采用了诸多幼儿园一线老师的图片和文字资料，在此表示感谢！未尽事宜请及时联系。

由于编者水平有限，本书中可能存在一些不当之处，真诚希望广大读者提出宝贵意见，同时，本书的实用性和部分创新还有待各位同仁、同学检验，不妥之处请多多斧正，深表谢意！

编　者

2015年7月20日

目录

第一章 走进幼儿园区域活动 / 1
第一节 幼儿园区域活动概述 / 2
第二节 幼儿园区域活动的发展 / 6
第三节 幼儿园区域活动有效实施的指导策略 / 12

第二章 幼儿园区域活动的设置 / 19
第一节 幼儿园区域活动设置原则 / 20
第二节 幼儿园班级区域活动设置的内容和要求 / 22
第三节 幼儿园区域活动材料投放 / 31
第四节 幼儿园区域活动规则的制定 / 40

第三章 幼儿园区域活动的组织与实施 / 45
第一节 幼儿园区域活动的设计 / 46
第二节 幼儿园区域活动的观察 / 53
第三节 幼儿园区域活动的指导 / 57
第四节 幼儿园区域活动的评价 / 61

第四章 幼儿园班级常见区域活动的设计与指导 / 69
第一节 角色游戏区的设计与指导 / 70
第二节 益智区的设计与指导 / 79
第三节 科探区的设计与指导 / 89
第四节 建构区的设计与指导 / 96
第五节 音乐表演区的设计与指导 / 103
第六节 美工区的设计与指导 / 113
第七节 阅读区的设计与指导 / 120

第五章 幼儿园园级公共区域活动设计与指导 / 129
第一节 户外运动区的设计与指导 / 130
第二节 科学发现室的设计与指导 / 139
第三节 图书室的设计与指导 / 144
第四节 感统训练室的设计与指导 / 150

第六章 幼儿园乡土特色区域活动的设计与指导 / 159
第一节 乡土特色区域活动的内涵和外延 / 160
第二节 乡土特色区域活动设计与指导要点 / 161

第一章　走进幼儿园区域活动

学习目标

1. 理解幼儿园区域活动的含义，掌握幼儿园区域活动特点，了解幼儿园区域活动与其他教育活动的关系。
2. 了解幼儿园区域活动的发展概况。
3. 了解幼儿园区域活动在幼儿园教育中的地位和意义，掌握幼儿园区域活动的实施策略。

名言语录

在教育上，环境所扮演的角色相当重要，因为孩子从环境中所吸取的东西，并将其融入自己的生命之中。从这个意义上说，幼儿园环境是孩子的第三任老师。

——玛利亚·蒙台梭利

第一节 幼儿园区域活动概述

案例引导

在幼儿园，老师们总是因地制宜地将幼儿园活动室的各个角落利用起来，相对隔开，投放相应的材料，组织孩子们到各个角落自由玩耍。我们发现幼儿也很乐意在一个个角落里自由地摆弄自己喜欢的玩具，要么写写画画，要么静静阅读，要么动手制作一些他们喜欢的人物、动物、车辆等，玩得十分投入。这些自由活动看似没有什么价值，实则不然，其实这是极具教育价值的“幼儿园区域活动”。那到底什么是幼儿园区域活动？区域活动具有哪些特点？它跟其他教育活动又有什么关系呢？

一、幼儿园区域活动的内涵及理论依据

（一）幼儿园区域活动的内涵

区域活动(area activities)作为一件“舶来品”，有多个英文名称。例如，游戏区、学习区或兴趣小组等。自20世纪80年代将其从美国引入中国学前教育界后，我国学前教育界从理论到实践层面一直在对它进行研究和探索。区域活动又称区角活动、活动区活动，有时也被称为“区域游戏”。在我国，该概念更多地被称为“区角活动”。关于它的概念，不同研究者从不同层面进行了不同的阐述。目前学前教育领域针对“区域活动”尚未有一个确切的定义。

冯晓霞认为，所谓区域活动也称活动区活动，指教育者以幼儿感兴趣的活动材料和活动类型为依据，将活动室的空间划分为不同区域，让他们自主选择活动区域，在其中通过与材料、环境、同伴的充分互动而获得学习与发展的一种活动形式。①

李生兰认为，区域活动“即学习中心、兴趣中心活动，它是教师从儿童的兴趣出发，为使儿童进行高效学习、获得最佳发展而精心设计的环境，儿童可以自由地进出各区域，开展游戏活动”。②

霍力岩、孙冬梅认为，区域活动“指的是这样一种教育形式——教育者以幼儿感兴趣的活动材料和活动类型为依据，将活动室的空间划分为不同区域，教师根据一定的教育目标在这些区域里布置丰富多彩的活动材料，让幼儿根据自己的兴趣和发展水平自主选择活动区域和活动内容，通过材料的操作以及与环境和同伴的充分互动而获得个性化的学习和发展”。③

张海红认为，区域活动，也称区角活动、活动区活动等，它是教师根据教育目标以及幼儿的发展水平和兴趣，有目的地将活动室划分为不同区域，如美工区、积木区、表演区、科学区等，投放相应的活动材

① 冯晓霞.幼儿园课程[M].北京：北京师范大学出版社，2001：259.
② 李生兰.美国学前教育机构的区域活动及思考[J].幼儿教育，2002(10)：16.
③ 霍力岩，孙冬梅.幼儿园课程开发教师专业发展——比较研究的视角[M].北京：教育科学出版社，2006：126.

料，由幼儿按照自己的意愿和能力，以操作摆弄为主要方式，进行个别化的自主学习活动形式。①

覃元东、王春燕认为，区域活动也称活动区活动、区角活动等，指以幼儿兴趣、需要为主要依据，考虑幼儿园的教育目标、正在进行的其他教育活动等因素，划分一些区域，如积木区、表演区、科学区等，在其中投放一些适合的活动材料，制定活动规则，让幼儿自由选择区域，通过与活动材料、同伴等的积极互动，获得个性化的学习与发展。②

虽然不同学者对区域活动概念进行了不一样的界定，但是我们不难发现：自主性、创造性、互动性、趣味性、选择性是区域活动的共同特点。因此，本书对幼儿园区域活动的概念界定如下：幼儿园区域活动指的是幼儿园教师根据幼儿的兴趣和发展需求，融合教育目标和正在进行的各项教育活动要求，选取幼儿感兴趣的活动材料和活动类型，设置相应区域，吸引幼儿自主选择区域并通过与材料、环境、同伴的充分互动的个性化学习而获得发展的一种教育活动。

(二) 幼儿园区域活动的理论依据

瑞士心理学家皮亚杰的认知发展理论为区域活动奠定了理论基础。他认为，认知结构是逐步建构起来的。它发生的起点是主客体相互作用的唯一一个可能的连接点——活动(动作)，而不是知觉。幼儿是在对材料的操作摆弄过程中建构自己的认知结构。而我国教育家陶行知也认为幼儿最有效的学习方式是“做中学”。

维果斯基的“最近发展区理论”也是区域活动的重要理论依据之一。维果斯基认为“游戏活动创造了儿童的最近发展区”，区域活动是幼儿在最近发展区里的活动，能为每个幼儿提供发展潜能的机会，让他们在活动中超越自己原有的水平，获得新的发展，这完全符合因人而异、因材施教的原则。陈鹤琴先生也非常强调环境在幼儿发展中的重要作用，他是我国从理论角度深入、系统地探讨幼儿园环境创设的第一人，他认为学前儿童应该有游戏的环境、艺术的环境和阅读的环境。③

2001 年 7 月颁布的《幼儿园教育指导纲要(试行)》(以下简称《纲要》)提出：“幼儿园应为幼儿提供健康、丰富的生活和活动环境，满足他们多方面发展的需要，使他们在快乐的童年生活中获得有益身心发展的经验。尊重幼儿身心发展规律和学习特点，以游戏为基本活动，保教并重，关注个别差异，促进每个幼儿富有个性的发展”，而幼儿园区域活动正符合这一要求，幼儿园区域活动是独特的幼儿教育形式，以尊重幼儿个性差异、满足幼儿个性发展为目的，是幼儿喜欢的一种教育活动形式。可以说《纲要》是幼儿园开展区域活动最直接的理论依据。

二、幼儿园区域活动的特点

幼儿园区域活动是一种学前儿童的自主性探索活动，玩什么游戏、跟谁玩、怎样玩，都由儿童自己做主。他们自选活动内容，以小组或个体的形式来开展区域活动。相对其他形式的教育活动，区域活动具有以下几个特点。

(一) 极具个别化的选择性学习

活动区的活动多是以儿童为主体的自选活动，教师的直接干预行为较少。这样就为儿童提供更多按照自己兴趣和需要进行活动的机会，满足儿童的个别化需求。区域活动打破了传统的集体授课形式，

---

① 张海红. 幼儿园区域活动中存在的问题与对策探析[J]. 教育导刊，2006(10)：11 - 13.
② 覃元东，王春燕. 幼儿园区域活动新论：一种生态学的视角[M]. 北京：北京师范大学出版社，2008(10)：1.
③ 郑健成. 学前教育学[M]. 上海：复旦大学出版社，2014：135.

让儿童通过自身的操作与物质环境发生相互作用，从而获得发展。与传统的集体教学活动相比，幼儿在学习方式、师幼关系、活动控制等方面享有充分的自主选择机会。通过自选游戏，能给儿童提供更多的活动机会，无须受到“自己要与集体同步”的约束，能够使幼儿在轻松、愉快、自愿的状态下进行活动与游戏。区域活动材料多样，内容丰富，它为儿童提供了自主选择的余地，儿童可以选择自己喜欢的、自己擅长的或对自己带有挑战性的项目进行操作。

(二) 自主性学习

自主性是指行为主体按自己意愿行事的动机、能力或特性，是人的素质的基本内核。两岁左右的幼儿进入人生的第一反抗期，许多家长忽视了这一自主性的萌芽时期。人的自主性有一个由弱到强的发展过程，尊重和发展幼儿的自主性是区域活动的一个重要的出发点和基本特征。

区域活动具有自由、自选、独立而协作的优势。在区域活动中，幼儿可以自己选择感兴趣的区角，决定游戏的主题、内容的难易度，游戏的时间、材料的选取等都可以由幼儿自己把握，这充分体现了幼儿自主学习的特征。以区域活动为手段培养幼儿的自主性是非常恰当的。儿童在没有压力的环境中玩玩做做，生动、活泼、自主、愉快地活动，潜移默化地学习，更多体验到成功的乐趣。

(三) 操作性学习

区域活动为幼儿搭建了动手操作的实践平台，区域活动满足了幼儿好奇心强、好操作并摆弄探究的实践天性，相比于集体教育活动和主题活动，它更强调幼儿在活动过程中的积极体验和自主探究，很好地体现了陶行知先生倡导的解放儿童的双手、大脑、嘴巴、眼睛、时间、空间的六大解放理念。幼儿在区域活动中，无论是活动区域材料的收集和投放，还是游戏玩法和游戏伙伴的选择，都在充分的自主实践中完成，幼儿根据自己的兴趣和能力，自由选择、摆弄、操作、探索，并构建自己的经验和感受。可以说，幼儿通过区域活动的实践获得了大量有利于其成长的经验。

(四) 友好互助的互动性学习环境

在区域活动中，儿童可以个体活动，但一个区域的环境自然构成一个小组，所以区域活动更多是小组活动，这就为儿童提供更多自由交往和自我表现的机会，增进同伴之间的相互了解，尤其是增进对同伴在集体活动中所不可能表现出来的才能和优点的了解。有时小组活动也可通过教师与儿童的共同活动来实现。[①]

(五) 宽松自由的创造性学习氛围

好奇、求知是人的天性，也是创造性的根源。实践探索是创造性发展的基本途径，宽松自由的环境是创造性发展必要的外部条件。区域活动强调幼儿在“做中学”，按照自己的意愿、设想操作并摆弄活动区材料，尝试发现、分析和解决问题，实现手脑并用、身心合一，促进幼儿创造意识和能力的发展。

(六) 趣味性

区域活动是幼儿自愿选择参加、自主设计开展的集探究、交往、娱乐于一体的活动，要使幼儿积极主动地投入到区域活动中去，活动区的布置和材料的投放必须能够引起和满足幼儿多种探究和游戏的兴

① 郑健成. 学前教育学[M]. 上海：复旦大学出版社，2014：135.

趣和愿望。趣味性是区域活动顺利开展的重要前提。①

三、幼儿园区域活动与其他教育活动的关系

(一) 在活动区里充分游戏

游戏是幼儿的基本活动,符合幼儿的心理发展水平,深得幼儿的喜爱,同时游戏也是最适宜于幼儿身心发展的学习方式。区域活动是开放性的教育活动,是幼儿按自己的意愿进行的一种带有学习性质的游戏。将幼儿园游戏活动和区域活动有机整合,让幼儿在区域活动中游戏,通过自主的探索和小组合作学习,将极大促进幼儿的学习与发展。

教师应在活动区内投放幼儿感兴趣的活动材料,并努力让区域活动富有游戏性和情境性,帮助幼儿拓展和深入游戏。当前,区域活动游戏化和游戏活动区域化是大势所趋。作为幼儿教师,我们没必要将两者截然分开,相反,我们更应该将区域活动和游戏活动有机整合,充分发挥二者的最大功能。②

(二) 区域活动与集体教育活动的互补

现在,很多教师习惯于围绕主题开展集体教育活动,此类活动有助于整理并提升幼儿零散、偶然的知识经验,使之系统化,同时也是向幼儿传授新的知识经验的重要途径。教师要善于在区域活动中引导幼儿复习、巩固已有的知识经验,如主题活动"美丽的蝴蝶"中的美术教育活动,教师和幼儿一起探索了新知识点——"对称是蝴蝶美丽的秘密",在接下来的美术区域活动中,教师要有意识地引导幼儿运用"对称"去表现和创造美。又如在开展语言活动《小蝌蚪找妈妈》之前,教师在语言区为幼儿投放了各种图文并茂的书籍以及录音机等。幼儿自由地听录音学故事,玩根据图片找文字或根据文字找图片、连线等游戏。同时,幼儿可以随时自主地选择在各区域内进行活动。该活动结束之后,部分幼儿又纷纷涌向语言区进行自由活动,爱画画的幼儿则来到美术区自由地发挥他们的想象。教师来到区域中,及时给予他们支持,引导并帮助幼儿把图画装订成书、加上封面……

在上述的语言活动中,教师灵活地利用了区域活动,并把它作为集体教育活动的有力补充。教师在开展集体教育活动的时候,要努力创设与活动相适宜的区域和游戏环境,力求让幼儿在游戏的情境和丰富的活动材料中获得与教学活动有关的知识经验和情感体验,这是一种积极的辅助。反过来,在区域活动开展的同时,也要针对幼儿在活动区中出现的一些问题,开展集体教育活动,提升和巩固幼儿的知识经验。比如在上述案例中,教师通过观察幼儿的活动,能够了解幼儿的绘画和语言发展水平,也会发现幼儿在知识、能力、情感态度方面存在的问题,如涂色不大胆、想象力不够丰富、语音不够清晰、表述的词汇比较匮乏……教师针对这些问题可随即调整美术和语言方面的相关教育目标,并在以后的语言和美术集体教育活动中解决这些问题。

区域活动和集体教育活动是互为补充的关系。区域活动丰富了幼儿的经验,是顺利开展集体教育活动的"基地";集体教育活动提升和巩固了幼儿的知识经验,也是成功开展区域活动的"有力武器"。很多教师将活动区等同于分组教学和作业教学的延伸场所,十分强调区域活动的学习功能。虽然,这样做不利于幼儿自主性和创造性的发挥,但是从发挥教师的主导作用和强化幼儿的学习效果来看,有其合理性。当然,教师在发挥区域活动补充作用的同时,千万不要忽略区域活动自身的特点。一味地强调区域的学习功能而忽视幼儿主动性的做法,我们是坚决反对的。

---

① 朱颜.刍议幼儿园区域活动[J].科教导刊,2012(9):244-245.
② 郑健成.学前教育学[M].上海:复旦大学出版社,2014:137.

（三）区域活动与主题活动的整合

主题活动体现了整合教育观，强调知识经验在幼儿生活和游戏中的横向联系，围绕一个中心而展开的主题活动是一张横向联系的知识网。主题活动可以使区域活动更具有探究性，许多幼儿正是在区域活动中积极探索来自主题活动的各种问题。主题活动中的重要学习内容需要在区域活动中得以延伸。教师如果适当地调整区域活动的目标，提供相关材料，就能使区域活动开展得有声有色，有助于幼儿整理、巩固并创造性地再现各种感受和经验，甚至会引发幼儿更新、更深入的学习活动。如在主题活动中，幼儿和同伴、教师一起运用言语交流、绘画设计、手工制作、动作模拟等多种方式来表达自己对主题的关注与了解，并体会自己在表现过程中所获得的乐趣。幼儿通过看报纸图片、看电视、听成人介绍、与同伴交流、看话题海报等多种途径，粗略地了解与主题相关的知识，产生了探究的愿望。同时，幼儿也意识到了学习的多元化。教师也可利用区域活动这一教育手段，通过适宜的材料投放、富有启发性的问题设计，将游戏、教学活动、区域活动、主题活动完美地融为一体，有效地提高了教学质量。

区域活动能极大地丰富和拓展主题活动的空间。在幼儿的自主活动中，许多原来被主题网所忽略的问题被重新发现，由此拓展了主题活动的范围，并使主题活动的价值得以深入挖掘。所以，作为一线教师，要充分发挥两者的优势，让主题活动和区域活动成为"形影不离"的伙伴。

一方面，一些重要的主题和学习内容可以从区域活动中发掘出来。比如，幼儿在操作区玩石磨的时候，磨出了许多花生粉、芝麻粉、绿豆粉，有的幼儿还将这些粉混合起来调制成"饮料"，拿到"商店"去"卖"。于是，"魔法食物"这一主题就应运而生。

另一方面，也可以结合主题的目标生成新的活动区域。主题活动的开展并不是一成不变的，随着主题的深入，幼儿和教师会发现新的问题。作为教师，要及时调整活动方案，及时增加或更换活动区域。如在主题活动"超市"中，教师根据幼儿的兴趣，以购物活动为切入点，活动就自然延伸到了"我爱吃的食物"方面。为了让幼儿对食物的认识和感知更加全面，教师又创设了一个新的区域：娃娃厨房，幼儿自己动手制作一些简单常见的食物，如煮玉米、蒸白薯、水果拼盘、蛋花汤等。教师应积极创设适宜的区域环境，让主题活动的开展更加富有弹性，也让主题活动的目标更容易达成，起到"事半功倍"的作用，幼儿也会更愿意在区域中主动探究。可以这样说，教师积极创设区域环境是"磨刀不误砍柴工"的过程，区域活动正是实现主题教育目标的重要途径。

拓展练习

1. 什么是幼儿园区域活动？幼儿园区域活动具有哪些特点？
2. 试论述幼儿园区域活动与其他教育活动的关系。

第二节　幼儿园区域活动的发展

案例引导

关于区域活动的源头，国内的文献一直语焉不详，一种说法是来自蒙台梭利的"儿童之家"中所设计的有准备的环境。另一说法是区域活动来自开放教育（open education）。区域活动的源头到底在哪里？何时引入中国？我国区域活动的现状和趋势又是怎样的？

一、幼儿园区域活动的缘起

作为“舶来品”的区域活动，大家都认可其源自欧美，但它的源头到底是来自蒙台梭利的“儿童之家”中所设计的有准备的环境，还是来自英国的开放教育，这一直是个有争议的话题。

查阅蒙氏相关文献，却很难找到确凿的证据。对于“儿童之家”教室的安排，蒙台梭利曾说过，每个教室有一排专门设计的装教具的矮长柜橱，橱顶放植物盆和鱼缸，或各种给孩子随意玩的玩具，主要房间的一个重要特点是要有一个长长的、低低的放学习材料的橱。在她的原著以及传记中，我们都没有看到她对在教室内部进行空间区隔展开论述，更多是涉及家具的儿童尺度(child-scaled)以及材料的类型和功能。但她关于感觉、智力、阅读、书写等方面的材料设计，如今被使用于世界各地的区域活动中。另外，尽管蒙台梭利本人并没有进行区域设置，但在当下的蒙台梭利学校里，却常常能看到区域设计，这应该是蒙氏教育后来的继承者进行改良的结果。

另一说是区域活动来自开放教育，这一说法有一定的道理。“open”翻译过来有“拆除藩篱”的意思，开放教育是受现代技术发展的影响而变革传统的教学方式、内容、师生关系以及环境的一种教育思潮，它引发了多方面的变革，如课程开放(open curriculum)、资源开放(open resourses)、空间开放(open space)。准确地说，区域活动与开放空间教育计划(open-space plan in education)有着更为直接的关系。

教室区域设置理念的源头可以追溯到儿童中心主义的建筑学思想。在这方面具有先锋意识的是英国博物馆教育家莫莉・哈里森。作为一名曾经的儿童教师，她于 1946 年—1969 年在伦敦的杰弗瑞博物馆担任馆长。她首次在博物馆设置儿童教育部，并将她在担任教师工作时对儿童中心主义的信念和理解付诸博物馆的教育实践中，让包括贫困阶层孩子在内的所有儿童走入博物馆，并对博物馆的空间、环境、材料进行了精心的设计。她认为，“education”的词源之一“educare”与“教给知识”并没有关系，而应优先关注生理和情感发展以及幸福。好教师知道 educare 意味着滋养，将自己的工作视为园丁，尽力对待花朵，但不会总去确定哪些成长是他的努力带来的……学校应该是一个充满了生命、活力和快乐的地方，教学技术应该从儿童的天性中得来，从活动中学习——自己动手，通过经验来学习而不是听别人告诉你。

她的卓越工作引起了建筑学界的关注，同时也正好吻合了现代主义建筑思想的主张。儿童中心教育思想和关于空间、光线的健康标准使得建筑师使用了许多现代主义的关于空间和形式的元素，也因为现代主义的主张代表了一种进步趋势，它将学校感知为一个培养适应于现代社会的未来公民的场所。这使得第二次世界大战后的新教育和新建筑学之间产生了密切的联系，即都依赖同一个隐喻——“开放”与“自由”。儿童中心主义派的建筑师意识到，他们急需反思和抛开的是“使学校像一个制度化的机构”的观点。他们开始注意按照儿童心理学和教育学的原则进行建筑设计，就如同哈里森所言，关注儿童的成长发展不仅仅是挂钩的位置要适合他们的身高，而是要将一切设计都调适到合理运用发展心理学以及对儿童生活的理解上来。

上述观点和我们现在所关注的区域活动的核心价值——“学习”，有一些不同之处。教育空间的开放设计最早是出于对儿童情感和人格的强烈关注。按照童年历史学家哈里・亨德里克的看法，战后时期出现了一种强烈的“对儿童情绪的意识和兴趣”。那时有关儿童权益的关键社会文件——柯蒂斯报告，即认为童年期遭遇不幸和忽略，对成年后的人格将会有长期的消极影响。哈里森批评当时的学校建筑：应该说，对老式学校的最大控诉不是在物理上的，而是在心理学上的，它确实地、很大可能地，是对童年的恐惧和对日后生活的神经质焦虑的强烈连接。另有学者也批判道，多数现存学校都被修成一个围合的僵死的空间，为有限的明确意图而使用着，而不是有弹性的空间，能为教育中发展带来的新的有变化的活动而进行调适。作为“制度化”反面的“亲密”和“开放”，成了那个时期建筑思想的显著特征。

为了创设一个心理学意义上的、有安全感的社会化场所，不仅整个校园的建筑要打破过去那种班级分隔、以教师和管理者为中心的制度化特征，而且教室布置也开始了变革，从一个座位整齐排列、具有唯一中心的规训空间，变为“一系列壁龛似的空间，每一个都可以容纳一个或者两个小组，让孩子们在其中工作，去创造一种亲密感，容纳发生的各种活动”。这就是早期的区域设计。正是基于这样的背景，产生了开放空间教育计划。它不是纯粹的物理环境安排，而是一种立场。它产生了一系列教育实验，如开放学校(open school)、开放教室(open classroom)、自由学校(free school)等。英国最早开始在教室里进行开放性的区域设计，而且这种设计思想被更广泛地运用到婴幼儿学校。后来引起了美国教育者的关注，其中费城公立学校的拉斯穆森夫人在20世纪60年代首次引进了英国的这种模式，接着许多学校都开始尝试。美国经济机会办公室(United States Office of Economic Opportunity)于1970年在九大城市中开始为这方面的教师培训提供财政支持，福特基金会(Ford Foundation)也开始为发展开放教室提供基金资助。

如今，开放教室已经遍布全世界每一个角落，它们有着共同的核心空间设计思想——“亲密”与“开放”，同时又有着多样的、复杂的形式和名称，如学习中心(learning centers)、兴趣中心(interest centers)、活动区(activity area)、游戏区(play area)、教育实验室(education laboratories)、教学材料中心(instructional materials centers)等，也许还有更多的变式。就目前来说，北美儿童教育机构(包括婴幼儿教育机构)使用比较普遍的是“学习中心”，不论是教育部门文件还是教科书或学术著作都更多地使用这个概念。我们通常所说的“区域活动”，一般被表述为“学习中心活动”(learning centers activities)。①

二、幼儿园区域活动在我国的兴起

20世纪80年代，改革开放的号角吹响了我国历史的新纪元，我国学前教育工作者又开始重视借鉴西方的学前教育课程，尤其是美国的学前教育课程。于是，区域活动被一些留美归国人士介绍到中国。但是，由于长期存在的传统教育观念以及制度的“同化”，区域活动在中国的教育实践产生了各种变式，同时也产生了许多困惑。分科教学理念在当时的中国根深蒂固，影响了区域活动在我国的发展，区域活动从理论到实践是形式意义大于实际意义。在学习借鉴过程中，我们也只模仿了区域活动的外在形式，对区域活动的本质或精神缺乏深刻认识，此阶段的区域活动只是“形似”而非“神似”。

1989年11月20日，第44届联合国大会通过了《儿童权利公约》，这为中国幼儿园区域活动的发展提供了法律保障。它的基本思想原则是：儿童优先原则；尊重儿童人格原则；尊重儿童意愿原则；一视同仁原则。《儿童权利公约》体现了一种全新的儿童观，把儿童当作是有能力的、积极主动的权利主体，提高了人们对儿童的自觉意识，而这是依法做好儿童保护工作的根本所在。②

中国学前教育在改革开放中迎来了春天，学前教育改革蓬勃发展，“活动区”活动是在我国幼教改革的大背景下产生的，因此它的产生必然与课程改革的指导思想密切相关。“以儿童发展为本”是整个教育改革的核心理念，它要求教育必须遵循儿童发展的规律，尊重儿童发展的个体差异。就幼儿教育而

① 黄进.幼儿园区域活动的来源与挑战[J].学前教育研究，2014(10)：31-32.
② 黄珍.文化学比较视角下的幼儿园区域活动研究[D].桂林：广西师范大学，2014.

言，即针对幼儿的年龄特点，改变“学科化”“小学化”的状况。《幼儿园工作规程》首次提出了幼儿园要“以游戏为基本活动，寓教育于各项活动之中”的思想，其强调儿童个性发展的思想又为区域活动的发展提供了法律依据，我国的区域活动在摸索着前进。

三、我国幼儿园区域活动教育的现状与趋势

随着区域活动的本土化，幼儿园也逐渐开设区域活动。在2001年7月教育部颁发的《幼儿园教育指导纲要（试行）》中强调“教育活动内容的组织应充分考虑幼儿的学习特点和认识规律，各领域的内容要有机联系，相互渗透，注重综合性、趣味性、活动性，寓教育于生活、游戏之中”。“以游戏为基本活动”以及“关注个别差异”，这与区域活动所倡导的价值目标是一致的。自此，关于幼儿园区域活动的研究成为热点，而区域活动也成为幼儿园课程实施的主要途径之一。在2012年10月教育部颁发的《3—6岁儿童学习与发展指南》中强调要“尊重幼儿发展的个体差异”以及“最大限度地支持和满足幼儿通过直接感知、实际操作和亲身体验获取经验的需要”，而区域活动所具有的优越性，使得它越来越受到人们的普遍重视和高度关注，幼儿园区域活动的开展也如火如荼。那么，在实际操作过程中，区域活动实施的状况如何？区域活动朝哪个方向发展呢？

（一）幼儿园区域活动教育的现状

根据方贞梅、王东华在《幼儿园区域活动实施的现状、问题及对策研究》中的调查结果显示，目前我国幼儿园区域活动教育状况如下：

1. 幼儿园开展区域活动的一般情况

由于幼儿园及教师对于区域活动存在一定的认知偏差，并不能完全理解区域活动的价值，因而幼儿园开展区域活动的现状并不理想。主要存在的问题是很多班级不能每天开展区域活动，或在开展区域活动前没有制订明确的计划，或是在时间及空间上难以满足幼儿区域活动的需求。

2. 教师对区域活动的认知

不少教师对区域活动的认知存在一定的偏差，区域活动的开展存在形式化的问题，幼儿教师未经过系列的专业培训，不能充分理解区域活动的本质，而仅仅将区域活动当成众多幼儿活动之一。幼儿园对于区域活动的重视程度不够或者其管理上存在一定的缺位。虽然幼儿园会定期开展区域活动的检查，但是未能形成长效监督机制，部分教师在检查之后又回到原先的状态。幼儿园未形成相互学习、相互交流的氛围，虽然幼儿园定期开展区域活动观摩，但是观摩后未能及时组织教师开展讨论、交流活动，导致活动效果不理想，教师的相关能力未能得到较大提升，仍处于“孤军奋战”的状态。

3. 教师对区域活动的指导

区域活动中，教师的指导存在一定的误区。首先，一部分教师认为区域活动中教师的指导可有可无，这直接影响到区域活动的效果。在实际的指导过程中，部分教师的指导方式存在问题，他们仍停留在传统教学的层面，使得区域活动难以发挥原有的教育效果。从区域活动开始前的准备到活动过程中教师介入的策略以及介入的时机来看，不少教师存在在区域活动中教师角色定位不明确、介入时机不恰当、介入策略不正确等问题。正如有的研究者所提出的，区域活动毕竟不同于课堂教学，它更注重于幼儿的个体发展。在区域活动中，教师要适当介入。这说明幼儿教师仍需要继续加强对区域活动方面的知识学习。

4. 幼儿对区域活动的偏爱

幼儿对区域活动中不同区域的兴趣是不一样的。调查显示，幼儿最感兴趣的区域排在前五位的分

别是角色扮演区、生活区、建构区、美工区以及阅读区。这一方面说明了不同区域设置的必要性；另一方面也提醒幼儿园或者教师，要在调查研究的基础上合理设置本园或者本班的区域，而不是简单地套用其他幼儿园或者班级的区域模式。另外，由于年龄的不同，幼儿对于区域的兴趣也可能存在差异。最后，在开展区域活动之前，教师要根据幼儿对区域兴趣的不同，从空间、时间以及材料的投放等方面对本班的区域进行重新规划。

5. 影响区域活动效果的主要因素

区域活动的效果受到诸多因素的影响，且影响程度是不一样的。从调查中可以看出，教师是最主要的影响因素。虽然幼儿在区域活动中起到主导作用，但是由于生理及心理因素的限制，他们只能被动地接受教师所创设的区域，并在此基础上进行学习。因此这需要教师搭建一个良好的发展平台。另外，调查发现，影响因素之间是相互影响的，如果教师教育观念滞后可能直接导致其他因素的产生，这也说明教师只有在认知上作出改变，才有可能保证区域活动的教育效果。①

（二）幼儿园区域活动教育的趋势

1. 区域活动主题化

表现之一：某一区域活动内容的主题化

某些区域的活动内容，是从益智、建构、美工、角色、操作、语言等常规区域划分中细化而来，活动内容指向明确，主题突出。例如，拼图大世界，从益智区中分化出来，顾名思义，在这个区域中，拼图非常丰富，材料相对集中，有自制的，也有购买的；有简单的，也有复杂的；有单幅的，也有连续的等，幼儿可自由选择。再如，家政小屋是从美工区中分化而来，把缝纫的主题凸显出来。孩子们在小屋中可以任意选择喜欢的内容，如缝制小书包、小衣服、小裤子，或用各种各样的扣子为小动物添补眼睛和嘴巴，用彩线刺绣等。孩子们在同一主题下进行着难易程度不同的活动内容，既便于选择，又有利于教师指导。

表现之二：部分区域的活动内容围绕同一主题

根据活动内容的需要，部分区域可能会做出调整，暂时关闭或改变。例如，梦想剧场的演出，由于场地的原因，建构区暂时关闭，用来搭建舞台；美工区中的活动材料制作成各种演出服装，装饰舞台背景；语言区转变为排练室等。一个主题需要多个区域的参与和协调，使活动目标明确。幼儿在整个过程中有分工有合作，充分体验了交流与分享的快乐。

表现之三：所有区域活动凸显一个主题

区域活动与主题教学活动相呼应，在各个区域中为幼儿提供与之相关的、不同角度的、更为广泛的学习经验。例如，小班正在进行主题活动——“水果”，区域活动中则相应地渗透有关水果的内容。如益智区，用各种水果的实物与图片进行数数、与蔬菜一起进行排序、分类；制作种子标本等。娃娃家，进行水果榨汁、去皮、做沙拉、拼盘等活动；图书区，投放各种关于水果的书籍；美工区，撕、粘、剪、贴、捏、画、制作水果；开设水果店，进行角色游戏……区域活动与主题教学活动交相呼应，为幼儿呈现出一个完整而连续的相互关联的事物存在形态。主题教学活动增强了区域游戏的目的性，使游戏的题材和内容充满变化，常玩常新。区域活动的开展又使主题教学活动落到实处，使幼儿在活动中获得直接体验和直接的技术与信息交流。对幼儿来说，这些无疑是有益的。

2. 区域活动与主题教学活动一体化

主题教学活动和区域活动，虽然二者不能截然分开，但是，在人们的意识中仍是泾渭分明的。以往，

---

① 方贞梅，王东华.《幼儿园区域活动实施的现状、问题及对策研究》[J]. 陕西学前师范学院学报，2015(1)：18－20.

主题教学活动通常是在区域活动之后相对集中的一段时间内进行。但是，随着区域活动中内容的不断丰富和延伸，短时间内并不能满足幼儿的需求，加之主题教学活动经常采用小组的方式进行，因而区域活动与主题教学活动相互转换、融合的趋势也越来越明显。教师凭借教育技巧，在区域活动和主题教学活动之间进行选择、判断和挖掘，并适时地使其相互转化。在教学实践中，老师们深刻地感到，主题教学活动区域化是一种有效的教学策略。例如，小班幼儿对玩沙产生了极大的兴趣，为了顺应孩子的需求，教师设计了主题教学活动——有趣的沙。随着天气转凉，活动不能在户外进行了，又限于沙的特性及场地空间的原因，于是教师巧妙地把活动区域化。

3. 区域活动生活化

“密切联系幼儿的生活进行教育”，这是《幼儿园教育指导纲要(试行)》中明确指出的。李季湄教授也曾说过：“幼儿园的教育要全部延伸到幼儿的生活中去。”区域活动作为幼儿教育中不可或缺的组成部分，生活化也越来越明显。首先，它的设置更像家庭，孩子是这个家的主人，有权决定并参与区域的设置，探讨制定区域活动的规则等；再有，活动的内容随着幼儿兴趣的变化而改变，与幼儿生成的活动内容互为补充，是教师精心筛选的孩子身边事物的浓缩或延伸。孩子们在区域中尝试、体验、探索、经历着真实的生活，区域活动为生活经验的获得提供了机会，为经验的提升奠定了基础。

4. 区域活动艺术化

幼儿园教育从一定意义上来讲，是环境的教育。区域活动为幼儿提供的是一个宽松、自由、平等的环境，它融合了生活的艺术、学习的艺术、交往的艺术、审美的艺术……孩子们在家政小屋用苇子、棍儿编成小帘子，再贴上一幅绘画作品，悬挂起来俨然是一件艺术品；建构区，幼儿搭建的作品，充满想象和创造，美不可言；绘画室，那就更不用说，一个个材质、形态各异的瓶子，安然畅游的小鱼，精巧别致的盆栽，名家的绘画与书法作品欣赏等，扑面而至的艺术氛围让人产生绘画的欲望。给孩子的就是要精品，这需要教师别具匠心，为孩子创造出一个艺术化的环境，使其受到高品位的熏陶。

5. 区域材料价值的最大化

从讲求形式的丰富到注重教育内涵的挖掘，老师们走过了很长的一段路。区域活动很大程度上是依靠材料与幼儿互动来达成教育目标，可以说教师的工夫要下在背后。这就有一个很大的问题，那就是时间。大家都有一种感受，幼儿园老师的时间很紧张，做材料就要加班加点。怎么办？大家不约而同地把着眼点落到区域材料价值的最大化上。例如，有趣的豆子区。主体游戏材料是各种各样的豆子，教师和孩子一起来收集，然后和孩子们一起探讨豆子有哪些玩法，于是豆子的多种游戏玩法便应运而生：榨豆浆、磨豆粉、买卖交易(学习使用“秤”以及认识使用钱币)；用各种量杯、量筒和大大小小的瓶子灌注、倾倒来体验守恒；分一分(学习筛的技能和手眼协调以及耐心做事)；抓豆游戏(练习估算和简单的加、减运算)；豆子粘贴画等。有意思的是，当孩子们进行过豆子粘贴画之后，又从图书区了解到现在世界上粮食很紧张，做过粘贴画的豆子就不能吃了，是一种很大的浪费。于是他们自制了公告牌，向全园小朋友们建议，不用粮食作粘贴画，改用果壳、锯末、废弃的布与纸等。而且孩子们开始自己动手搜集粘贴材料，班里的美劳区材料也随之得到极大地丰富。当教师运用教育智慧，充分挖掘材料的教育价值，转变观念，并把收集材料的过程当作教育活动的开始时，不仅解放了自己，而且区域材料的价值也正在最大化。

由此，看区域活动发展的趋向，犹如一篇散文——“形散而神聚”。其活动内容、游戏形式、结构布局乃至材料投放都极具灵活性、开放性，富有弹性且具有动态感。但无论如何变化都紧紧围绕着一个“神”而进行，这个“神”就是——为幼儿创设一个具有支持性的、高质量的、幼儿感兴趣的学习环境！让孩子们在宽松、自主、探索与创造中快乐地生活、个性地发展！

拓展练习

1. 谈谈我国幼儿园区域活动教育的现状。
2. 试论述目前我国幼儿园区域活动教育发展具有哪些趋势?

第三节 幼儿园区域活动有效实施的指导策略

案例引导

区域活动已经在我国众多幼儿园落地生根,如何切实有效地展开幼儿园区域活动,充分利用区域活动的教育价值,有效率地开展活动,真正做到玩中学、做中乐的游戏理念,成为大家共同关注的话题。在中国大中城市里,幼儿园区域活动的开展已经比较成熟,而老师们对于如何在区域活动中有效追随幼儿、观察和指导幼儿存在很多困惑。在广大西部农村幼儿园,对区域活动理解不多,有些甚至尚不知晓如何做,所以如何针对乡土特色开展因地制宜的、有特色的幼儿园区域活动也成为大家关注的热点。

当前,区域活动开展的教育价值已被大家认同,幼儿教师将区域活动作为幼儿学习和探索的主要阵地,积极创设条件支持和引导幼儿进行自主探究活动,让每一个幼儿有个性地成长。

一、幼儿园实施区域活动的有效性

(一) 区域活动是幼儿园教育改革的主阵地

1. 充实幼儿园教育活动形式,丰富课程模式

在2001年教育部颁发的《幼儿园教育指导纲要(试行)》(以下简称《纲要》)中指出:“环境是重要的教育资源,应通过环境的创设和利用,有效促进幼儿的发展。”环境作为一种“隐性课程”,在开发幼儿智力、促进幼儿个性生长方面,越来越引起人们的重视。幼儿园课程模式也随着幼教改革春风而日益丰富起来,由最初的分科教学到领域活动,到主题活动,到区域活动;人们从只关注身体健康、智力开发扩展到更多关注幼儿情商培养、社会性发展,即《纲要》所提倡的“身心和谐,富有个性发展。”幼教工作者的工作重心也从只关注集体教学活动转移到更多关注幼儿的生活活动、游戏活动,特别是区域活动的开展。

区域活动的出现,很大程度上体现了把游戏还给孩子、把快乐的童年还给孩子的理念。区域活动和集体活动与主题活动相比,其个别化学习的特征更具有优越性,更多地关注每一个幼儿的发展。区域活动能提供给幼儿更多的活动空间,更关注幼儿的活动过程,并尊重每一位孩子的个体差异,它有相对宽松的活动氛围,有灵活多样的活动形式,能满足幼儿发展的需要,区域活动是幼儿自我学习、自我探索、自我发现、自我完善的活动,它充实了幼儿园教育活动形式,丰富了幼儿园课程模式,有利于幼儿的全面发展。

2. 区域活动有利于幼儿教育的系统性与可持续性

幼儿园区域活动的开展是一个长效的、不断调整的活动过程。知识的系统性和幼儿在活动中的可持续发展是区域活动的特色功能。教师应关注在创设的区域活动中提供给幼儿的经验和知识是符合逻辑结构组织的、系统有序的。同时活动中也应强调幼儿在学习活动中的可持续性,幼儿在一次活动中未达成的目标,可以在下一次的活动中继续完成。这种独特的时空和自主特征允许幼儿根据自己的学习

水平和能力安排适宜自己发展的学习速度。教师也可以根据幼儿的操作探究情况，及时调整教学目标，补充操作材料，更好地促进幼儿最近发展区的发展。

3. 区域活动有利于幼儿园真正实施个别化教育

从区域活动的起源可以看出它是一种极具尊重幼儿个体差异性的个别化教育形式。19 世纪初，玛利亚·蒙台梭利组建了“儿童之家”，以混龄编班的形式让幼儿在区域中通过操作教师精心设计的、各不相同的“工作材料”，得到自主学习和主动发展，这就是有别于班级授课制的集中教学模式的区域活动的雏形。区域活动是一种尊重每一个幼儿的学习进度、学习节奏、学习特点的教育方式。在区域活动中，儿童不再像集体教学中被动地接受知识的灌输，而是根据自己的兴趣爱好和认知水平，有选择地主动通过与环境、材料和他人的互动，使自己的经验、能力和社会性发展得到综合提升。

区域活动能很好地体现我们一直提倡的因材施教、量体裁衣的教育理念。它也是《幼儿园教育指导纲要(试行)》中所要求的“关注个别差异，促进每个幼儿富有个性的发展”精神指引下的一次教育革新，能很好地让我们所希望的个别化教育真正落地开花。

(二) 区域活动是促进每一个幼儿身心健康，富有个性发展的有效途径

1. 区域活动有利于幼儿自主学习等良好学习品质的养成

人生百年，立于幼学，婴幼儿期良好学习品质的养成对人的一生受益，强烈的好奇心、浓厚的学习兴趣、良好的学习习惯等是幼儿终身受益的宝贵品质。在婴幼儿期，孩子的学习大多在非正规状态下进行，是一个广义的概念，可以说，与幼儿而言，他所接触到的一切都是学习，如吃、喝、拉、撒、睡等活动都是人生基本经验的学习，幼儿是在生活中学习感悟，在游戏中探索发现，在活动中快乐成长。

美国精神分析学家埃里克森指出：“促进幼儿自主性和主动性发展，是早期教育的基本任务。”幼儿在非正规性的学习环境中，渴望按照自己的意愿选择自己感兴趣的活动，在自发游戏中去体验成功的快乐，愉快地获取成长的关键经验，而区域活动能最大程度地激发幼儿学习的自主性和主动性。在区域活动中，教师为每个幼儿提供了丰富多样的活动类型和材料，幼儿可以按照自己的兴趣和意愿来选择玩什么区、用什么玩、怎么玩、和谁玩等，从而积极地与材料、同伴、环境有效互动。区域活动允许幼儿按照自己的意愿进行选择和活动，是一个相对宽松而又充满安全感的游戏环境，它可以保障幼儿在其独特的时间和空间里充分地表现和发挥自我，自己是活动的主人，可以不受约束地按照自己的学习特点、方式、节奏来学习，有利于幼儿潜能的开发。可以说，区域活动是幼儿满足自我需求、发挥自主性和主动性的最佳场所。

2. 区域活动有利于幼儿动手操作能力的培养

以皮亚杰为首的认知发展学派认为：“操作活动是幼儿最重要的活动。”学前儿童处于感知运动阶段和前运算阶段，他们具有直观形象性的思维特点，所以他们只有在不断地与周围物质环境和材料进行操作和互动的过程中，建构自己的认知结构，区域活动恰恰满足提供了幼儿自由操作摆弄的发展需求。

幼儿具有强烈的好奇心，好玩、好动、好摆弄，极具探究实践精神，区域活动恰好满足幼儿的特点，给幼儿提供了动手实践的机会和探索天地。

3. 区域活动有利于幼儿社会性的发展

幼儿的发展是不断社会化的过程。幼儿园区域活动的开展，非常有利于幼儿社会性的发展，它可以加速幼儿社会化的进程。通过区域活动，幼儿可以获取成长的关键经验，拓展社会认知；幼儿在区域角色游戏中通过扮演各种角色，可以体验各种情绪情感，在同伴互助中学会宽容、谦让、同情等良好的社会情感；在区域活动中，尤其可以促进幼儿养成交往、协商、合作、分享、助人等亲社会行为，促进幼儿富有个性的发展。

（1）在区域活动中，幼儿可以通过游戏获取“关键经验”，拓展社会认知，体验社会情感

“关键经验”一词最初来自美国著名的认知发展课程——HighScope课程。“关键经验”是幼儿发展必须获得的经验，幼儿通过操作不同的材料会获得不同的“关键经验”，这些经验在幼儿的经验系统中起到节点或支撑的作用，有利于经验的建构、迁移以及对知识的深层理解。幼儿在区域活动中充分地与环境、材料、他人互动，从而获得发展的“关键经验”，拓展自己的社会认知。

幼儿园区域活动是在教师提供了丰富的物质材料，营造了宽松、愉悦、自由的游戏氛围，老师不直接介入幼儿游戏，在民主、平等、合作的良好的人际环境下，幼儿可以随性开展游戏，可以自由地与同伴友好交往。在良好的游戏氛围中，幼儿能够乐于表达和交流思想感情，能够使幼儿学会关心同伴，共享玩具，相互谦让和尊重，培养幼儿的道德情操和审美意识，区域活动以其独特的环境氛围有利于幼儿体验积极的社会情感。

（2）区域活动可以促进幼儿人际交往能力等基本社会行为技能的发展

毋庸置疑，幼儿是在游戏中学习，在活动中发展的。在区域活动中，幼儿通过自己的操作和同伴的互动，可以很好地发展自己的社会行为技能。如在表演区中的角色分配和表演，有利于幼儿协商和合作技能的养成；在结构游戏区中建构主题的确立和完成，需要幼儿讨论分工，协助完成；在角色游戏区，角色的分配、主题确定和情节的想象，都需要幼儿的集体协商合作来创造完成。客观地说，区域活动能很好地为幼儿呈现一个写真的“小社会”，让幼儿在其中随性体验发挥，为幼儿掌握基本的社会行为技能奠定基础。

区域活动为幼儿创设了大量同伴交往的机会，在区域活动中幼儿主动交往机会较集体活动和主题活动明显增多，特别是在幼儿园的公共区域活动中，打破班级界限。幼儿混龄游戏，更有利于幼儿交往能力的发展。在一个大家共同感兴趣的区域里，幼儿不分年龄，只因相同的兴趣爱好而聚集在一个共同学习区域内，互相模仿、启发、合作、激励和帮助，幼儿不仅可以学会如何与人交往，还会产生亲社会行为。

（3）区域活动有利于幼儿个性的发展

学前期是孩子个性开始形成的关键期，通过区域活动能很好地培养幼儿的个性。在区域活动中，幼儿自主选择自己感兴趣的区域，玩自己愿意探究的游戏，在愉悦的情绪中体验成长的有益经验。幼儿在区角探究中学会专注和坚持，会用乐观的心态去积极面对游戏中的困难，通过不断地尝试、思考、体验和最终达成，增强自我效能感和自信心。幼儿通过与材料、同伴的相互作用，可以获得解决问题的能力。同时，区域活动能照顾到每个幼儿的最近发展区，让每一个幼儿通过区域活动，在自己原有水平上得以提升，它可以促进每一个幼儿富有个性的发展。

（三）区域活动有利于促进教师专业素养的自主提升

玛利亚·蒙台梭利在她的《童年的秘密》一书中指出：教师肩负着两个根本任务，一是发现真正的儿童，一是为教育儿童做好精神准备。成人或教师不想成为儿童发展的阻碍，不想取代儿童去做那些儿童成长和发展中必要的活动，就必须调整自己来适应儿童；同时通过接受培训和不断反思，在精神上做好成为幼儿园老师的准备。在区域活动中，教师成为幼儿活动的“导师”：为幼儿准备好适宜发展的环境材料，提供支持性干预，陪伴幼儿体验主动学习的快乐，引导幼儿主动学习。区域活动有利于促进教师成为幼儿游戏和生活中进行探索、学习的支持者、引导者和合作者，为教师进一步探讨与幼儿相互作用并共同成长的合作教育思想提供了实践的环境。

在区域活动中，教师要充分发挥区角活动的个别化学习和自主学习的特点，就要创设出适宜本班每一个孩子发展的区角环境，这就需要老师去观察、去思考并去解读每一个孩子的兴趣和能力现状、发展需求。客观上来说，这个过程就是教师专业学习和成长的过程。在区角活动中，教师根据幼儿活动的开

展，随时关注、参与、指导、观察、记录和分层指导等，就是一个专业素养提升的过程。教师通过对区域活动中幼儿的活动进行观察、引导、反思，真正成为幼儿主动学习的引导者、支持者、合作者、研究者和喝彩者。

二、当前幼儿园区域活动开展存在的问题

随着教育改革的深入推进，尤其是《幼儿园教育指导纲要（试行）》和《3—6岁儿童学习与发展指南》的颁布，各级各类幼儿园积极响应其号召，践行其先进理念，将组织实施区域活动看成促进儿童全面发展的必不可少的一部分。但在实际实施中，遇到诸多因素的阻挠或影响，存在很多问题。如幼儿园对区域活动价值认识不足；教师对区域活动意义理解不透、指导不当；教师的认知水平和自身素养不足；家长对区域活动认识不一等。具体来看，目前我国区域活动开展存在以下几个方面的问题：

（一）区域设置形式化

区域活动是一种寓学于玩、寓教于乐的活动形式，它的教育价值已被越来越多的幼儿园和教师所接受和认可，但在实际区域活动的开展过程中，其优越的教育价值没有得到很好的发挥，在区域设置上尚存在形式化的现象。

在区域活动设置上，部分教师常常根据自己的认识和愿望，结合活动室的结构想当然地设计活动类型，而不是基于教育目标和幼儿的实际兴趣和发展需求来设定，存在位置固定、形式花哨、内容片面孤立等问题。所以，很难激发幼儿的主动参与。日久天长，教师也不对活动区内容进行调整和更新。区域活动就流于形式，成了摆设或者应付检查的道具。

（二）区域活动独立性差

部分幼儿园教师对区域活动的独特价值缺乏全面的把握，认为区域活动就是教育活动的延伸和补充。所以，在创设过程中他们更关注于区域活动对具体教学活动或者主题活动的补充和辅助作用，认为幼儿在直接教学中学习某方面知识后就到相应的区域活动区内进行拓展、巩固，完全忽略了区域活动作为一种独特的促进幼儿发展的活动形式的存在，忽视区域活动本身对幼儿学习、体验知识经验的系统性和可持续发展的作用。

（三）区域活动与其他教育活动、家庭、社区之间缺乏联系

一个好的区域活动创设，既具有本身独特的存在价值，由其自身系统的逻辑知识构成，同时也与其他教育活动紧密联系、相得益彰。好的区域活动，幼儿不仅可以在其中通过独立游戏得到发展，同时，也可以作为集体教学活动的辅助和补充，作为主题活动或者教学活动的序曲、和声和尾声，即在主题活动开展前在区域活动中探究产生问题；在主题活动中探究出的结论又可以在区域活动中得到印证；最后，在主题活动结束后也可以在区域活动中进一步复习巩固、拓展。

一些幼儿园由于没有真正弄懂区域活动的价值，所以在区域活动的创设和开展中，不能很好地利用和挖掘家庭及社区丰富的教育资源，也不能将其与其他教育活动，如生活活动、自由游戏等整合渗透，无法形成教育合力，往往事倍功半。

（四）区域活动中教师角色不到位

虽然区域活动的教育价值已被大家认可，部分教师也知道教师在区域活动中需扮演幼儿游戏的观

察者、合作者和指导者的角色，但在具体实施中却不能很好地践行这些角色，往往成了幼儿“游戏的干扰者，所谓知识的传授者，纪律的维持者和矛盾的调节者”。教师的指导存在过度放任或者高度控制这两种极端现象。有的教师在区域活动中貌似尊重幼儿个别化学习，实则“放羊”式管理，东走走，西看看，未能注意和观察幼儿的活动情况，指导的随意性大；有的教师观察不仔细、不全面、不深入，并不清楚幼儿在做什么；有的教师在面对不同活动区、不同年龄段幼儿时不知怎样给予针对性指导，对自己的身份把握不准，无法很好地追随和引领幼儿的成长。

(五) 区角环境创设不科学，区域互动材料不足、更新不及时，利用率低

部分幼儿园由于诸多客观因素的制约，存在活动区材料形式单一、数量少且更新不及时等问题。有些区角材料一放就是一两个月甚至一学期也没有予以调整和更新，无法吸引幼儿主动参与活动，从而成为一种应付检查的道具、摆设，无法与教育活动形成合力。还有部分老师给幼儿提供的大多是一些简单的成品玩教具，很少去开发利用自然物品和废旧物品，使活动材料缺乏探究性和可操作性，无法吸引幼儿参与。有些幼儿园在材料的投放上忽略了幼儿的兴趣爱好和年龄特征，缺乏层次性，不能满足所有幼儿的发展需求。

(六) 城乡区域活动指导存在“质与量”的差异

近几年，虽然我国积极倡导各级幼儿园因地制宜地开展区域活动，但城乡幼儿园之间尚存在“质与量”的差异。大多数城镇幼儿园已经充分认知到区域活动的教育价值而积极实施，但很多农村幼儿园由于信息相对闭塞、经济因素制约和受外部压力较小等原因而导致观念不到位。在区角活动种类、材料的种类与数量及材质上较城市幼儿园有很大的差异。很多农村幼儿园没有与时俱进，对幼儿园区域活动的开展没有科学认知，在学前教育小学化倾向的影响下，觉得区域活动教育效果不明显，可有可无，即使创设了区域活动也是为了应付检查，幼儿没有真正长期参与，教师也没有能力进行专业引导和追随。所以，在区域活动的全面推进过程中，大力发展农村幼儿园区域活动是当务之急的工作。

总之，随着幼教改革的深入，关于区域活动的教育价值和独特魅力已经得到大家的认可，如何转变家长教育观念，提升教师的专业素养，以利于区域活动的有效实施成为大家探讨的话题。

三、幼儿园区域活动有效实施的指导策略

区域活动是幼儿园教育教学活动的重要组成部分，其贯穿于幼儿一日生活各个环节之中。区域活动有相对轻松的气氛，灵活多样的形式，极具个别化的学习方式，可以满足不同发展阶段幼儿成长的需要。但是在区域活动的具体实施过程中，教师们常常因为各种困惑而束手无策，没能很好地发挥区域活动的教育价值。那么，该如何有效开展幼儿园的区域活动呢？

(一) 树立正确的区域活动观

在幼儿园教育中，教师和家长应充分认识到区域活动的教育价值，树立正确的区域活动观。幼儿园区域活动作为一种动态的环境创设课程，虽然是一种“隐性课程”，却起着积极促进每一个孩子健康快乐成长的作用。教师和家长要将区域活动的开展看作一项重要的教育资源，充分认识到区域活动是幼儿充分自主学习、主动学习和个别化学习的独特价值，是一种有别于集体教育活动的尊重幼儿天性和学习方式的学习模式。教师应在树立正确的儿童观、教育观、质量观的基础上充分认知区域活动的独特价值，并有效实施。

幼儿园应加强教师的理论学习，深刻理解区域活动的价值，切实转变教师的教育观念，树立正确的幼儿园课程观。引导教师把开展区域活动和主题活动有机、紧密地结合起来，把开展区域活动和组织集体教学活动放在同等重要的位置，改变传统观念中教师只关注集体教学活动的倾向。

幼儿园应响应《幼儿园教育指导纲要(试行)》中的精神，引领全园教师和家长对幼儿园区域活动的开展形成科学、全面的认知。首先幼儿园要引领大家学习区域活动的相关理论知识，如共同研读《区域活动环境创设》、《区域活动材料投放》、《区域活动指导策略与建议》等相关专业书籍，让大家在正确的理论指引下实践，使区域活动的展开更加科学、规范；其次，幼儿园应加大平时对区域活动开展情况的检查和指导，提升教师对区域活动的创设和指导能力，共同发现和研讨其中出现的问题。幼儿园应充分重视区域活动中发现的问题，可以将此与幼儿园教研活动紧密联系，将区域活动的研究作为幼儿园园本研究的重要内容之一。

家庭是幼儿的“第一学校”，家长是孩子的第一任老师，环境是幼儿的第三位老师。幼儿园教师要加强与家长的沟通，转变家长对区域活动的观念；要充分利用这些有效教育资源形成教育合力，共同推进幼儿的健康成长。

(二) 根据教育目标和幼儿兴趣及发展需求，设置活动区并提供相应的活动材料

区域活动中的材料是指教师在创设环境中有目的地为幼儿提供各种物品和游戏素材。材料是幼儿活动的物质基础和前提，也是教师教育意图的载体，在区域活动中起着重要的作用。活动材料投放是否得当，对区域活动起着关键性作用。

区域活动材料的投放要满足目的性、探究性、生活性和动态性等特征。首先，教师要结合教育目标，根据幼儿的兴趣和发展水平需要来创设活动区，并提供相应的材料，满足幼儿发展的基本需求，获得教师所期望的发展；其次，活动材料要符合幼儿的兴趣爱好，有趣才能满足幼儿的探究心理。教师可以发动家长、幼儿一起收集整理一些废旧材料、半成品或者复合性材料，制作出区域活动所需要的有趣的、丰富的游戏素材；还可以多提供一些低结构游戏材料，如石头、树枝、水、泥土等原始自然材料和旧挂历、废报纸、饮料瓶等废旧材料，不设定固定玩法，充分发挥幼儿的创造想象力，一物多用，创造出多种用途和玩法；多提供一些幼儿生活中熟悉的物品，满足生活性原则，充满游戏情境性和生活性的材料更能激发幼儿的学习愿望和兴趣，大胆想象游戏主题的情节，生动地再现生活，享受游戏的快乐。区域活动的材料要体现动态性原则，要随着教育目标和幼儿的游戏和发展需要，及时添加、更换，使材料呈现动态性特征，满足每一个幼儿当下的发展需求。此外，区域活动的材料投放还应该考虑材料的多用性、层次性和安全性等特征。

(三) 教师要做好区域活动中分层指导、记录和评价性反思工作

幼儿教师作为幼儿园教育活动的主导者、组织者与实施者，是教育活动和幼儿发展之间的桥梁。教师要注重自身专业知识和技能的发展，将自己的专业素质很好地体现在为幼儿创设的区域活动中，才能很好地发挥区域活动的教育价值。教师要制定明确的区域活动目标，并将其与幼儿的多种行为联系，尽可能使每一个幼儿全面发展。

在区域活动开展的过程中，教师要善于观察幼儿的游戏活动，做好分层指导和记录。教师要根据不同年龄阶段孩子的性格特征和身心发展水平，运用不同的指导方式，加强指导语的艺术性。如针对 3—4 岁左右的幼儿，可以突出区角活动的直观性、形象性和趣味性，以娃娃家等角色游戏区活动为主，教师的指导语也应突出生动性、形象性、趣味性；针对中大班幼儿，教师则应多创设一些体现主题探究和操作的游戏区，指导语也要具有启发性、建议性的特征；对于大班末期幼儿的区域活动则应创设更多竞技规

则或者益智类的区角活动等，发展幼儿的理性思维能力，教师的指导语应该多用条理清楚的理性表达。

教师的分层指导不仅针对不同年龄段的孩子的指导有差异，对不同发展水平的幼儿的指导也要有所差异。首先，教师在区角活动的材料投放上就应考虑要满足不同水平的幼儿需求。所以材料投放上要体现能力强、中、弱几个档次。然后教师应在各项活动过程中对幼儿各方面的表现，以及自己的指导思想和表达方式做好记录，并不断分析和调整，从而提高区域活动开展的指导水平和活动质量。

在区域活动中，教师不仅要创设良好的区角活动，提供多种符合幼儿兴趣和发展需求的活动材料；对区域活动中幼儿的活动情况也应给予适当的引导；还要对幼儿的活动进行及时有效的评价，反思区域创设的适切性、材料提供的科学性及自己指导方式对幼儿发展的影响等。

区域活动中的评价要充分体现幼儿的主体性地位，让幼儿参与评价与反思区域活动对自己成长的意义。教师可以在活动结束后鼓励幼儿大胆说说自己在活动中的发现和快乐，有哪些收获或成果，也可以说说遇到了什么困难，自己是怎么解决的。可以说，一个有效的活动评价性反思过程也是幼儿的一次深度学习。教师要以评价的结果作为反思自己教育行为的依据，不断调整和改进区域活动的开展，从而更加科学有效地实施区域活动，提升自己的专业素养。

拓展练习

1. 简述幼儿园区域活动的独特教育价值。
2. 观摩和学习一所幼儿园的区域活动，结合实际谈谈当前我国区域活动开展存在哪些问题？
3. 结合自身体会谈谈如何保障幼儿园区域活动的有效实施。

参考文献

[1] 姜勇. 发现区角——当前幼教改革误区及对区角活动价值的新思考[J]. 学前教育研究，2004(1).

[2] 沈娟. 玩中学，做中乐——幼儿园区域活动的特点和价值[J]. 湖北科技学院学报，2013(11).

[3] 朱颜. 刍议幼儿区域活动[J]. 科教导刊，2012(9).

[4] 周素珍. 从幼儿园区角活动看幼儿园教育改革必要性[J]. 内蒙古师范大学学报，2007(12).

[5] 霍力岩. 区域活动的本质特征[J]. 幼儿教育，2009(1).

[6] 陈亚庆. 试析当前我国幼儿园区角活动组织实施之“应然”与“实然”[J]. 临沧师范高等专科学校学报，2014(4).

[7] 关春梅. 试析幼儿园区角活动环境的创设[J]. 赤子(上中旬)，2015(4).

[8] 叶波. 有效开展幼儿园区域活动的思考[J]. 现代教育科学，2014(1).

[9] 陈敏. 幼儿园区域活动的有效开展策略研究[J]. 现代教育科学·小学老师，2015(1).

第二章　幼儿园区域活动的设置

学习目标

1. 了解幼儿园区域活动设置应遵循的基本要求。
2. 了解幼儿园区域活动常见的种类与材料投放。
3. 了解幼儿园区域活动的规则。

名言语录

要为孩子创造游戏的环境、劳动的环境、科学的环境、艺术的环境(音乐的环境、图画的环境和审美的环境)、阅读的环境,使孩子得到全面、均衡、和谐的发展。

——陈鹤琴

第一节　幼儿园区域活动设置原则

案例引导

某幼儿园一名小班教师在区域活动环境创设中,为求美观以获得好评,根据自己的意愿,设计了"西餐厅"区角。为达到真实的效果,购置了几套西餐餐具和西式糕点模型,花了不少钱。可是这看起来精致美观的区角,孩子们却只在里面胡乱敲打了几下杯盘刀叉,一会儿就不感兴趣了。你认为该教师在区域活动设置方面存在什么问题?

《幼儿园工作规程》中第二十四条提出:"游戏是对幼儿进行全面发展教育的重要形式。应根据幼儿的年龄特点选择和指导游戏。应因地制宜地为幼儿创设游戏条件(时间、空间、材料)。游戏材料应强调多功能和可变性。"《幼儿园教育指导纲要(试行)》指出:"幼儿园的空间、设施、活动材料和常规要求应有利于引发支持幼儿与周围环境之间积极的作用。"

区域活动是每一个幼儿都非常喜欢参加的活动,活动区域创设的重要目的是创设能鼓励幼儿自由选择、主动操作和大胆探索的环境,以促进幼儿身心全面和谐发展。教师应将自己的主导作用通过环境创设、材料投放、活动内容与形式的建议来加以渗透。幼儿园每个班都会根据本班幼儿的兴趣、身心发展水平、发展需要及本班活动主题等开设若干活动区。教师选择和设置区域活动内容非常重要,好的活动内容不仅能唤起幼儿的极大兴趣,更能激发幼儿积极参与的热情和强烈的求知欲,实现教育的有效性。

但目前在幼儿园实际工作中,区域活动设置还存在许多问题。最突出的就是教师设置区域时缺乏教育理念,具体表现在设置区域时,教师们习惯于通过参观学习和借用外来模式来设置活动区域,往往看到别人开展效果好的区域,自己也照着设置。较少系统地思考该区域的理论依据是什么?为什么要设置这样的区域?是全盘照搬这些区域呢,还是借鉴思想精髓,结合本园、本班实际进行设置。这种缺乏理念支撑而建立起来的活动区域常常流于形式,难以达到理想效果。另外就是大部分幼儿园区域是教师凭借主观感觉设置的,往往是教师认为的幼儿感兴趣的内容,或者从教师开展主题教学的需要来设置活动区域。大部分都设有音乐区、手工区、图书区、娃娃家、益智区等常见类型,但在这个过程中较少去研究本班幼儿的兴趣、身心发展水平、发展需要等。

那么,幼儿园区域活动的形式和内容有哪些呢?我们应该如何创设区域,使区域环境更富有新意,更利于孩子的个性发展呢?根据区域活动的特点,我们在设置班级活动区域时,要注意以下几个方面:

一、教育性原则

区域活动能最大限度地体现孩子活动的自主性和自愿性,但孩子自主、自愿并不代表就不要老师的指导，更不表示开展区域活动时老师就可以放任不管。无论是确定区域活动内容、投放区域活动材料，还是组织区域活动时都要有鲜明的教育性。但这种教育性比较隐蔽，当幼儿操作区域活动材料时，遵守区域活动规则时，与伙伴们相互交往时……幼儿身心各方面就在潜移默化中得到发展。

例如，结构游戏区的教育性主要在于能够促进幼儿的创造性思维和手部动作的发展，培养幼儿手脑并用，并发展其想象力；在角色游戏区（娃娃家、医院、小吃店等）扮演各种角色开展活动，有助于其认识社会生活，其突出的教育性在于有助于幼儿学习社会性行为，发展交往能力，学会协商、合作、谦让、礼貌、友好等亲社会行为；在益智区操作各种材料能促进幼儿感官和动手能力的发展；在科学发现区，幼儿能运用各种感官、动手动脑，通过与材料的互相作用，获得对物体属性和事物关系的知识，对事物、现象感兴趣，产生好奇心和求知欲，并学习用适当的方法来表达、交流探索的过程和结果；自然角能激发幼儿观察、探究行为，既可美化环境，也可使幼儿从小养成关爱环境、关爱动植物的情感，还有利于幼儿观察、分析，并从中发现大自然的奥妙，培养幼儿的责任意识等。

除了娱乐，每种区域活动都有其突出的教育功能。幼儿园区域游戏环境创设是幼儿课程的一部分。在创设幼儿园区域游戏环境时，要考虑其教育性，应使区域游戏环境创设的目标与幼儿园教育目标相一致，即区域游戏环境创设要有利于教育目标的实现，促进幼儿全面发展。在区域游戏环境创设时，对幼儿体、智、德、美四育要兼而顾之，缺一不可。

二、发展性原则

发展性原则是指区角游戏的设计与指导应促进每个幼儿在原有基础上得到最大限度的发展，包括知识水平、体力、智力、情感、道德、个性等方面的发展。这就要求区角活动在设计与指导时不仅要考虑各班级活动区域的数量和种类是否满足幼儿多方面的发展，还要考虑幼儿的年龄特点，体现多样性、层次性和循序渐进性，以适应孩子的多样需求。

皮亚杰曾提出这样一个观点："儿童的智慧源于材料。"我们都知道，要使幼儿在游戏中得到发展，就必须提高游戏质量，而影响游戏质量的关键因素就是游戏材料。

在活动区中，幼儿主要是通过自主地与材料产生互动，通过操作、摆弄各种材料获得发展。区域材料的不同特质及操作方式往往能直接决定幼儿经验和知识的获得，并决定幼儿能力的发展。可以说，区域材料是活动区开展的灵魂和关键。丰富而适宜的材料，能够为幼儿提供充分的活动条件和表现自己的机会，能够吸引幼儿的注意力，激发幼儿的游戏热情。反之，单一材料或超过幼儿智力发展水平的材料，都会影响幼儿游戏的积极性。因此，区域材料投放的适宜性直接关系幼儿的发展，我们必须重视活动区材料的投放。

要提供适宜的区域材料，就必须了解和分析班级和幼儿的兴趣与发展水平，如小班幼儿活动的目的性较差，主要依靠客体的生动性、新颖性和颜色的鲜艳性吸引他们参与活动。而到了中、大班，幼儿活动的计划性、目的性逐渐明确，活动的结果成为吸引他们进行活动的主要原因。因此，以积木区的材料为例，小班幼儿积木的颜色要丰富，形状可少些，但数量要充足。在指导方面则着重于帮助他们学会独立的构造物体，并能表现物体的主要特征。而对于中班幼儿，积木的形状可以增加，还可以提供一些辅助材料。指导方面则要求他们能有目的、有计划地进行构造。到了大班，可以提供更多形状的积木和丰富的辅助材料，要求幼儿学会通过协商，共同构成一个复杂的大型结构物。假若一套积木从小班玩到大班，教师不考虑幼儿年龄和发展水平的变化，让幼儿小班是搭小房子，到了大班还是搭小房子，这是不可取的。

三、整体性原则

整体化原则是指将整个活动室的游戏环境作为一个动态系统，发挥整体优化功能。区域活动的教育功能主要是通过活动材料来实现，材料直接影响幼儿活动的质量。投放的材料要既有利于各区角间的联系，体现整合观念，又有利于幼儿各方面能力的整合性提高。例如，娃娃家的“爸爸”可以到“建筑工地”、“医院”上班，妈妈可以带宝宝逛超市、上医院、理发等；美工区可以为表演区制作道具等。由此可以衍生出许多游戏情节，促进幼儿创造力和想象力的发展。应该注意的是，这个动态系统要建立在幼儿自觉、自愿的基础上，要由幼儿创造。教师只是为他们创设一定的环境，并引导他们想象新的游戏情节，而不是由教师来指定他们的行动。

特别是开展主题性区域活动，首先根据主题教学内容考虑各区角内容之间的有机整合，并为各区角提供尽可能丰富的操作材料，给幼儿更多的自由空间，让幼儿有更多的选择余地。例如，随着中班主题活动“车子嘟嘟”的逐步开展，有关车子的整合性区域活动也不断展开。教师进行了精心策划，设想了许多与该主题相关的区角游戏内容和操作材料，其中可以整合的活动内容有：美工区——车子嘟嘟（画车子、做车子等）；建构区——停车场；修理厂——汽车修理、汽车美容；阅读区——各种车辆及相关故事；角色区——我是小交警、小司机、110、消防队等。

四、动态性原则

区域活动最大的优势莫过于能为兴趣、能力各异的幼儿提供丰富多变、适于其发展的活动环境。哪怕是平时胆小内向、不善交流、沉默寡言的幼儿，在区域活动中也可以自信地操作、自主地交往，充分调动其活动的积极性和主动性，这也是区域活动深受幼儿喜爱的主要原因。

区域游戏是幼儿自主选择、操作、摆弄材料的过程，游戏材料是影响区域游戏质量的关键。丰富而适宜的材料为每一个幼儿提供了活动的条件和表现自己的机会。游戏材料的投放过程直接影响幼儿的发展。由于幼儿的兴趣和发展水平是一个不断变化的动态过程，所以材料投放的过程不是一蹴而就、一成不变的。这就要求教育者投放活动材料时要根据教育目标和幼儿的发展需求，定期或不定期地进行调整、更换和补充，特别是主题区域活动，更要随着主题的变化而创设适宜的活动区域。总之，适合幼儿的活动材料才是好的活动材料。

拓展练习

1. 幼儿园区域活动设置规划有哪些原则？
2. 观察幼儿园一班级区域活动，简要评价该班区域活动内容符合哪些原则？

第二节　幼儿园班级区域活动设置的内容和要求

案例引导

某幼儿园在创设区域活动时，紧紧围绕各班开展的主题活动来设计区角活动内容，认为这可以进一步拓展和延伸主题教学活动，巩固教学效果。比如大班幼儿围绕主题活动《牙齿咔咔响》，在美工区开展画牙齿或制作牙齿模型，在“医院”开设了牙科，在娃娃家给娃娃刷牙，在图书区投放了关于牙齿的科普知识书籍，运动区让孩子玩“给老虎拔牙”的游戏……几乎每个区域的活动内容都与牙齿有关。可是老师费尽心思设计的区域活动，孩子似乎并不感兴趣，他们按照自己的愿望和想法在活动区自由玩耍。这是为什么呢？老师在创设区域时要注意些什么呢？

《幼儿园教育指导纲要(试行)》指出：“环境是重要的教育资源，应通过环境的创设和利用，有效地促进幼儿的发展。”区域活动是幼儿园一日活动中的重要教育环节，也是孩子们最喜欢的一项活动。幼儿园的活动区域具有多样性、自由性和趣味性等特点，能促进幼儿全面发展。区域环境创设直接关系到幼儿区域活动的效果，那么班级区域活动设置的内容和要求有哪些呢？

一、幼儿园班级区域活动内容

幼儿园班级活动区域内容应涵盖幼儿多元智能发展的需要。从生活区入手，立足社会活动区、感官区，丰富科学人文区、美工区和创造探索区、运动区等，涉及幼儿发展各个方面，为幼儿进行自主选择提供了广阔的空间。区域活动有利于幼儿按照自己的能力和兴趣，自主地选择区域、玩具和伙伴，主动进行游戏活动、探索活动和交往活动；同时，班级区域的呈现也有利于教师更好地观察幼儿，更好地组织班级活动，促进师幼有效互动。现阶段幼儿园在班级多种多样的区域活动环境设计中，大致有以下三种类型：

(一) 常规区域

常规区域是指在幼儿园各班级中常见的活动区域，一般不受幼儿年龄的影响，在各年龄班都可能见到的区域。

例如，建构区、美工区、表演区、角色游戏区(如娃娃家、理发店、超市、商店、医院、餐馆、交通岗、小记者、小警察)、图书区、益智区、语言区、科学区、感官操作区、沙水区、运动区等。

这些区域名称和活动内容在很多幼儿园都有，在各个年龄班几乎都可以设计这样的区域，只不过具体投放的材料和开展的活动有所不同，所以称之为常规区域。

参看以下活动区域图片：

1. 生活区

图 2-1　小厨房(图片来自四川内江市第一幼儿园)

2. 操作区

图 2－2　操作区(图片来自四川省内江市第一幼儿园)

3. 建构区

图 2－3　建构区(图片来自江苏徐州国基幼儿园)

4. 美工区

图 2－4　美工吧(图片来自四川省内江市第一幼儿园)

5. 表演区

图 2-5　快乐大舞台(图片来自四川省内江市第一幼儿园)

6. 图书区

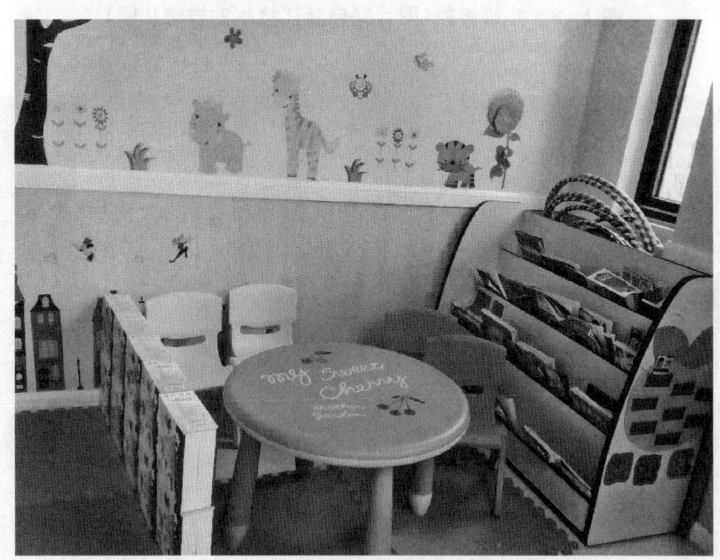

图 2-6　小书角(图片来自四川省隆昌莲峰幼儿园)

7. 角色区

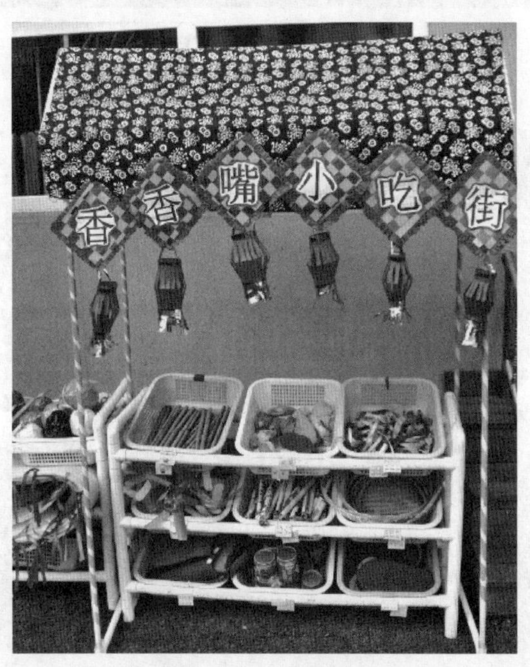

图 2-7　小吃街(图片来自四川成都金苹果幼儿园)

8. 科学区

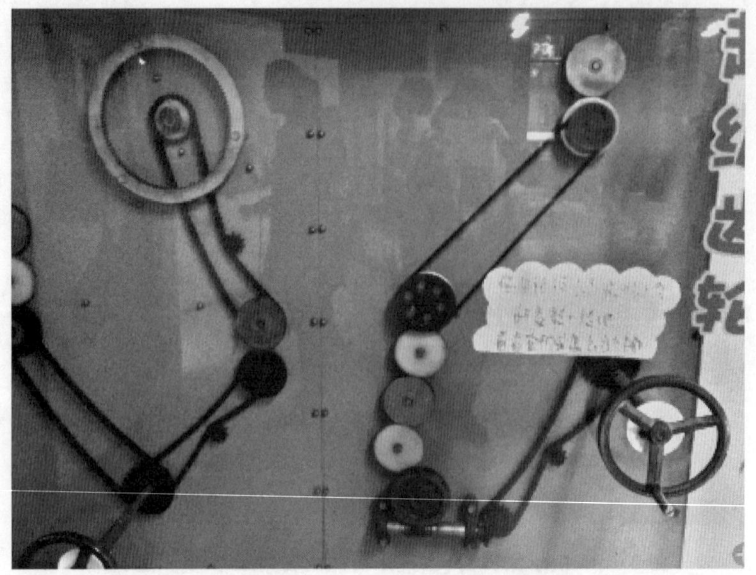

图 2-8 超级齿轮(图片来自浙江杭州安吉幼儿园)

9. 自然角

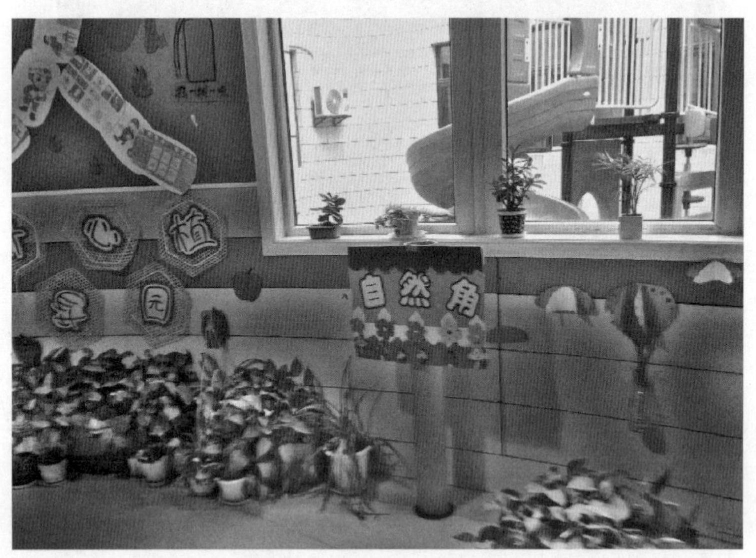

图 2-9 自然角(图片来自江苏徐州国基幼儿园)

10. 体能运动区

图 2-10 体能运动区(图片来自四川省内江市第一幼儿园)

11. 玩沙区、玩水区

图 2－11　玩沙区(图片来自四川绵阳小岛幼稚园)

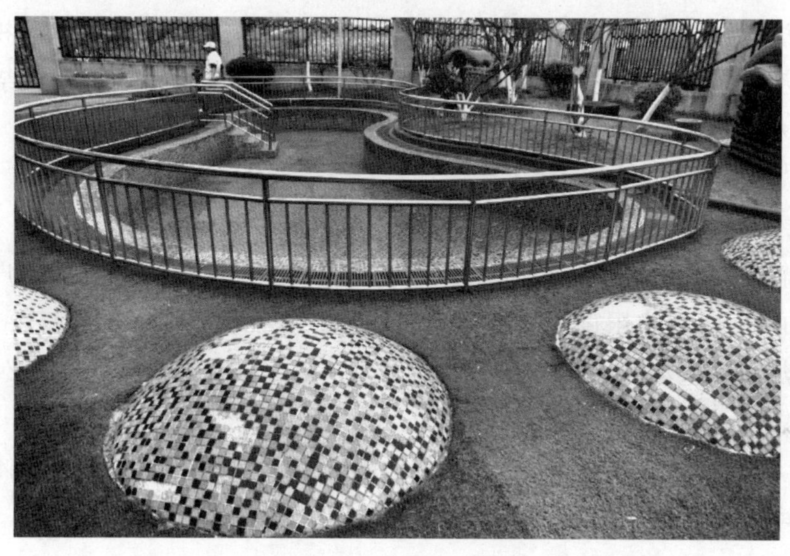

图 2－12　玩水区(图片来自四川绵阳小岛幼稚园)

(二) 特色区域

特色区域是指与别的幼儿园或班级不同的、比较独特的区域。可以解释为,特色区域是人无我有、人有我精、人精我特的区域。

特色可以体现在区角的活动材料上,如某幼儿园地处农村,各个区角的主要材料都来自农村的自然物和农作物,具有乡土特色,特别是操作区里的石臼、石磨十分吸引孩子们。孩子们饶有兴致地用石磨磨玉米粒、米粒,用石臼捣蒜泥。特色也可以体现在经过自己持续深入的探索研究,形成了自己丰富而独特的环境和活动特色。如某园注重为全园孩子打造园级活动区域,设置阅读区、感统活动区、土陶馆、建构区等,每周定期轮流对各班开放这些区域。既让孩子体验到了更丰富的活动,又增进了班级之间的交往。

(三) 主题区域

伴随主题教学活动的开展,主题环境的建构已经引起了教师们的重视,主题环境可以体现在墙饰上，也可以体现在区域环境中。主题区域即是主题活动目标、主题活动内容在区域材料中的物化，幼儿在区域的自主活动中实现主题目标，使主题区域成为课程教学很好的延伸和扩展。

主题区域活动是主题教学很好的补充，相对来说学习成分多一些，游戏成分少一些。区域活动目标也与主题目标相吻合，区域材料是根据主题目标来投放的。

幼儿园班级中可特设1—2个主题区域，随时把课程教学活动中的操作材料转移到主题区域中，并不断根据主题目标和活动内容调整、丰富材料，满足不同水平幼儿发展的需要。一般来讲，主题区域注重教育功能，在班级中不可以设置太多主题区域，太多的主题区域会限制幼儿的自主游戏。主题区域、常规区域和特色区域应有恰当的比例。如果一个班级共设8个区域，一般常规区域、特色区域和主题区域的比例可参考5∶1∶2或6∶1∶1。

二、活动区域规划的一般要求

(一) 注意区域规划的目的性和计划性

区域环境应该有目的、有计划地进行规划，要以“全人教育”为原则，满足幼儿身体、认知、语言、情感与社会性等各个方面的发展需求，常规区域基本能满足这一要求，故幼儿园各班要重视常规区域的规划和设置。每一个区域应该根据幼儿的年龄特点和身心发展水平制定阶段性目标，围绕发展目标投放相应材料，并注意目标和材料的层次递进性和发展性。

(二) 合理有序地利用空间，充分挖掘空间的实用价值

区角空间设置要求安全、适用、合理、美观。充分利用活动室地面、墙壁、窗户、走廊、转角，甚至寝室等可利用的资源，最大限度地利用活动室空间。班级室内环境不仅仅要用来开展区域活动，还有集体活动、生活活动等，所以室内空间的规划应该综合考虑、统筹安排，必须保障足够的游戏空间。

一般而言，活动室最好设置成既有集体活动场地，又有区角活动空间的环境，集体活动场地尽量设置在活动室的中间，区角活动空间设置在活动室的四周。

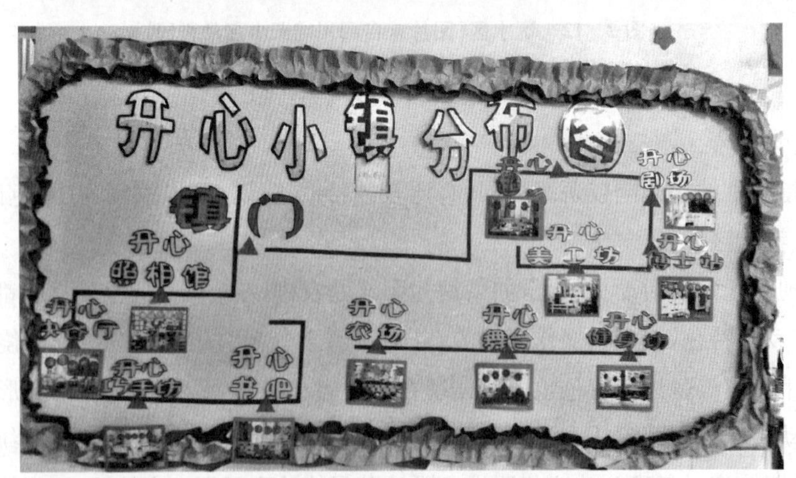

图2-13　区角分布图(图片来自四川省内江市第一幼儿园)

如果班级有独立寝室，可以考虑把寝室利用起来，开展区域活动。活动室和寝室正好分割成动静两个大区，再利用两个区的空间、物品进行合理设计。安静的阅读区适合布置在寝室。如果走廊、门厅等地方的空间较大，也可以考虑利用起来。

（三）区域的分割与开放

各个活动区应有明显的界限，保证幼儿能清楚地知道每个区域的活动，活动区之间的界限主要有平面界限、立体界限、挂饰界限三种。

平面界限的划分，就是教师通过地面的质地、图案或不同颜色划分成的不同区域。如，在走廊并列布置的“娃娃家”和“小医院”、“建构角”等就是利用不同颜色的塑料地板作为界限的，再加上一些如玩具架做分界物，幼儿们在活动时就一目了然了。

立体界限的划分，就是教师运用架子、柜子、钢琴或其他物体进行隔离所划出的不同区域，形成的封闭或开放的空间，分界物的高度要适合幼儿的视线，体现动静布局。在便于幼儿区分和辨认区角的同时，教师也能及时观察、控制幼儿的活动情况。

图 2－14　走廊上的美工天地（图片来自四川省内江市第一幼儿园）

图 2－15　美工区（图片来自四川省内江市第一幼儿园）

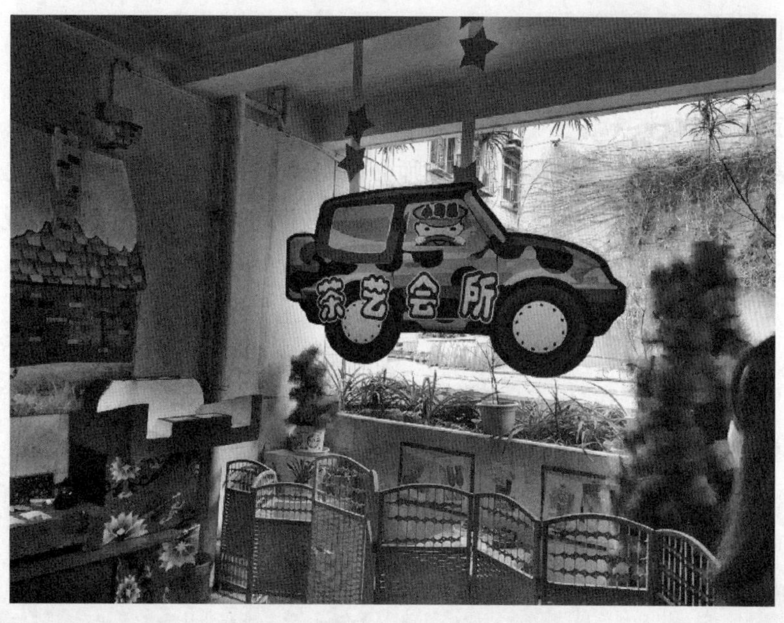

图 2－16　茶艺会所（图片来自四川省内江市第一幼儿园）

悬挂张贴式界限的划分，就是教师用画有各种相关活动区的图片或装饰物进行界限划分，帮助幼儿区分不同区域。如，利用幼儿们绘制的图片、搜集的自然材料以及生活物品挂起来进行区域划分。

另外还需要考虑不同区域对开放与封闭性的特别要求。一般来讲，表演区、角色游戏区、运动区等一类动的区域空间，可以设计成开放或半开放式，有利于拓展活动空间，也有利于活动区之间幼儿的交往；而美工区、阅读区、建构区、益智区、科学区等一类相对安静的区域则需要相对封闭的空间设计，可以选用玩具橱柜做适当隔离，保证幼儿不被干扰，能专注地活动。

在划分活动区时，教师应遵循以下几个原则：

1. 动静分开

在划分区域时，要注意活动区与活动区之间的间距，安静的区域和活跃的区域不要距离太近（如表演区和图书区），安静的区域可以用玩具柜分割，以免活动时受到干扰。

2. 因地制宜

有些区域需要用水，如玩沙区，可以靠近水源；有些区域对阳光或光线有需求，如自然角，可设置在距离水源较近、阳光充足的窗台、走廊边沿等处；有些区域对光线有需求，如阅读区，可以设置在光线充足的窗户旁；那些要求取水和采光的区域，如美工区，要设置在靠近水源和有展台的地方，方便幼儿取水和摆放作品。

3. 有机组合

布局和分割区域的同时，要考虑区域之间的联系，方便幼儿的交往，充分发挥区域功能。

(四) 因地制宜，确定区域的种类和数量

一般来讲，一个班级幼儿年龄不同、人数不同、活动室大小、课程和发展目标不同，区域的种类和数量自然也不一样，应该根据其面积大小、空间布局、班级人数等，合理确定室内区域。若一个30人的班级，一个区域可以容纳4—6人，那么一个班需要6—8个区域。如果多数幼儿对某些活动比较感兴趣，可以同时设置重复的区域，投放大致相同的材料，如小班孩子喜欢玩娃娃家，就可以设置2个娃娃家。

相对来讲，常规区域和特色区域保留的时间长久一些，也可以称之为“永久性区域”（区域可以不变，但区域材料应该不断更新和补充），而主题区域要与主题课程内容相吻合，随主题变化而改变。所以，也可以称之为“临时性区域”。

(五) 科学投放区域材料

区域价值主要附着在区域材料之中，所以，教师必须明确每一种材料所蕴含的发展价值，认真选择和投放区域材料。科学投放区域材料要考虑诸多方面，本书将在本章下节做进一步说明。

拓展练习

1. 幼儿园区域活动内容有哪些？
2. 设置幼儿园区域活动时要注意些什么？
3. 结合幼儿园见习，谈谈幼儿园区域活动材料投放存在哪些问题？
4. 自定年龄班，根据幼儿园区域活动内容，模拟设计班级活动区域图。

第三节 幼儿园区域活动材料投放

案例引导

某幼儿园小班娃娃家，老师购置了许多鸡、鸭、鱼、兔等仿真小玩具，希望孩子可以玩“烧菜”游戏。同时每次活动老师也都会投放一些蔬菜，如萝卜、豆荚、青菜等。在活动中，老师发现，一开始孩子对可爱的仿真玩具很感兴趣，玩烧鸡、烧鱼、凉拌兔、烤鸭等游戏。可一段时间后，孩子不理这些玩具了，反而对切各种蔬菜乐此不疲。区角活动中孩子们究竟喜欢什么样的活动材料呢？什么样的材料能吸引孩子且有利于孩子发展呢？

提到区域活动，可能有人会把它作为集体教育活动的一种补充，或者把它看成集体教育活动后的幼儿放松游戏，这两种看法都是有所偏颇的。区域活动，也称为区角活动、活动区活动，是教师利用游戏特征创设环境，让幼儿以个别或小组的方式，自主选择、操作、探索、学习，从而在与环境的相互作用中，在获得游戏般体验的同时，获得身体、情感、认知及社会性等各方面发展的一种教育组织形式。它能为每个幼儿提供表现自己长处和获得成功的机会，增强幼儿的自尊心和自信心，在发挥幼儿的主体性、发展幼儿的操作能力和探索能力方面具有明显优势。因此它与集体教育活动是相互联系、相互转换、相互补充的。

设计区域活动和设计具体的教育活动是不同的。区域活动的设计是教师将教育意图或目标转化为活动材料和环境，通过创设环境来影响幼儿的活动，再通过幼儿的活动达到预期的发展。以下是区域活动设计的基本思路。

一、创设良好的区域环境

(一) 突出特色

要根据各个区域进行有特色的布置。一般来说，各活动区都有一些基本的、相对稳定的材料。语言区通常投放一些图书、头饰、手偶等资料，张贴一些有趣的图画和一些幼儿仿编的儿歌，同时也可放置一些空白纸、铅笔等习作物品。美工区投放的东西除一些常规的幼儿练习用品，如剪刀、橡皮泥、工作纸、彩色笔、油画棒等外，还可以投放一些简单手工作品的示范图。在美工区最重要的是要设置一面幼儿作品的展示墙或一块展示台，可以让幼儿粘贴、摆放自己觉得满意的作品。在科学区通常要提供一些幼儿操作材料，操作材料往往与主题相关。在音乐区、表演区投放一些简单或自制的乐器、头饰、自制服装等。当然各个活动区环境的创设还要考虑不同班级、不同时期的主题，根据每班主题内容的具体情况而做相应的调整。

图 2－17 建筑区(图片来自四川省隆昌莲峰幼儿园)

(二) 引发学习兴趣

在创设区域时，要充分利用幼儿的好奇心，激发和培养幼儿的学习兴趣，幼儿只有在新颖的创造性活动中才能体会到在其他任何活动中无法体会到的快乐。我们可以利用自然物设置悬念，如美丽的春天到了，在自然角中饲养了一些小蝌蚪，孩子们围着小蝌蚪看呀、说呀，充满好奇：小蝌蚪的眼睛长在哪里？小蝌蚪喜欢吃什么？小蝌蚪变成小青蛙是先长前腿还是先长后腿？教师利用这些悬念激起幼儿渴求知识的欲望，然后引导幼儿每天进行观察，从而让幼儿对小蝌蚪产生浓厚的兴趣，同时展开思维的翅膀，去主动探究有关小青蛙的知识。

(三) 让幼儿与环境互动

互动的前提是幼儿要能根据自己的生活经验看懂、读懂环境。“环境”对幼儿来说是一种隐形的“指示牌”，符合幼儿经验的、幼儿看得懂的，就会朝指示的方向前进；反之，幼儿会根据自己的经验去解释“指示牌”的意思，往往这种解释是一种曲解，造成活动与预定目标的偏离。

有这样一个例子：一位小班教师布置了一个小剧场，剧场两边有积木搭成的台阶，中间是舞台，上面摆有各种表演道具。可是活动时孩子们却跟着背景音乐反复地走台阶，根本没有理会旁边放置的各种表演道具。后来另一位老师把“台阶”撤掉，其他老师坐在“舞台”前的椅子上，安静等待。不一会儿，孩子们纷纷拿起“道具”，随着音乐跳起舞。在这个案例中，后一位教师没有言语上的指导，造成幼儿前后行为的不同，实际上是环境在起作用。先前的环境是教师根据自己的生活经验，从成人的角度出发创设的。因为成人去过剧场，知道要通过舞台两侧的台阶才能上舞台。但这点恰是幼儿实际生活经验中缺乏的，在幼儿的经验中，“台阶”就是意味着“上楼”、“下楼”，所以才会造成最初幼儿反复走台阶的现象。把“台阶”撤掉后，教室的空地符合了幼儿对“舞台”的认识，才使幼儿的活动得以朝着预设目标进行。

因此我们创设区域环境首先应考虑到幼儿的实际生活经验，要让环境与幼儿对话，这样幼儿才能在与环境的互动中不断丰富原有经验。

二、活动材料投放原则

关于区域活动材料的投放，专家学者们做了大量研究，积累了许多成功经验。区域活动的教育功能主要通过材料来表现，皮亚杰提出，“儿童的智慧源于材料。”那么，我们投放区域材料时，有哪些可遵循的原则呢？

(一) 区域活动材料的投放原则

1. 材料的安全性和艺术性

(1) 安全性。《幼儿园教育指导纲要(试行)》明确指出，“幼儿园必须把保护幼儿的生命和促进幼儿的健康放在工作的首位”。这足以说明安全工作在幼儿园一日生活中的重要性。同样，在区域材料的制作和投放上，安全性应是第一位的。

为幼儿提供活动材料时，应选择无毒、无味、对幼儿无伤害隐患的制作原料，制作前进行彻底的清洁消毒。一些从家里带来的废旧物品，如罐子、盒子、瓶子等，要把里面的残留物清除干净。比较坚硬的、原始的易拉罐、奶罐等要进行包装，这样既安全又美观。另外，投放材料时要考虑根据幼儿的年龄特点，尤其是小班幼儿，对任何东西都十分好奇，都想去闻闻、咬咬、碰碰，没有一点自我保护意识，很容易出意外。他们还喜欢用嘴去感受材料。一些幼儿对真实与虚拟不分，他们时常会出现咬玩具的行为，如在娃娃家，有孩子会把“食物”放进嘴里咀嚼。所以活动区域中投放的材料一定是卫生的。

(2) 艺术性。注意操作材料要色彩搭配漂亮、造型美观和便于操作，以吸引幼儿对活动材料充满兴趣,积极参与到活动中来,利于区域活动的顺利开展。如数学区中各种形状的树叶、五颜六色的吸管、大小不同的豆子都渗透着美的意味,使原本抽象、枯燥的数学变得具体、有趣,幼儿喜欢摆弄这些材料,在摆一摆、数一数、比一比的过程中,可以获得许多数学经验。自然角里,美丽的瓶插、丰富多样的植物和动物,适合幼儿使用的可爱的洒水壶、漏网、擦布等促使幼儿十分乐意去照顾动物和植物。

2. 材料的针对性和计划性

幼儿的年龄特点决定幼儿的身心发展水平。因此,活动区域中应根据不同年龄段幼儿的身心特点投放不同层次的活动材料,做到有的放矢,具有针对性和计划性。

同样是建构区,结合小班幼儿善于模仿的心理特点和小肌肉群不够发达的生理特点。可为他们提供体积大小便于取放、类别相同的建构材料。而大班幼儿动手能力强,思维敏捷,在提供建构材料时,则要注重精密性和多样性,以满足他们的探究和自主发展的需求。社会性区域在设置上也应注意针对性,角色简单、分工明确的娃娃家应设在喜欢模仿、社会经验欠丰富的小班,利于培养幼儿的交往能力。超市购物可锻炼幼儿的计数、分类、交往等综合素质,可设在中大班。教师根据幼儿发展的不同需求引导幼儿开展系列的活动,促进幼儿综合素质的发展。邮局、医院、理发店、银行这些社区的服务设施是幼儿在日常社会生活中经常接触到的,便于幼儿的社会性成长,可设在大班,让幼儿在充分参观、了解的基础上进行创造性地开展。

3. 材料的目标性和探究性

(1) 目标性。孩子的发展目标与区域活动材料的教育功能是一致的。因此,投放区域活动材料一定要有目的性,不能盲目。尤其是主题性活动区域,更应以每班当前主题活动中幼儿的培养目标为依据,有针对性地选择、投放那些与主题相关的操作材料,并且充分挖掘材料在不同区域内的多种教育作用。一个目标可以通过若干材料的共同作用来实现,一种材料也能为达到多项目标服务。如结合《欢欢喜喜迎新年》的主题活动,围绕"让幼儿参与新年的准备活动,体验过年的忙碌、热闹,感受新年的节日气氛"这一活动目标,在社会性活动区域——超市里,为幼儿提供大量红色包装纸、纸卡和各种礼盒等,让幼儿通过在超市里的加工、分类、采购和互赠等活动,从而达到落实活动目标,促进其社会性发展的目的。

(2) 探究性。材料的探究性能引发幼儿动手、动脑,支持幼儿与活动环境的积极互动,引导幼儿根据自己的兴趣爱好对客观事物进行动手操作和动脑思考。探究是幼儿在思考的基础上进行操作,是幼儿动脑思考和动手操作交织进行的活动。在区角活动中,幼儿开动脑筋思考,动手操作各种材料就是一种探究活动。例如,给幼儿几架飞机模型,让幼儿根据教师的要求,找一找有几扇窗、几个轮子,有些什么不同。这并不是一种典型意义上的探究活动。如果交给幼儿各种材料,如飞机模型中的门、窗、轮子等让幼儿自己拼装出飞机,就是一种探索活动。因此,我们在材料的提供上,应密切注意材料的探究性。

4. 材料的层次性和动态性

(1) 层次性。材料投放的层次性是指教师在选择、投放操作材料时,能够预先作好思考、规划和设计,根据预定的目标按照由浅入深、从易到难的要求,分解出若干个能够与幼儿的认知发展相吻合的操作层次,使材料"细化"。

材料的层次性主要体现在满足不同年龄班级和相同年龄不同层次的幼儿对材料的要求。一方面从材料的加工程度来讲,可为同一个活动区提供原材料、半成品和成品。另一方面可根据幼儿能力的不同提供操作难易程度不同的活动材料,便于教师对不同能力的幼儿进行针对性的指导和帮助,更好地做到因材施教,促进幼儿在原有水平上不同程度的提高。

材料投放的层次性能使不同发展阶段的幼儿都能通过与适宜材料之间的互动来获得相应的发展。"细化"后的材料能为幼儿提供更多的选择和发展空间,使他们在活动区游戏时,能够有更多的机会按照自身的发展和能力来选择合适的材料，快速地进入与材料的互动状态，获得更积极的发展。

综观现有的活动区，活动材料要么少而单，要么多而杂，未能呈现由浅入深、从易到难等的层次性。教师在投放材料时，也未能根据幼儿的差异性，使材料“细化”，做到分层投放。这样就会导致能力弱的幼儿无法完成现有的操作活动，能力强的幼儿又得不到更高的发展空间。长此以往，幼儿就会失去与材料互动的兴趣，也会失去对活动区游戏的情趣。

(2) 动态性。材料的提供不能一成不变，而要根据教育目标和幼儿的发展需求，定期或不定期地进行调整、补充。材料的动态性还体现在各年龄段及平行班之间的互动上，各班教师应及时沟通、交流幼儿区域活动的情况，做到材料互补、资源共享，让材料真正地为活动提供服务。

5. 材料的丰富性和趣味性

(1) 丰富性。区角活动材料的丰富性主要包括品种多样、形式多样、功能多样。

品种多样：就是种类要多。比如小班“生活区”，孩子们学习系扣子。活动区为孩子准备了纽扣、粘扣、子母扣、拉锁等，通过练习使幼儿掌握了系扣子的生活技能。

形式多样：就是材料的形式要多种多样。比如在美工区投放不同形式的材料，幼儿可以开展多种美工活动。除常见的画彩笔画、蜡笔画、折纸、贴画等，还可以进行彩绘、泥塑、剪纸等活动。

功能多样：实际就是一物多玩，我们要在挖掘材料的功能上多下工夫。

一提到“丰富”，可能不少老师会发愁：去哪儿找那么多材料？其实我们可以挖掘并利用废旧物品和一些本土的自然资源来开展区域活动。沿海地区有各类贝壳、虾蟹壳，农村有芦苇、麦秸、玉米皮、泥土、沙子等，都是可利用的自然资源。废旧材料就更多了，只要我们做有心人，一切可为我所用。如卫生纸筒，可能会是小电筒、擀面杖或卷发筒，还可能是漂亮娃娃或望远镜的制作原材料。

(2) 趣味性。有趣的材料能够引起幼儿参与活动的兴趣，提高目标的达成度。过难或过于简单的材料投放，都不利于幼儿活动兴趣和发展水平的提高。我们在投放活动区材料时，一定要明确教育对象的年龄及身心发展特点。如在小班的“生活区”，让孩子学习“喂食”技巧。如果仅让孩子把不同的“食物”从一个碗中夹到另一个碗中，他们就会觉得单调乏味，从而失去练习的兴趣。为此，我们可以做出多种动物的头像，并给孩子提供不同的喂食工具。这样，孩子就可以饶有兴趣地根据自己的能力选择工具给小动物喂食，他们一边喂，一边还会跟小动物交谈呢。另外，对于孩子在美工区制作的头饰、纸偶、花边等，我们可以把它们收集起来，投放到表演区中，让孩子们用自己创作的作品进行自由表演。这样，一方面可提高孩子参与的兴趣；另一方面，也是对孩子劳动成果的尊重。

(二) 材料投放需要注意的问题

1. 丰富的材料≠越多越好

活动区材料应该是丰富多彩的，但丰富的材料并不等于越多越好。其实，多则滥，滥则泛。幼儿注意力具有不稳定性，过多过杂的材料，尽管能吸引幼儿投入活动，但也容易造成幼儿玩得分心。

2. 有价的材料≠越美越好

精美的材料能吸引幼儿，激发幼儿的活动兴趣，这一点无可非议。然而，我们更应注意材料有没有促进幼儿学习和探究的价值，绝不能仅看其外表。如果只是好看，幼儿拿着玩玩，厌之而后弃之，那么，再精美的玩具又有什么用呢？看起来精美的材料，如果不能给孩子提供想象与创造的操作平台，也就失去了材料投放的价值。

3. 推广的材料≠人人适宜

教师在投放材料时，都十分注重学习他人的成功经验，也会利用自己先前积累的经验。但这些经验并不一定处处灵验、人人适宜，我们应将投放依据重点放在孩子身上，依据本班幼儿的年龄特点、身心发展特点，做出准确、科学的选择。

4. 投放了材料≠解放教师

有些老师说："孩子手中有玩的，打闹现象明显减少，我们也轻松多了。"投放材料后，教师真的可以袖手旁观了吗？大家都能给出否定的答案。因为开设活动区和投放材料的目的，并不是为了解放教师，减少幼儿打闹，而是给孩子提供更大的个性发展空间。这其实给教师提出了更高的教育素质要求。

三、各区角材料投放

(一) 基本材料

一般来说，各活动区都有一些基本的、相对稳定的材料。

操作区：桌面积木、积塑片等各种拼插玩具，串珠、七巧板等各种智力拼图及各种数学学具。

积木区：大中型号的积木。根据情况，还可以增加一些辅助材料，如易拉罐、各种小动物造型等。

角色区：各种可以根据需要而变化其用途的服装、道具、家具等。

美工区：纸、笔、橡皮泥、胶水、剪子、各种空纸盒等制作材料。

科学区：放大镜、天平、尺子、磁铁等工具和各种适宜于幼儿探索的材料。

语言区：图书、录放机、故事磁带、木偶、头饰等。

图书区：各种有趣的图书。

但活动区材料的这种稳定性并不是不变的，有些属于活动内容的材料往往需要根据幼儿的能力适当加以改变。

(二) 常见区域材料

1. 角色游戏区

(1) 角色游戏区的内容

角色游戏是幼儿通过扮演角色，运用想象，创造性地反映个人生活印象的一种游戏。角色游戏通常都有一定的主题，如娃娃家、商店、医院等，所以又称为主题角色游戏。角色游戏是幼儿期最典型、最有特色的一种游戏。幼儿生活经验越丰富，角色游戏的水平也就越高，对角色游戏主题、场地和材料都提出了新要求。

幼儿最熟悉的地方是家庭，最先接触和了解的劳动就是家务活。因此，无论是在哪个年龄班，娃娃家都是角色游戏的中心主题。并由此扩展出以反映社会生活为主题的活动，如餐厅、超市、医院、邮局、工厂、图书馆、火车站、博物馆等。

(2) 常见角色游戏区材料

① 娃娃家。家具，如床、小型桌椅等；娃娃、娃娃用品，如各式服装、奶瓶、各种饰物、梳子、毛巾等；厨房用具，如炉灶、锅、碗、铲、勺、碟、壶、杯子、筷子；各种食物，如蔬菜、食品、水果等。家用电器，如电视机、电冰箱、钟表、电话等。

② 医院。主要材料有白大褂、医生帽、护士帽、处方单、病历本、听诊器、体温表、药品、注射器等。应适当投放半成品材料，如药瓶、药盒让幼儿自己制作药品，投放棉花、竹签绕幼儿制作棉签等。

③ 超市。主要材料有各种食品、用品的包装盒，收银机，钱币等。

④ 银行。各种面值的钱币(卡片)、取款单、存折等。

(3) 场地的设置

角色游戏区里，娃娃家是一个常设区角，因此它的位置应相对固定。其他的角色游戏区角可以设在与之相邻或相近的地方。角色游戏适宜与积木区相邻。

2. 建构区

(1) 建构区活动的内容

建构区是幼儿通过操作各种基本元件材料进行结构造型的游戏场所。建构游戏是融思维、操作、艺术、创造为一体的活动，是幼儿阶段不可缺少的一种体验。

在建构区，孩子可结合自己基本技能确定搭建活动，如小班主要学习铺平、延长、围合、盖顶、加宽等构造技能，所以他们在积木区多构造马路、围墙等简单物体。中班孩子可以搭建单个的、简单的物体或建筑物，如汽车、轮船、房屋、简单的桥梁、公园、动物园等。而大班则要求幼儿学习整齐匀称的构造，并会选择使用辅助材料，因此他们多建造结构复杂、装饰精巧的建筑物或建筑群，如高楼大厦、立交桥、天安门、家乡等。积木区可以结合教学主题和角色游戏设计。如在进行“各种各样的桥梁”的教育教学活动时，积木区就可以专门搭建各种桥梁。积木区还可以和角色游戏区、音乐表演区相结合。如为“博物馆”建造“博古架”；为“娃娃家”造“家具”；为“火车站”建造“站台、铁轨、候车室”等。积木区搭了个“舞台”，音乐表演区的幼儿就可以到“舞台”上来演出。

(2) 建构区材料的提供

积木的种类繁多，在幼儿园一般适合提供木制的本色实心积木、木制的彩色空心积木、塑料的彩色积木等。在小班，适合提供体积中等，颜色鲜艳，分量较轻，以三角形、长方形、圆形等为主的形状简单的空心积木。中班则可以丰富积木的种类、形状，增加积木的重量。到了大班，木制的本色实心积木就可以成为积木区的主角了。其形状可以达到三十余种，数量可以达到一百多块，能充分满足大班幼儿构造的需求。根据幼儿的需要，积木区还应提供一些辅助材料，如人物模型、动物模型、房屋高楼模型、花草树木模型、交通工具模型、信号灯、指示牌、家庭用品等。积木区的积木应分类摆放，必要时还可以贴上标签，以便于幼儿使用、收拾和整理。小班的积木可以按形状、质地、颜色分类摆放；中班的积木可以按照形状大小、高矮排序摆放；大班则可以按形状分合形式进行摆放。

(3) 建构区场地的设置

积木区的场地应较宽敞、平整，地面可以铺上地垫防噪。因为积木区的活动是具有一定的连续性的，也许上午没有搭完的东西下午还要继续搭。所以，积木区应靠墙设在一个固定的角落。一方面给幼儿提供可以充分利用的空间；另一方面，可以避免来回走动破坏搭建的物品。

3. 玩沙玩水游戏区

(1) 玩沙玩水游戏区的内容

玩沙玩水是孩子十分喜欢的活动。玩沙游戏主要有揉、铲、造型、堆沙和挖沙的活动，也可以设计玩沙的创造性活动，如用手、小棍、树枝等在沙上画画，用沙堆成山、围墙，用沙塑造桥梁、房屋，用模具塑造图案，挖山洞、隧道等。玩水游戏主要是让幼儿自由地玩水。如用勺舀水进容器，把水在容器中倒来倒去，用水转动水车、玩水枪等。还可以启发幼儿利用水做些科学小游戏，如“物体的浮沉”、“水往哪里流”等。

(2) 玩沙玩水游戏区材料的提供

玩沙工具：小桶、勺子、铲子、模具等。

玩水工具：小桶、勺子、瓶子、水车、喷水壶等。

辅助材料：玩沙可准备动物、植物、人物、交通工具等玩具模型。玩水可准备一些铁制、木制、塑料的玩具或物品。

(3) 场地的设置

玩沙玩水区应靠近水源，便于为沙池、水池加水，便于幼儿洗手和收拾、整理、清洁材料。

4. 图书区

(1) 图书区活动的内容

图书区是幼儿园班级的常设区域，班级良好的阅读环境能激发幼儿阅读的兴趣，并养成良好的阅读习惯。在图书区，幼儿主要阅读图书，有时也可以进行一些语言游戏，如接龙拼图、拼贴讲述、连词句、编故事、讨论谈话等。

(2) 图书区材料的提供

图书区应为幼儿提供丰富多样、数量充足的阅读材料。

① 故事书。如有关家庭、幼儿园生活的故事，动物、植物的故事，童话故事，科学故事，人物故事等。小班幼儿阅读的图书要画面简单，颜色鲜艳。以家庭生活、幼儿园的生活、小动物的内容为主。情节不宜复杂，篇幅不宜太长。中班幼儿可以阅读一些有关日常生活和人物方面的图书。图书的篇幅可以有所增加。大班幼儿则可以阅读配有简单文字的图书，图书内容的科学性可以有所增加，也可以提供较多的知识书和一些寓言故事。

② 知识书。如《幼儿十万个为什么》、《热带鱼图片大全》、《看图识字》、《交通工具大全》等。

③ 杂志、画报。如《看图说话》、《幼儿智力世界》、《小朋友》、《小青蛙报》等。

④ 自制图书。幼儿结合平时的生活和教育教学活动，自己绘制的图书。

⑤ 视听材料。条件允许的话，语言图书阅读区可以为幼儿提供视听材料。如保存有幼儿喜爱的文学作品或动画作品的电脑、限制人数的语言复读机或随身听(带有耳机，可以避免相互干扰)以及录有与图书内容相关的磁带(可以是老师自己录制的)。

(3) 图书区场地的设置

图书区应该是所有区角中最安静的，并且应有充足的光线。因此，适合靠窗而设，远离音乐表演区、角色游戏区等较为嘈杂的地方。在图书阅读区地上可以铺上漂亮、柔软的泡沫垫，在桌上铺上美丽的花布等，为幼儿营造一个轻松、舒服的阅读环境。

5. 音乐表演区

(1) 表演区的内容

幼儿期是幼儿音乐发展的"关键期"，幼儿喜欢敲打，制造声音，更乐于在动听的乐曲中舞动身体和手脚，以表达对音乐作品的理解或感受。幼儿对音乐的专注与记忆、领悟与创造，是别的活动所不能相提并论的。

表演区活动丰富多样，可以设计舞蹈表演、音乐游戏、打击乐演奏、幼儿扮演角色的故事表演、幼儿操作玩具表演角色的桌面故事表演、用木偶和皮影进行表演的木偶戏和皮影戏等。音乐表演游戏区应选择内容健康、有教育意义、符合幼儿生活经验、容易为幼儿理解又适于他们表演的音乐、文学作品。音乐作品要节奏明快，曲调优美。文学作品情节应生动活泼、角色的性格鲜明、有特征。角色语言较简短。

(2) 表演区材料的提供

表演区首先要有一个幼儿表演的舞台。舞台可以用布、屏风或彩色纸条来表现和装饰，不需要投入太多的人力物力。音乐表演游戏区的基本材料包括：

① 各种小乐器。如碰铃、圆舞板、响板、铃鼓、三角铁、木鱼、锣、鼓等。

② 录音磁带。可以录儿歌、歌曲、音乐、故事等，并根据磁带所录的内容贴上标记，便于幼儿使用和整理。还可以提供一些空白磁带，把幼儿自己的歌声、演奏、朗诵录进去。

③ 录音机。录音机的电源要远离表演场地，一定要在幼儿摸不到的地方，最好是用干电池。

④ 服饰。少数民族服装、小动物的服装等，动物、植物、人物的头饰、面具、手环、头环、彩带、项链等。

⑤ 道具。纱巾、扇子、木偶、皮影等。教师应吸引幼儿参与音乐表演游戏的场地布置和材料准备。幼儿在游戏中最关心的是自己的角色语言和动作，他们的表演并不受道具、场地和时间的限制。因此，道具不必追求齐全、逼真。

(3) 表演区场地的设置

表演游戏区最重要的就是要为幼儿提供一个宽敞的活动场地。场地的布局要合理，舞台在哪里，观众坐哪里，都要有一个明显的分隔标记。

6. 美工区

(1) 美工区的内容

在美工区，幼儿在宽松、自由的环境中尽情发挥创造性思维，按自己的兴趣和意愿去选择材料，用多种自己喜欢的形式进行表达，从而保护幼儿对艺术活动的信心和兴趣，使更多幼儿喜欢美术活动，在操作过程中积累经验，以收到较好的效果。美工区常见内容：

① 平面造型。如绘画(彩笔画、水彩、水墨画、手指画、刷画、拓印画等)、自然材料(沙、树叶、果壳等)的剪贴、撕贴等。

② 立体造型。如捏泥、和面团、纸、黏土等；自然材料造型，如水果画、豆画、石画等；废旧材料制作，如纸盒、易拉罐、纸杯等；以及结合节日活动制作装饰物，如彩环、灯笼等。

(2) 美工区材料的提供

美工区的活动是丰富多彩的，美工区的材料也是广泛而繁多的，需要教师花费时间与精力去收集、准备，务求充实、充分。为幼儿准备丰富的绘画工具有纸、笔、油画棒、颜料等，纸工、泥工工具有剪刀、糨糊、橡皮泥、牙签、抹布等，还可投放一些辅助工具如棉签、亮片、各种纸、布等，废旧材料也请孩子们共同收集，如塑料管、蛋壳、水果网、木条、泡沫板等，用于自创作品。

(3) 美工区场地的设置

美工区是一个以操作为主的区角，需要设置在有充足光线的地方。另外美工活动中常常需要用水，因此也应接近水源，便于幼儿在活动中取水。美工区是一个相对安静的区角，适宜与阅读区相邻。

(4) 涂鸦墙

孩子喜欢涂鸦，涂鸦对于幼儿园的孩子来说，是一种游戏，一种轻松、愉快、易行的活动，是一种不受

图 2-18 涂鸦墙(图片来自江苏徐州国基幼儿园)

限制的绘画形式。幼儿园开辟涂鸦墙，就是给孩子们创造更宽广的涂鸦天地，让他们大胆地探索、自由地涂鸦，体验创造的乐趣。涂鸦墙可以设置在走廊、楼梯转角、围墙、户外等处，大面积的涂鸦墙，为孩子的涂鸦提供了更大的空间，能让孩子用自己喜欢的方式进行艺术表现活动，并能大胆地表现自己的情感和体验。对于提高孩子的艺术表现力、自信心等都有着积极的作用。

7. 科学区

(1) 科学区的内容

幼儿园科学区的设置简单方便，没有严格的标准，可根据幼儿园的实际情况设定，区域可大可小，内容可简可繁，但必须最大限度地发挥其教育功能。在为幼儿选择科学区的内容时要与科学教育活动的总体计划保持一致，并注意与其他幼儿教育活动密切配合。要考虑到幼儿的年龄特点，同时体现出地方性、季节性等特征。科学区的内容主要包括科技角和自然角。

(2) 科学区材料的提供

① 科技角：科技角是幼儿操作、实验、探索的场所，可为幼儿提供丰富的物质材料：

a. 操作活动材料。如常用的磁铁、电线、电珠、电池、平面镜、放大镜、棱镜等，保证幼儿能够自由地、独立地选择各种材料进行。也可以为幼儿准备一些制作工具和制作材料。

b. 科技小制作材料。如手工工具、废旧物品等小型、简单的东西。还可以为幼儿创设展示与交流的中心，让幼儿有机会展示自己的作品，增强自信心，促进交流。

c. 科学小实验。在科技角有时也可以和自然角的活动联系起来，进行一些科学小实验。例如，自然角进行“种子发芽”实验。

② 自然角：自然角是指在幼儿园的室内、廊沿或活动室的一角，供饲养小动物、栽培植物、陈列幼儿收集来的无生物等用品场地，是幼儿开展非正规性科学活动的场所。自然角是幼儿最感兴趣的活动区之一，也是最能激发幼儿观察、探究，促进创新能力发展，丰富幼儿知识的重要渠道。

a. 植物。宜选择体型小巧、生命力强、漂亮、芳香、易于成活、无毒无刺、具有较强观赏价值的常见植物。如风仙、米兰、夜来香观花植物、吊兰、文竹、滴水观音等观叶植物、金橘、石榴、五色椒等观果植物，也可选取花枝进行艺术插花，装饰自然角，还可以摆放一些瓜果、蔬菜。

b. 动物。饲养一些没有危险、便于饲养、幼儿喜欢的较小的动物。如乌龟、金鱼、螺蛳、河蚌、蝌蚪、虾、蝈蝈以及家蚕、蜗牛、蚯蚓等小动物，也可观察青菜虫到菜粉蝶的变化过程，如有条件还可让幼儿观察鸡蛋孵出小鸡的过程。

c. 气象日志。气象日志是幼儿记录当天日期和天气状况的活动，它表达的内容包括年、月、日、星期和当天的天气情况。

(3) 科学区场地的设置

科学区，适于设置在光线充足、接近水源的地方，可以利用活动室的一角或廊沿、窗台。

8. 益智区

(1) 益智区的内容

① 数学的内容。有计数、计算、分类、排序、等分、测量等。

② 构图造型。有图形片构图，形体拼折构图，皮筋、回形针拼图等。

③ 棋类和扑克牌等。

④ 操作类活动。玩具操作活动，如给娃娃喂食物、穿衣、拉拉链、系纽扣、串珠、编塑料管、翻绳、小物体的镶嵌活动、玩具的拼插等。生活用品操作活动，如系解蝴蝶结、系鞋带、刺绣、编织、筷子夹物等。工具类操作活动，如用起子拧螺丝、用锤子钉钉子、用尺子测量、用锯子锯木头、开瓶盖、系扣绳子等。

(2) 益智区材料的提供

① 数学材料。如计算器、排序板、分类盒、计数卡、试题、尺、笔等。

② 构图造型材料。如七巧板、几何拼图、皮筋构图等。

③ 棋类。棋类如斗兽棋、飞行棋、跳棋、象棋、围棋等。

④ 牌类,如扑克牌等。

(3) 益智区场地的设置

操作区应设在光线充足的地方,适宜与阅读区、美工区、科学发现区等较安静的区角相邻。

拓展练习

1. 在幼儿园区域活动设计中,如何创设良好的区域环境?
2. 幼儿园区域活动材料投放需要注意哪些问题?
3. 见习幼儿园一班级区域活动材料的投放,简要评价。

第四节　幼儿园区域活动规则的制定

案例引导

某幼儿园在创设了多个区域活动后,常常出现“人数太多问题”或在区域活动过程中经常出现无序现象。中二班的角色区“医院”是孩子们较喜欢进的区域,而且都想当医生和护士,不喜欢当病人,可医生和护士只能各有一名,拿到医生和护士牌子的喜气洋洋,拿不到的则垂头丧气,胆大的与之争抢,胆小的细语相求。角色区一下子乱哄哄的,区域活动也就无法正常开展了。那该怎么办呢?望着孩子们求救的目光,老师把孩子召集在了一起,“大家都很喜欢当医生和护士吧?”孩子们都使劲点点头。“可是你们这样抢来抢去的,谁也当不上呀!”小朋友都低下了头,“那怎么办呢?”“不能抢。”“那谁当医生和护士呢?”“轮流玩,一人当一次。”“没轮到的就当病人。”孩子们你一言我一语,制定出了规则:轮流当医生和护士,一人一次,不能争抢。由于是孩子们亲自制定的规则,又是他们活动需要,因而,他们较能接受并能在活动中自觉遵守。

一、区域活动规则价值和制定方法

规则在区域活动中承载着独有的教育价值,可以有机地将教育者的教育意图渗透其中,在活动中起着组织、约束、调整幼儿活动行为和相互关系,最大限度地保证幼儿的活动权利等方面的作用。这使得我们清楚地意识到,抓好区域活动规则的建设工作,是保证区域活动有效开展的重要前提。

那么在区域活动中,如何建立适宜有效的活动规则呢?

(一) 教师明确规定

明确规定的规则具有一定的强制性。如图书区规则:取卡进区,要安静看书,不破坏图书;要一页一页看书才能看清楚;看完书要放整齐,看一本拿一本;在活动结束的音乐响起时,书要放回原处。建构区规则:取卡进区,不能乱扔建构材料;不能相互丢掷;不能踩着材料走;拿同伴的材料要经过别人的同意,在活动结束的音乐响起时,要将材料放回原处。美工区规则:取卡进区,材料要轻拿轻放,使用剪刀要注意安全;不大声喧哗;在活动结束音乐响起时,材料归位摆好。各班所开的每个区域都有一些不同的、明确的规定,是幼儿必须遵守的。为了便于幼儿熟悉、遵守以及监督,通常可以以图文并茂的形式呈现出来。

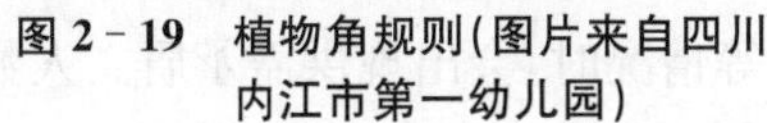
图 2-19　植物角规则(图片来自四川内江市第一幼儿园)

图 2-20　进区卡(图片来自四川隆昌莲峰幼儿园)

(二) 幼儿在试误中逐步形成规则

有时候在区域活动中幼儿会遇到一些有关活动规则方面的问题,此时教师并不着急把答案告诉幼儿,可以让幼儿在试误中逐渐建立起相应的活动规则。如在建构区,孩子们玩得特别开心也很尽兴,可是最后却没有完整的作品呈现,这是为什么呢? 老师请孩子们动脑筋想一想,得到的答案是多种多样的:“收拾玩具时,我们碰坏了”,“某某碰翻了我搭的火车”,“我搭铁路往后面退时,不小心自己踩坏了”,“那么怎么样老师才能看到你们的作品呢? 下次玩的时候你们再来告诉老师好吗?”……以后每次建构区开放之前,老师都会提醒孩子们,玩过几次以后,孩子们有了发现,“玩时要小心一点,就不会弄坏别人的了”,“插的时候要插紧一点就比较牢固了”,“收拾玩具时绕着别人搭建的物品,在旁边走就不会碰倒了”。因此建构区就加入一条规则:小心行走,爱护别人的劳动成果。

(三) 让幼儿讨论商定

讨论往往是围绕在区域活动中所遇到的普遍性问题而展开的,这种问题一般会影响到活动的正常进行,又是幼儿比较难以自行解决的。讨论的目的就是要建立起相应的规则来解决当前所面临的问题。如小班角色区“娃娃家”,是孩子们比较喜欢进的区域,且都想当妈妈和爸爸,而不喜欢当宝宝,可妈妈和爸爸只能各有一名,角色区乱哄哄的一片,区域活动无法正常开展了。怎么办呢? 孩子们你看看我,我看看你,纷纷把目光投向了老师,老师把他们都召集在了一起,“大家都很喜欢当妈妈和爸爸吧?”孩子们都使劲点点头。“可这样抢来抢去的,谁也当不上呀!”“那怎么办呢?”“不能抢。”“那谁当妈妈和爸爸呢?”“轮流玩,一人当一次。”“没轮到的就当宝宝。”孩子们你一言我一语,制定出了新的规则:轮流当,不能争抢。由于这样的规则是孩子们自己制定的,又是他们活动需要,所以,他们较能接受并能自觉遵守。

(四) 在过程中调整规则

在建构区、美工区活动结束时，还有一些孩子的作品尚未完成，是必须把材料放回原处还是制定新的规则？老师引导孩子们展开讨论，有的说延长区域活动时间，有的说等自由活动时间继续做，还有的说带回家继续做。最后，综合大家的意见，把未完成的作品标上记号，待自由活动时继续进行，这时我们老师就使用了名片。这个名片代表幼儿中途暂时离开游戏的标记，别的小朋友看到这个名片就知道是谁未完成的作品，是不能乱动的。自从执行新规则后，孩子们的兴趣、表情发生了明显的变化。以前那种失望的表情、低落的情绪消失了，变成了期待和骄傲。这样一来，既不影响区域活动的有序进行，又能满足幼儿的兴趣和需要，同时也能有的放矢地引导幼儿逐步建立区域规则。

活动规则是区域活动的一种行为规范和准则。幼儿的区域活动是在动态中进行的，活动中还会有不同的状况出现，而不同的情况可能需要不同的准则加以规范。所以，区域活动规则不可能一步到位，而是需要逐步完善，逐步到位。教师要细心观察和引导，适时完善区域规则，使区域活动真正为教育目标服务。

二、幼儿园区域活动规则的类型

(一) 一般规则

1. 活动前：进区规则

在幼儿进区前，主要涉及的规则问题便是“人数问题”。每个游戏由于空间和操作材料的限制都存在着人数的约定，尤其在新材料投放、师生讲评交流、有玩伴约定等情况时，会出现供需矛盾。人数提示也就成为区域活动开始之前幼儿要面临的最基本的规则。进区规则起到的最大作用就是限定某区域的游戏人数，并提示幼儿关注同伴选择游戏和开展游戏的状况，逐渐学习为参与游戏作好计划。于是无形之中引导幼儿学会自我约束、同伴协商、运用智慧争取等技巧，保证区域活动的正常开展。在实际中，我们经常使用的进区规则主要有以下一些形式：

(1) 巧妙利用地面空间；(2) 身体携带标志进区；(3) 区域入口处的图片暗示。

图 2-21　进区卡(图片来自四川隆昌莲峰幼儿园)

2. 活动中：操作规则

区域活动过程中，经常出现的无序现象主要有：幼儿大声喧哗干扰其他幼儿的活动；幼儿对操作材料无所适从，活动存在自由性；幼儿活动的随意性导致材料摆放位置及种类的混乱等。究其原因，关键在于教师没有建构起有效的过程中的规则，即“操作规则”。“操作规则”起到的作用主要是在幼儿进行操作时作出提示，有的是表示操作的顺序，有的表示游戏的连续性，有的则表示该游戏合作的要求。操作提示一般不宜太复杂，以免幼儿费解或畏难。教师可以加强对活动要求和活动方法的隐性提示，以增强幼儿的活动规则意识和活动的目的性。

3. 活动后：归物规则

在班级游戏区建立起来后，教师要采取相应的策略进行养护，从而使幼儿区域游戏发挥出它的教育功能。那么，区域活动规则中的“归物规则”便是区域养护的最好使者。区域活动结束后的收拾整理，同样也是区域活动中的一项重要环节，蒙台梭利尤其强调这个环节中教具、教材的摆放所形成的秩序感。由于区域是一个开放式的学习环境。因此，学会将操作材料有序收拾和摆放，可以增强区域环境的秩序感。为了提高幼儿在这一环节中的有序参与性，教师可以通过多种形式的规则暗示来增强对幼儿的引导。

(二) 区别规则

由于各年龄阶段幼儿对区域活动规则的理解和遵守能力不一样，因此，在区域活动中建构区域规则时，应该区别对待。例如，在小班的操作规则中常用图形符号提示的方法。教师在区域的许多地方贴上不同的符号标签，暗示与引导幼儿。有的区域贴上了手指弄破的图案，警示幼儿小心手里的剪刀，以免伤及自己与同伴。小班教师还可巧妙地利用朗朗上口的儿歌形式，让幼儿容易理解和遵守；大班教师则用音乐、图示等提示操作规则。有的区域在幼儿活动时播放柔和的音乐，暗示幼儿说话要轻，不能发出很响的声音，如若听不到音乐了，就意味着太吵了。此外，大班还可以利用绘画等方式进行操作规则的呈现。

三、幼儿园区域活动规则的执行

(一) 贵在坚持

区域活动规则的制定，只是为使区域活动有“法”可依，而要让这个“法”发挥作用，关键在于执行与坚持，否则就形同虚设。教育最好的办法就是作出榜样，无论什么时候，教师进入区域首先应该以身作则。另外，幼儿由于受年龄特点的制约，在活动中常常会因忘记规则而影响了自己或别人，教师要有意识地关注幼儿游戏，在游戏中发现问题，及时纠正。

(二) 及时跟进

在区域活动中，幼儿还常常会有不同的情况出现，不同的情况需要不同准则加以规范，所以区域活动规则往往不是一步到位，而是逐步完善、逐步跟进的。首先，区域规则特别是操作规则是与游戏材料伴生的，往往要根据材料的变化而变化，教师应该根据区域材料的变化，灵活地调整区域规则。其次，孩子在成长，规则也不可能一成不变，当有的规则早已成了孩子的自觉行为时，教师就应该及时跟进新的规则。

(三) 内化规则

教师在区域活动中的正确评价，可以帮助幼儿在游戏中形成良好的规则意识，使区域规则真正内化成孩子的自觉行为。例如，在评价中大班的区域活动过程时，教师可以围绕区域规则的遵守情况，让孩子开展自评、互评，开展主题讨论，明确规则或是重新修订一些不很合理的规则。对于小班，教师应更多地给予正面引导，让孩子逐步理解规则、遵守规则。

（四）自由——规则

《幼儿园教育指导纲要（试行）》中提出："幼儿园教育活动应为幼儿提供自由活动的机会，支持幼儿的自主选择。"因此，在区域活动中，我们教师应该深刻认识到"自由"与"规则"的深刻含义。首先，区域活动并不是无规则的"自由"和"放纵"，恰当地让幼儿"有法可依"、适时"干预"是幼儿园区域活动开展的重要保障。其次，规则的设定并不代表没有自由空间。在以往的区域活动过程中，教师往往控制性较强，幼儿通常是在教师的高控制、高指导下进行的，这些是不可取的。因此，教师应注意两个极端：一是认为区域活动是幼儿的自主活动，让幼儿随意玩，只要不打起来，在一旁看看就行，教师无须干预；二是看到放任自流的结果，矫枉过度而强制介入，直接告诉幼儿应该怎么玩，缺乏引导幼儿探索和发展的信心与耐心。

拓展练习

1. 幼儿园区域活动规则设置的方法有哪些？
2. 幼儿园区域活动中规则的类型有哪些？
3. 怎样做才能使幼儿园区域活动的规则不会形同虚设呢？

参考文献

[1] 董旭花．幼儿园室内区域环境规划[J]．山东教育，2009(18)．

[2] 陈梅蓉．幼儿园音乐表演区域的创设与活动指导[J]．教育评论，2007(1)．

[3] 张萍，陈静娜．幼儿园美术区域活动材料投放的策略[EB/OL]．幼教传媒网，http://www.youjiaotv.com/2010/0304/3937.html．

[4] 赵翠红．浅谈幼儿园区域活动中材料的投放[EB/OL]．山东学前教育网，http://www.sdchild.com/jyyj/qyhd/2012-10-18/8838.html．

[5] 张华琦．活动区材料投放中的"不等式"[J]．山东教育，2004(15)．

[6] 高月梅，张泓．幼儿心理学[M]．杭州：浙江教育出版社，2002(4)．

[7] 冯晓霞，毛允燕．合作研究——幼儿学习的重要途径(上)[J]．学前教育，2000(6)．

[8] 马建霞．根据幼儿年龄特点提供钻爬区活动材料[J]．学前教育，1999(9)．

[9] 万小飞．谈幼儿园区域环境中规则的有效构建[J]．上海教育科研，2013(9)．

[10] 罗勤．幼儿园区域活动规则建立的多元化策略[J]．当代学前教育，2013(4)．

[11] 朱晨悦．反思规则的合理性[J]．幼儿教育，2012(Z4)．

[12] 龚燕，刘娟．幼儿规则意识与行为的培养[J]．学前教育研究，2009(1)．

[13] 邓双，杨莉君．示范性幼儿园区域活动材料投放与教师指导的有效性研究[D]．湖南师范大学，2012．

第三章　幼儿园区域活动的组织与实施

学习目标

1. 了解幼儿园区域活动方案设计和指导。
2. 了解幼儿园区域活动观察方法。
3. 了解幼儿园区域活动的评价。

名言语录

游戏给人欢乐、自由、满足，内部和外部的平静和整个世界的安宁，它具有一切善的来源。一个儿童能够痛快地、自动地游戏，直到身体疲劳为止，必然会成为一个完全的人。

——福禄贝尔

第一节　幼儿园区域活动的设计

场景一：

上午10:00，大一班王老师刚组织完了集体主题活动“绿色家园”。然后把小朋友们5人一组，分别分配到了“娃娃家”、“积木区”、“图书角”等区域进行活动，要求小朋友们开动脑筋，想想自己所在的区域怎么做到“绿色环保”。

场景二：

下午16:30，中一班李老师组织完科学活动“区分生熟鸡蛋”后，宣布小朋友们可以自由活动了。小朋友们进入幼儿园的各个区域，开始自己的活动。而李老师和另外一名配班老师开始收拾教室里的物品，开始为幼儿离园作准备，两人都没有进入区域进行指导。

思考：以上两个场景中的活动是区域活动吗？为什么？

区域活动从特点看，多为幼儿的自选活动，强调幼儿的自主自愿。尽管如此，区域活动也需要教师精心设计，才能达到活动的目的。区域活动的功能通过与材料、环境、同伴的充分互动而促进幼儿的学习与发展。因此教师必须了解各区域功能，分析班级幼儿的兴趣和能力，制订合理的计划，才能使孩子在区角活动中得到快乐和发展。

一、区域活动的目标分析

活动区域目标规划应科学系统，应结合学期、月、周计划中关于活动区域要求逐层分解，尊重和满足幼儿个体的需要。

(一) 区域活动总目标

(1) 学会人与人友好的相处，相互合作，懂得体谅别人，关心别人，不争抢玩具，爱护玩具。活动中能热情主动地和同伴交往，和同伴共同协商解决活动中出现的问题，敢于表达自己的意见和要求。

(2) 知道各种材料的特征和作用，并能较充分、合理地运用各种材料。能在各种材料的吸引下，积极参加活动，在活动中感到快乐。

(3) 在活动中，能自觉地遵守活动规则，从而培养幼儿的控制能力和责任心。学习独立地、有秩序地收拾摆放玩具及活动材料。

(二) 了解不同区域的主要目标

不同的活动区由于其投放的材料不同，在活动内容、活动方法、活动规则等方面都是不同的，因此活动目标也不同，教师要熟悉不同活动区域的目标。下面举例说明：

例 1，积木区。由于积木的物理特征及其玩耍的特点，决定了它具有以下的发展功能：

图 3-1　积木区(四川内江市第一幼儿园)

(1) 认知发展方面。可以让幼儿认识基本形状、学习分类与排序、形成数的概念、感知比例关系、比较大小与多少、比较长短与厚薄、发展空间想象能力与表征能力、获得平衡与对称、重心等概念。

(2) 动作技能发展方面。在模拟结构中学习各种基本的建构技能和建构物体的基本特征；能根据意感或命题进行有目的的建构活动，培养幼儿的注意力、观察力、操作能力以及手眼协调的能力；幼儿操作中大型积木还可以发展大肌肉动作。

(3) 情感社会性发展方面。可以培养幼儿的专注力，让幼儿学习协调、沟通等人际交往技能，学习与人合作、分享经验，学习解决冲突、纠纷，体验合作与创造的喜悦，发展美感等。学会收拾玩具，懂得爱护玩具和与同伴友好等行为习惯。

例 2，角色扮演区。角色扮演区可以发展幼儿社会性及情感、认知、语言等方面的品质。具体来说：

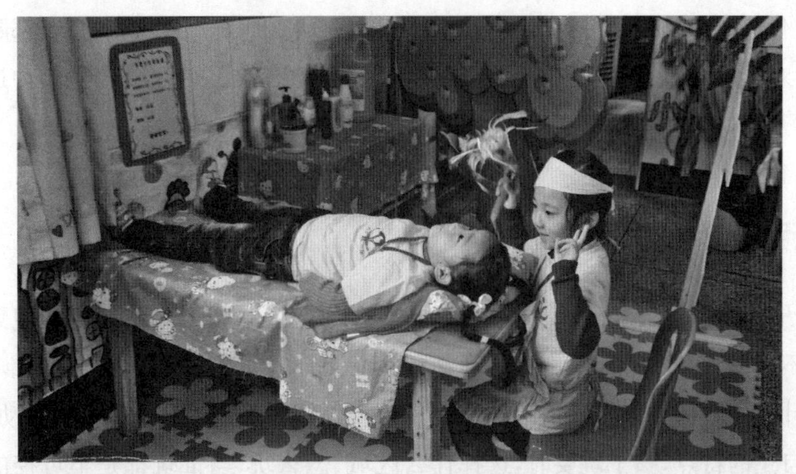

图 3-2　角色扮演区(四川内江市第一幼儿园)

(1) 社会性及情感发展方面。可以让幼儿学习人际交往的规则和技能;学习社会角色行为,理解他人的情感和需要;学习自我控制,学习恰当地表达情绪、情感,增进同伴关系,发展合群性;满足成长的情感需要,即获得成人感。

(2) 认知发展方面。可以帮助幼儿巩固并加深生活印象,使有关的生活知识和经验系统化。

(3) 能力发展方面。能发展幼儿的口语理解和表达能力;增进幼儿的语言应用技能;发展幼儿想象能力、表征能力;通过让幼儿自编、自导、自演的活动,激发幼儿的创造潜能。

例 3,美工区。美工区可以发展幼儿表现美和创造美的能力,具体来说:

(1) 认知方面:认识各种绘画、手工材料和工具;学习用艺术的眼光观察事物,通过色彩和造型等活动感受美和创造美,丰富幼儿的认识。

(2) 动作技能方面:培养感受美和表现美的能力,学习添画、印画、点画、吹画等多种绘画形式;学习折纸、剪纸、粘贴等操作方法;运用搓、团、压、印的塑造技能表现物体的主要特征,训练幼儿的观察判断能力及手眼协调能力。

(3) 情感态度方面:喜欢绘画和手工活动,感受美术活动的乐趣。

例 4,阅读区。阅读区在培养幼儿阅读的兴趣和习惯方面非常有意义。

(1) 认知方面:了解书的结构和作用,通过阅读获取间接知识,扩大眼界。

(2) 能力方面:掌握正确阅读的方法,养成良好的用眼卫生习惯,看懂书的内容,能用自己喜欢的方式表达认识,发展想象能力和表达能力;能正确取放图书,学习简单修补图书的方法。

(3) 喜欢阅读,有良好的阅读习惯,在看书时能较自觉地保持安静。

可见,在进行区域活动设计之前,我们应首先对每个区域进行类似的潜在价值的分析,以明确它可能帮助幼儿达到的一般性教育目标。

(三) 根据幼儿兴趣和能力及时调整区域目标,科学分解月、周目标,合理制定具体的区域活动目标

区域活动虽然为幼儿提供了自由活动的机会,但并不排斥教师巧妙地加以安排与干预。教师要根据幼儿不同的年龄特点和发展需要,将区域活动的目标具体化和适当分解,因此教师还应根据本班幼儿的基本发展水平、阶段性的教育目标和主要任务,思考各区的活动内容和具体目标。每隔一段时间,视幼儿的实际需要和学习情况,删除已达到的目标,代之以更高一些的要求。当然,这必然伴随着材料的相应调整,因为区域活动目标是附着在材料上的。

区域活动游戏是教师们在制定所有游戏活动中最繁琐的一种组织游戏,需要教师根据本班幼儿的年龄特点量身定制适合他们的活动内容,这需要大量的时间才能完成游戏准备工作。而且材料准备是一个不断更新、变化的过程。幼儿进行区域活动时,教师要认真地对每次活动进行记录、观察和分析,了解材料的投放、游戏的设计是否适合孩子们的兴趣,做到心中有数。在区域教学活动过程中,不断地积累经验并相互学习探讨,将幼儿园的区域活动提升到更高的层次。

二、区域活动计划制订

区角活动以幼儿自由自主活动为主,在强调幼儿自主自愿的同时,区域活动从规划到环境创设,再到开展活动都离不开教师的精心设计。区域活动和幼儿园其他活动一样,需要教师精心制订活动计划。

区域活动的计划主要包括学期区域活动计划、学月区域活动计划和具体区域活动计划等几种。由于区域活动自由自主的特点,孩子玩耍时,选择什么区域、怎么玩、与谁玩都是不可控的,也是不能预见的。所以区域活动不需要、也不可能做到像集体教育活动那样详细"备课",区域活动"备课"的重点是备

幼儿和备环境创设，尤其对于新创建的活动区域或新投放的活动材料，要多用笔墨。而区域活动的过程以观察和间接指导为主，不宜过于具体，要留给教师较多的发挥空间。

区角活动方案可以采用文字式和表格式来写，主要体现区角活动目标、区角活动内容和材料、区角活动指导要点等。

(一) 学期区域活动计划

学期区域活动计划是教师在对本班幼儿的区域活动现状进行全面分析基础上对本期区域活动的一种预期。学期区域活动计划主要包括幼儿情况分析、本期区域活动目标、具体措施、区域活动安排等多个方面。在班级情况分析中，重点抓住问题的关键，提高教师分析的准确性、科学性，不随意加以定论，而要对本班幼儿的发展特点、主要表现、好的方面和不足之处进行分析，对各区域和个别幼儿的情况也要了如指掌。学期区域活动目标强调整合、重点围绕从幼儿动作技能、活动方法、社会性发展等方面提出要求，针对幼儿的年龄特点，基于对本班幼儿的情况分析提出切实可行的发展目标。工作措施主要包括教师建立区域、组织幼儿活动、观察幼儿活动等方面。区域活动安排是对每个区域的各个学月活动目标和准备的一个初步安排。

实例 3－1：某幼儿园大班学期区域活动计划(上期)

一、基本情况分析

在上一学年的游戏活动实践中，我们发现幼儿对区域活动和手工操作活动较感兴趣，参与的积极性很高，在活动中他们的社会交往能力、口语表达能力、想象创造能力在很大程度上有了提高。但幼儿“一窝蜂”现象和因材料使用不当给下次使用的小朋友造成不便的情况较为严重，而且在期末考核时也发现各区域游戏的目标达成度不够高。因此，在本学期开学前，我们三位老师经过仔细研究，制订本学期区域活动计划。本学期我们的主要工作就是对活动区域选择和针对正确使用活动材料的薄弱之处做重点练习，同时进一步巩固幼儿的活动技能，并逐步深化区域活动的主题与目标，让区域活动和科研活动变得更加形象、生动、有趣。

二、本学期区域活动目标

(一) 能熟练地掌握各个区域活动的基本技能，能综合运用材料和探索材料的各种玩法。每开展一个区域活动，学习有始有终，坚持活动主题，努力克服困难，达到活动目的。

(二) 立足培养幼儿能主动、积极、有创造性地开展各类区域活动和动手操作活动，培养幼儿的交往能力、口语表达能力、动手能力，发展幼儿的创造力、表现力、认知能力和审美能力。

(三) 活动中友好交往，并能协调相互关系，自己想办法解决活动中的问题。培养幼儿的控制能力和责任心，敢发表自己的意见和要求，掌握合作和分享的种种技能。

三、针对各个区域活动合理地制定目标

具体目标如下：

(一) 操作区

1. 正确运用多种材料(七巧板、接龙、棋类、智力拼图等)，探索多样化的玩法，发挥创造性，一物多用。

2. 会做科学小实验，活动有目的，操作认真。

3. 能有重点地讲述自己的操作过程与结果，有探索欲望。

4. 能自觉、有条理地收拾游戏材料。

(二) 阅读区和表演区

1. 初步养成爱惜图书的好习惯，能初步看懂图画书中的主要内容，并能够表演。

2. 对图片感兴趣，能在成人指导下看图说话，学说普通话。

3. 初步学习运用废旧材料修补图书。

（三）美工区

1. 引导幼儿对色彩感兴趣，愿意选用自己喜爱的颜色均匀饱满地构图。

2. 会收集利用各种废旧材料创造性地表现自己所感受的事物。

3. 会用多种工具材料，用涂、画、捏、折、撕、贴、剪、印染等方法单独或与同伴合作，创造性地完成作品。

4. 能交流讲述活动内容与作品，相互学习促进。

四、具体措施

1. 通过与幼儿讨论，把原来我们创设的区域再一次建立起来，并请幼儿收集各种废旧材料丰富活动的内容。另外，创设若干新的区域，可发动幼儿与教师共同收集各种材料，制作各种成品、半成品，以便顺利地开展各种游戏。

2. 活动区提供一定数量、形象的玩具，能让幼儿充分发挥想象力，创造性地玩出一些花样，同时提醒幼儿遵守游戏规则。

3. 在日常生活中，丰富幼儿的知识经验，开拓幼儿眼界。平时利用散步、社区活动，带领幼儿观察周围的社会生活。

4. 引导幼儿有目的地选择区域，学习轮流着每天玩不同的区域，选择活动区域后能坚持在该区角游戏。教师每天都有一项活动作为重点辅导。加强个别辅导。鼓励幼儿大胆进行活动，能充分调动每一位幼儿的活动积极性。活动后能将区域材料收拾好，方便下次游戏。

5. 教师密切关注幼儿在活动中的情况，做好活动记录，确保活动的顺利开展。

6. 抓好活动后的评价及整理工作，如对于每次存在的问题将作为重点来说，不仅及时指出、纠正，第二次游戏大家还讨论、学习。通过不断练习，相信幼儿的游戏水平会再上一个台阶。

五、区域活动安排

1. “快乐建筑队”活动区

九月份

目标：

(1) 能运用木制和塑料的积木、插片搭自己熟悉的物体。

(2) 尝试根据形状、颜色正确地进行对称装饰。

(3) 能与同伴共同游戏，不争抢游戏材料。

(4) 游戏后能较好地收拾材料。

准备：实木玩具、插塑玩具、塑料别墅玩具若干、地毯1块。

指导方式：提问——你们在建什么呀？怎么样能让它显得更漂亮一点呢？

十月份

目标：

(1) 尝试与同伴协商确定游戏内容。

(2) 能熟练运用叠加、拼接的技能和辅助材料以及一些废旧材料，表现不同造型、功能的房屋、桥梁等建筑物。

(3) 能自觉爱护游戏材料。

准备：增加不同造型的楼房图片若干、易拉罐、方形盒子等。

指导方法：提问——盖楼房的时候，这些东西有用吗？能干什么用？

十一月份

目标：

(1) 能用支撑的方法和一些废旧材料表现不同造型的建筑，并尝试用辅助材料在周边进行简单的装饰。

(2) 能与同伴协商，进行合理分工。

(3) 能自觉收拾游戏材料。

准备：增加自制树、小汽车等。

指导方式：提问——你在建什么？为什么这样搭建？幼儿园周围有什么？可以怎么建？

十二月份

目标：

(1) 能综合运用已有的建构技能表现周围的环境。

(2) 不争抢玩具，掌握正确解决纠纷的方法。

(3) 能有条理地收拾游戏材料。

准备：增加周围环境的图片。

指导方式：提问——你家周围还有什么呢？可以用什么东西来表现？

一月份

目标：

(1) 能熟练运用已有建构技能表现生活中的物体。

(2) 能自觉、有条理地收拾游戏材料。

(3) 能大胆表达自己的意见，正确解决同伴间的纠纷。

准备：实木玩具、插塑玩具、塑料别墅玩具若干，生活中常见物体、环境的图片，地毯 1 块。

指导方式：提问——看看图里的地方漂亮吗？为什么漂亮？你们能不能设计出更漂亮的呢？

(二) 学月区域活动计划

幼儿园班级学月区域活动计划，是由幼儿教师根据班级学期工作计划中的区域活动内容，紧密结合本班幼儿实际情况和季节特点制订的月工作计划。它反映了各月份区域活动的具体内容、要求和措施。它是各年龄班教师每月开展区域活动的依据。学月区域活动计划的写法较为灵活，主要包括阶段培养目标、区域活动名称、区域活动内容、活动材料、各区域的要求等。

区域活动阶段培养目标表述要尽量全面，涉及到幼儿发展的各个方面，包括知识技能、能力培养、社会性发展等方面。目标的制定一定要根据本班幼儿的实际水平，叙述要具体明确、重点突出、操作性强。各区域的要求要体现层次性，便于教师对不同能力的幼儿进行针对性的指导，更好地做到因材施教，促进幼儿在原有水平上不同程度的提高。

实例 3－2

某幼儿园小班区角活动月计划表

时间：2015 年 4 月

阶段性培养目标	1. 能用普通话说说家乡景点和同伴服装的特征 2. 学习根据动物生活习性给动物喂食 3. 训练幼儿小手肌肉的灵活性，初步学会一些生活自理能力 4. 感受与同伴一起游戏的快乐

续 表

名 称	语言角	认 知 角		生 活 区		美 工 区	
内容	家乡景点和同伴照片	给小动物喂食、动物排队	拼图游戏	小巧手	做点心	给服装添色	撕画
材料	相册	动物盒及相应的食物卡片若干、排序卡片若干	拼板若干盒	若干衣服(系带、扣扣、拉链)、裤子	橡皮泥若干	服装样子、印章、纸团、颜料等	纸、胶水、蜡笔等
发展要求	1. 能用普通话说出自己和同伴的姓名 2. 能说出家乡景点名称 3. 说说照片上的服装	1. 能正确给动物喂食 2. 能按卡片提示排序	1. 能按图纸拼板 2. 能无图纸拼板 3. 创造性拼板	1. 会折叠衣服、裤子 2. 会拉拉链、扣扣、系带	1. 会搓汤圆 2. 会压扁做饼干 3. 会做麻花、油条	1. 认识颜色,喜欢印染 2. 会用印章、纸团印画 3. 会对称印画	1. 会撕纸,享受撕纸的乐趣 2. 会合理粘贴撕纸 3. 能再粘贴画上添画

幼儿园大班区域活动月计划表

时间:2015 年 4 月 22 日

区 域	数 学 区	益 智 区	手 工 区	生 活 区
具体内容	形状接龙、火车运货、数字填色、寻找航班	益智几何翻珠、走迷宫、思维训练题、垒高	皱纸加工、泥工装饰、纸盒变形	装米
活动目标	1. 能按图形排列规律接龙 2. 能按物按数装运火车 3. 根据航班号上的数字找到相应的飞机飞上天空	1. 看清楚题目对应 2. 找对出入口 3. 独立读题 4. 对应累计数	1. 练习扭、搓、揉等加工技巧 2. 会将两种物体组合、掌握粘面的技巧 3. 积累对称、内翻的折纸技巧	认识及正确地使用简单的工具
材料提供	图形卡、小火车和图形纸、航班号卡、纸制飞机若干(纸上有细点)	益智题目、翻珠卡、迷宫图、对应记录卡、建构区、棍子接口、原木摆弄、可乐瓶垒高	各色皱纸、彩泥、手工纸、各种立体形状的纸盒、剪刀、双面胶	勺子、盘子、碗、瓶子、罐子、漏斗等
活动指导	1. 观察材料,读懂要求 2. 引导幼儿尝试操作,分享经验 3. 幼儿自由操作	1. 看懂平面图 2. 引导幼儿找多种接口的方法 3. 积累垒高不倒的经验方法(可乐瓶、原木积木、一次性筷子、皮筋、扭扭棒、夹子)	1. 了解手工区活动规则,强调活动注意事项 2. 幼儿自由活动,教师观察、指导 3. 展示作品,评价幼儿活动 4. 收拾整理活动区域	1. 选择自己想要使用的工具 2. 自主用各种工具装米 3. 能合作使用各种工具装米 4. 整理材料

(三) 幼儿园区域活动具体活动方案

区域活动具体活动方案在结构上与其他具体活动方案相似,写法多样,主要包括活动目标、活动准备、活动过程等。活动目标表述要突出重点,以行为目标为主,体现幼儿主体性。活动准备具体写明相应的活动区角和活动材料。活动过程要有趣,写明教师的指导和幼儿活动情况。

实例3－3

娃娃感冒了(中班)

活动目标：

1. 提高自理能力，学习关心照顾生病的人。

2. 学习与他人交往，体会协作的快乐。

3. 感受活动的快乐。

活动准备：

1. 布置“娃娃家”、“小医院”等活动区域，美工区投放材料，方便幼儿制作看望病人的贺卡、礼品等。

2. 会模仿宝宝生病了，大人照顾生病的宝宝的情景。

活动过程：

一、回忆生病时的情景，引起兴趣

教师：小朋友，你们生病的时候感觉怎样？爸爸妈妈会怎么样照顾你们呢？(幼儿自由回答，并小结幼儿回答的结果。)

二、介绍活动材料

1. 教师轮流到各区指导，丰富幼儿游戏经验。

指导语：今天我们的区域活动就和生病有关，那我们要进行哪些活动呢？跟着老师一起来看看吧！

(1) 娃娃家

讨论：生病时爸爸妈妈是怎么照顾你的？娃娃家的小朋友生病了该怎么办？

(2) 美工区

讨论：我们去看望病人的时候会带上什么去呀？会对病人说些什么？娃娃家小朋友生病了，你想做点什么礼品？

(3) 小医院

讨论：生病了要怎么样才好得更快呀？病人在医院里是怎么看病的？

三、组织幼儿进区域，开展区域活动

1. 提出区域规则。在进区的时候，你要先想好你要进什么区角。在区域中不能大声喧哗，静静地玩。

2. 幼儿在区域自由活动，教师巡回观察，指导幼儿进行区域活动。

四、收拾材料，结束游戏

小结小朋友进区观看的情况，表扬有序进区的幼儿，指出幼儿做得不够的地方并提出要求。

拓展练习

1. 见习幼儿园一班级区域活动，观察并记录老师的行为。

2. 尝试设计一则区域活动方案。

第二节　幼儿园区域活动的观察

建构区是大班孩子特别喜欢活动的区域，那里有许多的积木、插塑等材料供幼儿游戏。每一个想在

建构区游戏的幼儿，在进入区域之前，应先将挂在小柜子上的活动牌挂在脖子上方可进入区域活动。梅梅想去建构区玩，但是活动牌已经都被拿走了，超超对梅梅说："你先等一会，等里面的小朋友玩好了你再玩。"梅梅就坐在一旁看着超超他们一会儿搭楼房，一会儿摆火车，玩得不亦乐乎，15 分钟过去了，才有小朋友从建构区出来。终于轮到梅梅了，可是梅梅刚进去，活动时间就到了。

案例中的梅梅一直在等待游戏，几乎没有使用建构区的活动材料进行游戏，而教师忽视了这个状况，没有对这种状况进行适当的引导。这样就造成了梅梅情绪上的失落。由于教师的疏于观察，使区域活动不能圆满地进行，大班幼儿虽然自觉性、思维能力有一定提高，但还是离不开教师的引导。

区域游戏的观察和指导就是一种富有创造性的工作，在实际操作中，需要教师具备敏锐的观察能力、决策能力和随机应变能力，适时适宜地介入幼儿的活动，使区域活动真正成为幼儿自主探索的学习活动。观察是游戏准备工作的基础，是教师介入幼儿游戏的前提。有效的观察是合理、科学指导的基础，而做好观察记录（见实例 3－4），有助于开展有效的观察。

实例 3－4

幼儿园区域活动观察记录

班级：大二班　　　　观察教师：沈彬彬

观察对象	子　寒		年　龄		
所在区角	角色游戏区		观察时间		
观察情况记录	在今天的游戏中，我在人民银行里增添了新的游戏：每人一张银行卡。游戏一开始，我发给了今天做游戏的孩子们每人一张银行卡。扮演顾客的孩子们拿到银行卡后，就在银行游戏区排起了队，由于一开始都是取钱的顾客，"取钱"的柜台就非常忙，而"存钱"的营业员梁梓航就没事做				
评价与分析	由于人民银行里增添了新的游戏材料，在活动前我就向孩子们介绍了材料的使用方法，和孩子们一起讨论了怎样去银行领钱、银行里的工作人员该如何操作。当售货员手中的钱多了，该怎样去银行里存钱，银行人员该怎样记录。通过游戏前的引导，孩子们基本了解了这一游戏的玩法。在游戏前，考虑今天是第一次玩新材料，我请了能力较强的孩子做银行里存钱和取钱的人员。这样的安排保证了游戏能够顺利地开展。当游戏过程中出现问题后，我马上参与到游戏中，引导幼儿解决游戏中出现的问题。对于取钱时比较拥挤的问题，在游戏后我引导幼儿进行了讨论。通过讨论孩子们说营业员有了一些钱以后可以马上去存				
教师介入及策略	当新的游戏材料投放在游戏区后，一些能力较强的孩子能马上投入游戏中，并按要求操作，但一些能力一般的孩子需要教师在游戏中不断地指导和帮助。在今天的游戏材料中，钱的存和取都涉及到计算，对孩子来说就更加有难度了				
改进措施及目标	在区域活动中，我将孩子引导进行这方面的练习，先巩固对钱币的面值的认识，再引导进行简单的换算，这样孩子在游戏中就能运用自如了				

幼儿园区域活动观察时一般要选择观察对象、调整观察材料、巧妙运用观察策略，以下将详细介绍。

一、选择观察对象

在区域活动开展过程中，教师的观察对象有材料和幼儿。

（一）观察材料

观察材料对幼儿兴趣的激发。在新材料投入的前期，最为关注的就是这一材料如何引发幼儿间的兴趣，寻找到幼儿与材料两者之间的兴趣碰撞点。如果观察到材料能与幼儿良好互动，能让大部分幼儿自我参与其中，这就是适宜的材料。

（二）观察幼儿

将全班幼儿与个别幼儿相结合进行综合观察。同时可在某一区域中对某一材料进行定点观察。如观察幼儿行为发生的背景，观察、倾听孩子的兴趣和需要，观察、倾听孩子的情绪情感，观察、倾听孩子的发现……

有了这些观察的方向，能够让教师把握整体，有目的地进行观察，从而及时地获得第一手资料，并从中分析产生的原因，及时作出调整。强化发现问题、分析问题、解决问题的成效，使孩子在一个高效、互动的环境中得到最大化的发展。

教师的观察直接影响着教师的思考、分析是否正确。利用观察资料，根据观察内容，对幼儿行为的性质作出正确判断，得出结论，并对幼儿出现的行为的原因进行分析，以此能够进行横向和纵向观察、比较、分析。如在区域活动开展时材料与幼儿的“合作互动”中往往会出现很多教师所没有预料到的情况：材料不合适情况、材料缺失情况等，这时我们可以基于幼儿的行为表现进行分析观察。针对幼儿不同的行为表现分析材料所可能出现的不同状况，寻找对策，将其有针对性、合理性的调整，以此来推动区域活动的顺利开展。

二、调整观察材料

幼儿在区域活动中尽情游戏的时候，不是教师休息的时候，教师在这个时候应当细心地观察与默默地记录区域活动的状况。观察孩子们的言谈举止、孩子们对哪个游戏更感兴趣、他们最愿意在哪个区域活动、他们都运用哪些活动材料等。

在区域活动中，教师经常会发现幼儿游离于材料之外，或者不能与材料有效互动。教师结合主题需要精心设计游戏活动。如果提供的游戏材料得不到幼儿的青睐或者长时间的关注，那么幼儿的能力没有按照教师预设的轨道发展和提升，而教师的工作变得非常繁忙。这时，教师要不断地对幼儿与材料间的互动过程进行敏锐地观察和及时地反思，以便即时对活动材料进行改进、丰富或调整，并适时适当地对幼儿的活动进行指导，这样区域活动中材料的投放才会更适宜、更有效，幼儿的自主探索活动才会更有意义。

三、巧妙运用观察策略

幼儿园区域活动的观察策略一般有静观欣赏策略、渗透点拨策略、情感激发策略等。

（一）静观欣赏策略——给孩子自主选择与决定的权利

在区域活动中我们以自然观察为主，尽量不打扰孩子自然的行为过程。孩子的探索学习需要得到老师的支持、帮助，但这并不意味着我们可以不分情况地随意提供帮助。当孩子在活动中兴趣浓厚、积极投入时，我们就完全没有必要进行干预，以免中断孩子的思维、影响孩子的活动，而是抱以赞赏的眼光，做孩子们最忠实的听众和观众，支持他们去尝试与实践，倾听孩子间的交流、感受；观察孩子计划的执行情况、孩子对不同活动的兴趣与态度、提供的材料是否适宜、孩子在活动中遇到了什么困难或有哪些独创的做法、孩子合作交往的情况等，与孩子一同感受活动的快乐。

(二) 渗透点拨策略——为孩子主体性发挥搭建支架

在区域活动中我们一定要把握好时机,在充分观察孩子行为的基础上寻机点拨,及时切入,给予孩子支持。在区域活动中我们可能会观察到以下情况:

(1) 在区域选择上缺乏目的性。如一个孩子拿着进区卡,但是对自己要进哪个区却犹豫不决。我们把他带到漂亮宝贝理发屋,发现他对烫发棒等理发工具非常感兴趣。于是,就主动邀请他为我们设计发型,把他引到这个游戏中。

(2) 在活动中出现意见不统一的情况。需要我们以调解者的身份,观察孩子的行为表现,及时介入,给予孩子支持,并引导孩子积极协商来解决矛盾,保证游戏活动的顺利开展。比如在一次"麦兜超市"的角色游戏中,两个孩子因一份蛋糕而起了争执,都说是自己先拿到的。这时可上前建议这两个孩子先一起分享这个蛋糕,如果下次有新鲜的蛋糕,他们可以再一起来买。通过我们老师的及时引导,既有效减少了孩子之间不必要的争端,又培养了孩子谦让、分享的品质。

(3) 对区域活动不感兴趣,活动无法进行。这需要我们及时地介入指导,使活动继续开展。如在图书区,孩子在阅读的过程中,兴趣点会逐渐降低,有的会东张西望、胡乱翻阅。或者是吵闹、窃窃私语,这时就需要我们采取一些措施,重新吸引孩子的注意力,提高孩子的兴趣。如提供一些纸和画笔,让孩子把阅读的内容用绘画的形式展示出来,并进行大胆创编,装订成册投放在图书区。通过这样的指导,重新使孩子找到新的兴趣点,使活动顺利开展,同时也培养了孩子大胆想象和创造的能力。

(三) 情感激发策略——调动孩子主动探究的内在动力

情感激发是教师以适当的言语、动作、表情等引导孩子参与到区域活动中,调动孩子的积极性与探究兴趣,支持孩子主动学习的有效策略。

1. 谐趣夸张,激发兴趣

作为老师,我们要以幽默的语言、夸张的表情来带动孩子,激发孩子的活动兴趣,引导孩子积极参与。如孩子在表演寓言故事"狐假虎威"时,我们发现孩子只是面无表情地学说对话,表演得不够生动。于是,我们就参与到游戏中扮演狐狸的角色,通过夸张的表情和动作,让狡猾狐狸的形象活灵活现,孩子的情绪也一下被调动起来,在尝试表现角色的时候表情与动作就会丰富许多。

2. 设疑切入,激发思考

老师以启发性的提问,将活动引向深入。如在科学区,孩子们经反复实验得出橡皮泥放在水里是要沉下去的,我们问:"怎样让橡皮泥浮在水面上呢?"一个问题引得孩子又找木板,又找塑料盒,还尝试着将橡皮泥压薄等多种方式,探索使橡皮泥沉不下去的方法,激发了孩子的创造性思维。

3. 区域互动,引发孩子之间的合作

区域之间的有效互动、交流,能增加孩子与同伴之间合作的频率,能激发起孩子更大的活动兴趣。如我们把孩子们在美工区进行彩绘和线描画创作的 PVC 管子,投放到建构区,进行搭建活动。孩子们平时在美工区完成的绘画作品,我们会装订成册,投放在图书区,供孩子们欣赏阅读。这样使互不相关的区域流动起来,促进了不同区域孩子之间的积极互动,孩子们的活动热情得到了激发。①

---

① 李方.幼儿园区域活动的观察与指导策略[J].山东教育,2014(29).

拓展练习

1. 教师在区域活动中扮演着怎样的角色，怎样有效观察幼儿园区域活动？
2. 观察区域活动的过程中怎样结合活动目标进行观察与思考？

第三节 幼儿园区域活动的指导

案例引导

在幼儿园大班的表演区，正在进行“小模特”的表演活动。老师向孩子们讲解完活动规则后，孩子们开始自己利用各种材料做成的服装、装饰品来打扮自己，然后跟着正在单曲循环的配乐进行表演。但不久之后，孩子们似乎厌倦了这个活动，孩子们开始把身上的装饰品取下来追打着玩。你认为该教师在区域活动指导方面存在什么问题？

在区域活动的过程中，幼儿是活动的主人公。幼儿根据自身的兴趣爱好与活动意愿自主自愿地选择自己喜欢的活动材料，从而他们能够积极地对他们所喜爱的活动材料进行操作与探索，从而发现前所未有的新奇，并与同伴一起交流与探究。教师的指导作用是指教师应在适当的时候参与区域活动，使幼儿在不知不觉中受到教师的感染，走向适宜的探索道路，幼儿在教师这个“大玩伴”的协作下实现他们的科学构想，使幼儿的身心发展得以自然而然地提高。

在区域活动开展的过程中，我们会常常观察到一些问题：有的孩子频繁换区；有的孩子无所事事；有的孩子与人发生争执；有的孩子在活动中遇到困难将要放弃……面对这一系列的问题教师如何指导呢？面对自己观察到的问题，教师又如何分析呢？指导策略灵活多样，教师又以什么作为指导的依据呢？

我们把区域活动的组织分为四个环节：选区、活动、收拾整理、评价。这四个环节相互联系，密不可分。选区是幼儿活动目的性、计划性的体现，是幼儿自由活动的开始。活动是在选区之后进行的，在这一环节中，幼儿要通过材料与他人的相互作用去学习、探索、发现，从而构建新经验。教师在活动过程中的观察与指导非常重要。收拾整理环节发生在幼儿活动结束后，幼儿对操作后的材料进行收拾、打扫、分类摆放，可以从中培养幼儿良好的行为习惯，责任感及做事的条理性。评价环节是整个区域活动的最后一个环节，是幼儿分享、交流、梳理经验的过程。幼儿在与教师、同伴的积极交流、讨论的过程中，回忆自己做过的事情、遇到的问题，使幼儿零散的经验概念化、系统化，从而实现经验的主动建构。

一、区域活动前指导幼儿科学选区

选区是指幼儿在教师创设的自由氛围中，根据自己的兴趣、经验、需要，主动选择去某一活动区域进行某一活动的过程。选择区域活动也是幼儿自主活动的开始，看似简单，其中却蕴含很多教育价值。

首先，选择就表明幼儿有明显的心理倾向，是幼儿行动目的性的表现，相对于幼儿期行动目的性不强的特点，培养行动的有意性是区域活动前教师指导的重点。其次，幼儿自主选择，可以培养他们的自我意识，使他们认识到自己可以做决定，并根据自己的决定来行动，他们可以自己主宰活动，这也是区域活动培养幼儿自主性的关键。最后，幼儿通过做出选择、进行活动、克服困难、取得成功这一完整的过程，不断获得新的经验，体验成功与自信。这样的过程不断循环，使幼儿不断地向更高水平发展。同时，在这一环节里，教师可以了解幼儿的选择，发现幼儿的兴趣和需要，从而对幼儿进行有针对性的指导。

要指导幼儿学会选区，还要有三个值得注意的前提。

(一) 宽松自由的环境

幼儿遵从自己的意愿选择活动区域，这首先要求教师为幼儿提供丰富的环境。如果材料贫乏，活动单一，又何谈选择呢？其次，教师要尊重幼儿，允许幼儿根据自己的需要、兴趣进行选择，给幼儿一个宽松的精神氛围。

(二) 一定的限制

这里的限制是指制定一定的选区常规，如每个区域应有一定的人数限制。幼儿可以通过挂选区牌等方法表明自己选择了某一个区，当活动区的人数已满，教师应根据实际情况，灵活地引导幼儿通过协商、讨论等方法合理解决。

(三) 熟悉区域及材料

幼儿要做出选择，就要知道教室内有哪些区域，区域中有哪些材料，可以进行哪些活动。幼儿只有操作过这些材料或参与过这些活动，才能知道材料或活动是否有趣、对自己有何价值，才能在多种材料活动中根据自己的需要进行选择。因此，在新学年开始时，教师应有计划地创设区域，根据幼儿的兴趣和需要循序渐进地增加区域、增添区域新材料，不要追求一步到位。如果不是在开学初，而是在课程实施过程中需要增设活动区或投放材料，也要遵循先让幼儿熟悉的原则。当然，有些材料并不需要幼儿提前操作体验，如益智区的拼图、手眼协调区的珠子等材料，只需在开区前对新投放的材料做重点介绍即可。在熟悉、了解区域及材料后，幼儿的选择才变得有意义和价值。

二、活动过程中的针对性指导

我们知道一切指导都应以观察为前提。在活动中我们会观察到幼儿是如何与材料互动的，他们的思维水平如何，他们的兴趣和需要是什么，他们的学习风格有何特点，遇到了哪些困难，能力差异在哪里……针对我们观察到的信息，教师要用专业的理论知识去审视，给予正确的分析判断，并进行有针对性的指导。在指导的过程中教师要找到幼儿的最近发展区，为幼儿的发展提供支架；要通过启发式提问，引导幼儿主动思考，不断探索、发现；要创设情境激发幼儿的兴趣；要调整材料实现对幼儿的间接指导，并在游戏过程中有目的地施加积极的影响，引发幼儿思考，克服困难，解决游戏中的问题，从而促进其健康个性的形成。所以，教师指导的最终目的是促进幼儿的主动学习。我们重点从以下几个方面作为切入点进行探索。

(一) 指导幼儿有目的地参与活动

我们发现，在幼儿选区之后的活动中，他们仍然会出现无所事事、频繁换区等现象，这可能是由于幼儿活动目的不够明确或是活动目的容易转移造成的。对于托、小班的幼儿，教师要通过询问、建议、暗示、参与游戏等办法，明确幼儿活动的目的；对于中、大班的幼儿，教师要通过询问、讨论、协商等办法，使幼儿活动目的更加具体。

1. *活动目的不明确时教师的指导*

幼儿选择了活动区域，但是活动的目的不明确，常常表现出无所事事的样子。针对这样的幼儿，教师可以以支持者的身份询问、引导，帮助幼儿明确自己的活动目的，并让幼儿愉快地参与到游戏中。

2. *游戏主题中途转换时教师的指导*

幼儿在活动中缺乏一定的目的性，注意力易转移，不能持续原来的游戏主题，此时需要教师以角色的身份进行介入。教师通过与幼儿交流，使幼儿的游戏得以继续进行，也可以为幼儿下一步的游戏提供新的游戏目的与游戏内容。

(二) 指导幼儿遵守规则

这里所说的游戏规则包括一般性规则和游戏本身规则两方面。一般性规则是指为保证游戏正常进行而制定的行为上的要求、限制，如建构区不堆积木、图书区要安静等。游戏本身的规则是指游戏本身的玩法或材料的操作程序，如观棋的规则等。作为教师，我们必须认识到，规则的建立不是教师一味地提要求，幼儿被迫去接受，而是要通过情景设置、协商、讨论等方法，让幼儿参与到规则的制定中，让他们真正内化规则、体验规则，这样才能使幼儿真正理解并主动遵守规则。

(三) 指导幼儿使用工具的方法

在幼儿园的区域活动中，幼儿会接触到不同的工具，如毛笔、花边剪刀、天平、放大镜等，每种工具都有不同的使用方法，教师要引导幼儿正确使用工具，发现不同工具的性质与价值，使工具更好地为幼儿的活动服务，从而提高幼儿的游戏水平。对一些较复杂的工具，教师还可以先进行预操作，从而帮助幼儿对工具的使用有更加深入的了解，在此基础上，将其难度进行分解，并通过设计系列化的任务逐渐解决幼儿使用工具上的问题。

(四) 指导幼儿游戏中遇到的困难

在区域活动过程中，幼儿会遇到各种困难，阻碍活动的顺利进行。面对幼儿的困难，教师又将如何反应、如何应对呢？解决问题的过程是培养幼儿积极思考、多角度思维、创造性解决问题及塑造良好意志品格的过程，也是解决矛盾冲突、构建新经验的过程。教师应抓住这一教育契机，变难点为教育点，启发幼儿动脑、动手解决困难，支持幼儿获得成功。在长期的实践过程中我们把解决困难的过程大致归纳成如下步骤：

(1) 倾听幼儿的问题；

(2) 明确困难和问题；

(3) 讨论解决问题的方案；

(4) 最终获得一致的解决方案；

(5) 实施后问题解决。

教育实践的许多事实表明，在幼儿遇到困难时，若没有及时获得帮助，会使幼儿放弃探索，或自信心受到打击，减少探索愿望。可见，教师要关注幼儿在活动过程中的困难，通过解决困难向幼儿渗透多方面的教育。

(五) 指导幼儿的游戏水平

在区域活动中，教师指导幼儿的最终目的就是促进幼儿的游戏水平向更高阶段发展。根据维果茨基的最近发展区理论，教师的指导要落到幼儿的最近发展区内。那么，如何寻找幼儿的最近发展区呢？最重要的是教师要根据各个区域的关键经验、教育目标和幼儿的行为，评价幼儿现有的水平。然后把最终要实现的目标通过难度分解，找到离幼儿现有水平最近的发展目标，通过创设情境或提出启发性问题等方法对幼儿进行指导，从而使幼儿的游戏水平不断提高。

三、区域活动后指导幼儿收拾整理

收拾整理是指区域活动结束之后，幼儿对操作过的材料及使用的环境进行分、捡、摆放、打扫等活动。由于这些活动对幼儿来说有特殊的价值和意义。因此，它成为区域活动中一个独立的环节。首先，幼儿在操作使用材料后，进行收拾整理，能够培养幼儿对环境的责任感，使幼儿觉得自己应该对使用过的材料负责；其次，在收拾整理的过程中，幼儿还学习了劳动的技能、感受到经过自己的劳动，环境变得清洁、整齐，学会与他人分工协作，从中体验到劳动的快乐与价值；同时，在这个过程中，幼儿自己动手，自己动脑，并获得成功，不断证明自己是有能力的，是环境的主人，独立性和自信心也随之不断地增长。根据收拾整理中易发生的情况，我们从以下几个方面提出收拾整理的指导要点。

(一) 指导幼儿收拾整理的先后顺序

在收拾整理的过程中，教师常常遇到这种情况：播放“收区”音乐后，每个幼儿都在收拾整理玩具材料。当老师巡视一周回来后却发现，整个区域环境仍然像没收拾过一样凌乱不堪，这时候教师往往会产生急躁情绪，还不如自己收拾来得方便。其实，很多幼儿都非常喜欢动手整理各种物品，然而复杂的环境与琐碎的物品会让他们感到措手不及，因而无从下手。如美工区、小餐厅、娃娃家、科学区等区域，玩具材料比较繁杂，地面与桌子上都有物品，在这样的环境下幼儿首先会遇到收拾整理的顺序问题，需要教师给予及时的关注。

(二) 指导幼儿收拾整理的方法

在收拾整理的过程中，幼儿要用笤帚扫掉在地上的纸屑，要洗抹布擦桌子，要按标记对应摆放物品，要清洗一些器具，要把衣服叠放整齐……如何能够在短短的时间里让幼儿收拾整理得井井有条，忙而不乱呢？指导幼儿收拾整理的方法、技能就显得尤为重要，而指导的关键是把动作细节分解，并列排序，形成动作的系列，这样幼儿就能很好地掌握动作要领了。

(三) 指导幼儿分工与合作

在幼儿收拾整理的过程中，我们常常发现：幼儿会为了谁用笤帚扫地争执起来，或者抢着清洗毛笔和颜料盒，而其他工作却无人问津。出现这些情况是因为幼儿自我意识较明显，他们只关注自己看到的或感兴趣的事物，不会从整体上审视整个区域里有哪几件工作要做，意识不到如果别人做一件事时，自己还可以做哪些事，这些事情合起来就是全部的工作。因此在收拾整理的过程中，培养幼儿分工与合作的意识和能力就非常重要。根据幼儿的年龄特点和能力水平，指导幼儿在中、大班进行分工与合作，而小班要在教师的引导或参与下进行。

(四) 指导幼儿进行特殊材料的收拾整理

在收拾整理的过程中，幼儿还会遇到一些比较特殊的材料，主要有以下几种：危险的材料，如针、刀等；特殊性质的材料，如磁铁、陶泥等，这些材料如果存放不当，性质会发生变化；易混、易丢的材料，如天平的砝码、珠子、拼图等。

幼儿常常会因为不会收拾而胡乱地把玩具塞进玩具柜里或是漏放，造成丢失，对于这些特殊材料，教师要引导幼儿认识材料的特殊性，从而主动寻找收拾整理的好方法。[①]

---

① 何艳萍. 幼儿园区域活动的实践与探索[M]. 北京：北京师范大学出版社，2010：9.

四、组织幼儿开展有效的评价

这里所指的评价是作为区域活动的一个环节而言，是在收拾整理活动结束之后，教师通过集体或小组的形式，组织幼儿交流分享、讨论区域活动中的操作经验，以梳理、提升经验，目的是通过评价实现指导的功能，促进幼儿发展。具体内容见本章第四节。

拓展练习

1. 活动过程中怎样进行针对性的指导？
2. 结合幼儿园见习，谈谈幼儿园区域活动收拾材料的指导应注意哪些问题？

第四节　幼儿园区域活动的评价

案例引导

某教师围绕主题“动物”预设的区域重点是：

1. 益智区：按一定规律串珠
2. 搭建区：为小动物盖一座温暖的房子
3. 美工区：泥工——可爱的小动物

区域活动结束后，教师组织幼儿坐好：

教师：小朋友，今天你们在活动区中都玩了什么？

幼儿 1：我在益智区玩的串珠子，串了一大串，我很开心。

教师：你真能干，串了这么多。可是我发现丽丽小朋友串得比你多，下次一定要努力，好不好？（幼儿有点难过地答应。）

幼儿 2：我在结构区拼了一座房子。

教师：你真棒！小朋友们都过来看看他的房子，盖得好不好？漂不漂亮？（大部分孩子只是欣赏性地看了几眼，没有孩子研究这个房子是怎么盖起来的，幼儿的创意没有被大家发现。）

幼儿 3：我在泥工区做了一只小青蛙。

教师：你做的青蛙真像。

教师：那你们觉得今天玩得好不好？

幼儿 2：我在结构区盖房子，本来玩得好好的，可是李溢哲过来捣乱，把我的房子推倒了，我只好重新盖。

教师：某某，你这样子捣乱，小朋友会不喜欢你的。下次活动时，注意点，好不好？

教师：小朋友你们今天表现得都很好，每个小朋友都在自己喜欢的区域里玩了，而且都完成了自己的任务，老师希望下次活动的时候你们能做得更好！

这个案例中，教师的评价有什么问题？教师在评价时应该注意些什么？

《幼儿园教育指导纲要（试行）》指出：“教育评价是幼儿园教育的重要组成部分，是了解教育的适宜性、有效性，调整和改进工作，促进每一个幼儿发展，提高教育质量的必要手段。”所以，教师想要更全面地了解幼儿的状况，了解每个幼儿的发展，提高区域活动的质量，就必须要对区域活动进行有效的评价。

区域活动评价主要围绕四个维度：一是对区域环境的评价，二是对区域活动中幼儿的评价，三是对区域活动中教师的评价，四是对区域活动中管理保障的评价。

一、对区域环境的评价

在幼儿园里，环境是会说话的，区域活动中的环境更是如此。适宜的环境能促进幼儿的发展，实现预期目标，并能生成新的教育内容。一般来讲，一个完整的区域环境是由区域空间布局、区域种类、区域材料、区域标识所组成的，其合理性、适宜性、科学性、发展性是区域环境评价的重要指标。详见表 3-1。

(一) 对空间布局的评价

区域中的空间布局是保证幼儿自主活动的前提，在评价时要考虑空间设置是否体现了以幼儿为本的理念。区域空间划分要点的把握是否到位，空间的分割是否科学合理，以及是否依据办园条件因地制宜地开展区域活动。

(二) 对区域种类的评价

在对区域种类进行评价时，要关注区域的数量是否充足，能否满足全班幼儿同时活动；种类是否围绕教育目标，能否涵盖幼儿全面发展的多项内容；是否符合各年龄段幼儿的需要和发展目标；是否支持了幼儿新经验的建立和多种能力的发展。

(三) 对区域材料的评价

皮亚杰说过，“儿童的智慧来源于操作”。幼儿是在做中学、在操作中学习，操作肯定是要借助于材料的。区域活动的教育功能主要是通过活动材料来实现的。幼儿的主要兴趣以及幼儿的发展都是来自幼儿对材料的操作。所以，在区域活动中对材料的评价不可忽视。主要从材料的选择、材料的投放、材料的管理三个方面进行评价。

(四) 对区域标识的评价

区域标识对于指引幼儿在区域中的活动质量起着至关重要的作用。其评价的重要指标是标识符号的意义是否直观、简洁，整体造型是否鲜明、生动有趣、吸引眼球、引起关注，图文比例是否恰当等方面。

表 3-1 区域环境评价表

幼儿园： 评价者： 时间：

<table>
<tr><th rowspan="2">一级评价指标</th><th colspan="2" rowspan="2">二级评价指标</th><th colspan="4">评价层次</th></tr>
<tr><th>优秀</th><th>良好</th><th>一般</th><th>较差</th></tr>
<tr><td rowspan="7">空间布局</td><td rowspan="3">空间设计理念</td><td>空间布局是不是站在幼儿的立场进行规划和设计的</td><td></td><td></td><td></td><td></td></tr>
<tr><td>各个区域空间是不是幼儿喜爱和留恋的</td><td></td><td></td><td></td><td></td></tr>
<tr><td>空间的功能是否促进幼儿的全面发展</td><td></td><td></td><td></td><td></td></tr>
<tr><td rowspan="4">空间的分割</td><td>“动区”与“静区”之间是否有效地避免了相互影响</td><td></td><td></td><td></td><td></td></tr>
<tr><td>区域面积的大小是否与幼儿进区人数、活动幅度相适宜</td><td></td><td></td><td></td><td></td></tr>
<tr><td>区域的开放与封闭程度与区域功能、幼儿的活动需要是否相适宜</td><td></td><td></td><td></td><td></td></tr>
<tr><td>不同区域之间教育联动的发生是否有益</td><td></td><td></td><td></td><td></td></tr>
</table>

<table>
<tr><th rowspan="2">一级评价指标</th><th rowspan="2" colspan="2">二级评价指标</th><th colspan="4">评价层次</th></tr>
<tr><th>优秀</th><th>良好</th><th>一般</th><th>较差</th></tr>
<tr><td rowspan="10">空间布局</td><td rowspan="2">因地制宜开展活动</td><td>室内面积有限时,是否能通过室内外分组活动满足所有幼儿进区活动的需要</td><td></td><td></td><td></td><td></td></tr>
<tr><td>是否能充分利用公共空间开展区域活动,拓展幼儿的活动空间</td><td></td><td></td><td></td><td></td></tr>
<tr><td rowspan="8">空间规划,要点的把握</td><td>色彩的选择是否符合幼儿的年龄特点</td><td></td><td></td><td></td><td></td></tr>
<tr><td>色彩的搭配和运用是否符合美学原则</td><td></td><td></td><td></td><td></td></tr>
<tr><td>色彩的施色部位及其比例分配是否恰当</td><td></td><td></td><td></td><td></td></tr>
<tr><td>材料质地、造型和结构方式是否在统一中又富有变化</td><td></td><td></td><td></td><td></td></tr>
<tr><td>地面、墙面、立体空间之间的布置是否协调</td><td></td><td></td><td></td><td></td></tr>
<tr><td>分区、隔断是否切合了房屋建筑的结构及特点</td><td></td><td></td><td></td><td></td></tr>
<tr><td>区域空间是否根据幼儿的意愿和需要进行动态变换或调整</td><td></td><td></td><td></td><td></td></tr>
<tr><td>区域空间的安全性是否有可靠的保障</td><td></td><td></td><td></td><td></td></tr>
<tr><td rowspan="4">区域种类</td><td colspan="2">区域的种类是否涵盖了幼儿全面发展的多项内容</td><td></td><td></td><td></td><td></td></tr>
<tr><td colspan="2">区域的选择是否有明显的年龄段差异,并符合各年龄段幼儿的需要和发展目标</td><td></td><td></td><td></td><td></td></tr>
<tr><td colspan="2">区域的数量是否满足全班幼儿同时活动</td><td></td><td></td><td></td><td></td></tr>
<tr><td colspan="2">区域的功能是否支持幼儿新经验的建立和多种能力的发展</td><td></td><td></td><td></td><td></td></tr>
<tr><td rowspan="16">材料投放</td><td rowspan="6">材料选择</td><td>主体材料是否承载着区域当前的教育目标,能否为幼儿的当前发展需要提供支持</td><td></td><td></td><td></td><td></td></tr>
<tr><td>辅助材料对主体材料的价值发挥是否具有支持、补充或延展的作用</td><td></td><td></td><td></td><td></td></tr>
<tr><td>材料的类别是否齐全,物化着丰富全面的发展目标</td><td></td><td></td><td></td><td></td></tr>
<tr><td>材料的数量、种类、配置比例是否吻合当前年龄段幼儿的心理和活动需要</td><td></td><td></td><td></td><td></td></tr>
<tr><td>工具的配置是否必要和得当</td><td></td><td></td><td></td><td></td></tr>
<tr><td>材料的来源渠道是否体现出多样化特点</td><td></td><td></td><td></td><td></td></tr>
<tr><td rowspan="6">材料投放</td><td>材料的性质、特点是否与当前年龄段幼儿的兴趣和需要相匹配,是否具有明显的年龄段特点</td><td></td><td></td><td></td><td></td></tr>
<tr><td>能否有序投放材料,对材料的数量、种类的控制是否科学合理,既能满足幼儿进区活动的需要,又避免了单调乏味和无目的泛滥</td><td></td><td></td><td></td><td></td></tr>
<tr><td>材料的外形及配置方式是否具有趣味性,能引发幼儿专注、持久地进行活动</td><td></td><td></td><td></td><td></td></tr>
<tr><td>材料操作的难易程度是否基于幼儿当前的发展水平,具有不同层次的挑战性,引发幼儿深入地进行活动</td><td></td><td></td><td></td><td></td></tr>
<tr><td>相同的材料在不同年龄段的目标要求是否具有明显的区别</td><td></td><td></td><td></td><td></td></tr>
<tr><td>是否对操作熟练后的材料及时地进行删减、增加、改进结构或组合拓展,使材料充足并进一步促进幼儿新的发展</td><td></td><td></td><td></td><td></td></tr>
<tr><td rowspan="4">材料管理</td><td>材料的分类标准是否清楚,是否有固定的容器盛放和固定的摆放位置</td><td></td><td></td><td></td><td></td></tr>
<tr><td>材料的摆放是否有序,位置关系是否具有内在的教育性和暗示性</td><td></td><td></td><td></td><td></td></tr>
<tr><td>材料取放和使用的方法、要求是否明确,具有操作性</td><td></td><td></td><td></td><td></td></tr>
<tr><td>是否注重幼儿操作材料的良好常规和习惯的培养及巩固</td><td></td><td></td><td></td><td></td></tr>
</table>

续 表

一级评价指标	二 级 评 价 指 标	评价层次			
		优秀	良好	一般	较差
区域标识	标识的整体造型是否鲜明、生动有趣,吸引幼儿的关注				
	图文比例是否恰当,突出区域的主要功能				
	标志符号的暗示和引导意义是否直观、简洁,易于幼儿理解和操作,帮助幼儿有序地活动并形成良好的习惯				
综合评价					

(资料来源:董旭花.小区域　大学问——幼儿园区域环境创设与指导要点[M].北京:中国轻工业出版社,2013:159.)

二、对区域活动中幼儿的评价

幼儿是区域活动的核心主体。区域环境的适宜性、活动开展的有效性都是通过幼儿在区域中的表现和发展状况体现出来的,这就需要教师充分运用敏锐的眼睛,遵循“观察在先,评价在后”的原则,对区域中的幼儿行为进行有效评价。详见表 3-2。

(一) 幼儿的兴趣和参与度

首先,兴趣是幼儿最好的老师,幼儿的兴趣直接决定其智能倾向。所以,教师在区域活动开展的过程中一定要细心观察幼儿对活动的兴趣。观察幼儿是否对活动充满热情,是否会兴致勃勃地摆弄玩具和材料,是否喜欢和同伴交往、分享与合作。其次,观察幼儿是否能够高度专注于自己的活动,积极主动地进行探究和操作,以及幼儿在活动中专注时间的长短。再者,观察幼儿是否重视活动的结果。这是评价幼儿对活动兴趣和参与度的几个重要指标。

(二) 幼儿活动的自主性、目的性和计划性

幼儿是教育活动中的主体。教师要充分发挥幼儿的主体性,让幼儿在区域活动中自主选择喜欢的区域、游戏材料和同伴,主动参与活动的评价。因此,这也是对幼儿活动评价的一个重要指标。虽然幼儿的年龄特点决定了他们在活动中的目的性和计划性都比较弱,但幼儿对区域活动的态度是否积极主动,可以通过幼儿是否自主、是否对区域活动的目的明确及是否有比较强的计划性来体现。

(三) 幼儿的社会性发展水平

在区域活动中,幼儿的社会性发展涉及他们参与群体活动的兴趣、在群体活动中的位置和作用、与同伴的交流与合作、对玩具材料的分配和使用、发生同伴纠纷的频率和解决同伴纠纷的途径和方式。幼儿的社会性发展水平也主要是通过这几个方面显示出来。

(四) 幼儿的认知发展水平

幼儿在区域活动中的认知发展水平高低,主要体现在幼儿的语言表达水平、选择材料的难易程度、对材料的创造性使用、已有经验的迁移、作品、解决问题的能力和对活动结果的反思能力七个方面。

(五) 幼儿的规则意识和遵守规则的能力

规则是区域活动有序开展的重要保障。对幼儿的规则意识和能力的评价主要看幼儿是否知道区域活动规则、能否遵守规则、违反规则后是否愿意改正、对待同伴的违规行为持何种态度。

表3-2　对区域活动中幼儿的评价表

班级：　　　　　　　　幼儿姓名：　　　　　　　　评价者：　　　　　　　　时间：

一级评价指标	二级评价指标	发展层级			
		优秀	良好	一般	较差
幼儿的兴趣和参与度	活度兴趣高低				
	活动过程中的专注度与投入度				
	持续时间长短				
	对活动结果的关注				
幼儿活动的自主性、目的性和计划性	自主性				
	目的性				
	计划性				
幼儿的社会性发展水平	参与群体活动的兴趣				
	在群体活动中的位置和作用				
	相互间的交流与合作				
	对玩具材料的分配和使用				
	发生同伴纠纷的频率				
	解决同伴纠纷的途径和方式				
幼儿的认知发展水平	语言表达水平				
	材料选择的难易程度				
	对材料的创造性使用				
	已有经验的迁移				
	幼儿的作品				
	解决困难的问题和能力				
	对活动结果的反思与评价能力				
幼儿的规则意识和守规则的能力	是否知道每个区域的活动规则				
	能否按规则约束自己的行为				
	被指出违规后是否愿意改正				
	以何种态度对待同伴的违规行为				
综合评价					

(资料来源：董旭花.小区域　大学问——幼儿园区域环境创设与指导要点[M].北京：中国轻工业出版社，2013：168.)

三、对区域中教师的评价

教师在区域活动中，扮演的角色是引导者、观察者、合作者、支持者和欣赏者。教师如何利用这些角色对幼儿进行指导，直接影响幼儿在活动区的操作及表现，也直接关系到区域活动的正常开展。对于教师的评价，可以从教师对区域活动目标的定位、对区域材料的投放、在区域活动中的角色定位、对幼儿的观察以及对活动的反思等几个方面来考虑。具体评价指标见表3-3。

表3-3　对区域活动中教师的评价表

幼儿园：　　　　　　　　　　　　　教师姓名：　　　　　　　　　　　　　评价者：

一级评价指标	二级评价指标	评价层级			
		优秀	良好	一般	较差
对区域活动目标的定位	能否正确定位区域活动与集体教学活动的关系				
	能否正确定位区域活动与游戏活动的关系				
	能否正确定位区域活动中幼儿的主体性发展与教师的组织指导之间的关系				
区域材料的投放	材料投放是否有计划性				
	推介材料的方式是否恰当				
	能否根据幼儿的发展随时添加、更新材料				
	是否具备材料价值分析的意识和能力				
在区域活动中的角色定位	是否体现了教师作为组织者、观察者、指导者的角色价值				
	是否体现了教师作为支持者、参与者的角色价值				
	能否放下教师的"权威"，充分尊重幼儿的主体地位				
对幼儿的观察	是否有明确的观察目的				
	是否有观察重点				
	是否站在客观的立场上进行观察与记录				
	是否是全面观察和个别观察相结合				
	观察方法是否科学、适宜				
	能否充分地、科学地运用观察结果				
对区域活动的指导	指导的内容是否全面				
	指导的介入时间是否合适				
	指导方式和策略是否适宜				
对区域活动的反思	反思是否及时				
	需要反思的内容是否明确				
	是否能够站在客观的立场上进行反思				
	是否能够进行有价值的反思				
	是否能通过反思促进区域活动的开展				
综合评价					

（资料来源：董旭花.小区域、大学问——幼儿园区域环境创设与指导要点[M].北京：中国轻工业出版社，2013：174.）

四、对区域活动管理保障的评价

区域活动的顺利开展离不开幼儿园管理上的支持。因此，我们在对区域活动进行评价时，除了对环境、幼儿、教师的评价，还应对区域活动的管理保障予以评价。对此，一般可以从空间保障、时间保障、物质保障、区域活动与课程的融合、教研活动、评价机制六个方面入手。每一项指标都设置了四个层级，分别定为优秀、良好、一般、较差四个等级。详见表3-4。

表 3－4　对区域管理保障的评价表

幼儿园：　　　　　　　　　　　　　　　　评价者：　　　　　　　　　　　　　　　　时间：

评价指标	评　价　层　级	评价等级	自　评
空间保障	整体布局合理、活动室空间较为宽敞，能够满足全体幼儿的活动需要，并能得到较为科学、充分的利用	优秀	
	幼儿人数与空间尚能匹配，教师能合理规划和分配空间，保障一般活动的需要	良好	
	空间狭小，班额较大，但教师能够分时段合理利用空间，适度开展类似小组活动的区域活动	一般	
	空间特别狭小，班额过大，不能开展区域活动，也几乎没有区域活动	较差	
时间保障	一日活动中集体教学与区域活动比例适当，每天有不少于一个小时的区域活动时间，区域活动质量较高	优秀	
	每天教师都能挤出时间让幼儿进区活动，但活动时间较短，缺乏教师的有效指导和跟进，活动效果一般	良好	
	课程较满，每周能有几次区域活动，但时间不定，没有计划性，比较随意	一般	
	重教学，轻游戏，几乎没有时间开展区域活动	较差	
物质保障	配备了数量充足的玩具橱柜、托盘等基础设备，积木、智力玩具、图书等玩教具充足，并有丰富的自然材料和半成品材料	优秀	
	配备了一定数量的玩具橱柜、地垫等基础设备，积木、智力玩具、图书等玩教具充足，并有丰富的自然材料和半成品材料	良好	
	玩具橱柜等基础材料较少，玩教具数量少、种类单一，缺乏足够的操作材料和半成品材料	一般	
	基础设备和玩教具、材料都很少，不能满足幼儿开展区域活动的需要	较差	
区域活动与课程的融合	把区域活动和主题教学活动同等看待，都视为幼儿园课程重要的组成部分，有目标、有计划、有统筹安排和评估检查、指导	优秀	
	把区域活动简单等同于主题活动的延伸和补充，幼儿不能充分发挥自主性、不能自由地开展活动，评估检查和指导缺乏针对性	良好	
	区域活动与日常课程割裂开来，是教师随意安排的活动，没有幼儿园的评估检查和跟进指导	一般	
	区域活动成为纯粹的自由活动，缺乏教师的有效指导，幼儿园也没有必要的评估检查和指导	较差	
教师培训或教研支持	围绕区域环境创设和区域活动指导有持续的培训计划和教研计划，或者以研究课题引领日常教研活动，针对性、实效性都较强	优秀	
	能够根据需要开展一定的教研和培训，但培训内容不够系统，研究缺乏连续性	良好	
	有时安排区域活动的教研或培训，但随意性较强，缺乏系统性、计划性和针对性	一般	
	重视集体教学研究，轻视区域活动教研，没有区域教研的计划和内容	较差	
评价机制	评价体系中有专门针对区域环境创设和区域活动开展情况的指标，能对教师工作起到引领和促进作用	优秀	
	评价体系中，针对区域环境创设和区域活动开展情况的评价指标所占比重太小，不能引起教师的重视	良好	
	评价体系中，只有很少针对区域活动的评价指标，较为笼统，幼儿园对该项工作也不够重视	一般	
	评价体系中，基本没有针对区域活动的评价指标	较差	
综合评价			

（资料来源：董旭花. 小区域、大学问——幼儿园区域环境创设与指导要点[M]. 北京：中国轻工业出版社，2013：178.）

拓展练习

1. 幼儿园区域活动评价的内容有哪些?
2. 参观某幼儿园区域活动,并对该园的区域活动进行综合评价。

参考文献

[1] 董旭花.小区域、大学问——幼儿园区域活动环境创设与指导[M].北京:中国轻工业出版社,2013.
[2] 孔音.走进区角——幼儿园活动新样式[M].上海:上海教育出版社,2001(11).
[3] 黄引宇.走进区角——幼儿园活动新样式[M].上海:上海教育出版社,2001(11).

第四章　幼儿园班级常见区域活动的设计与指导

学习目标

1. 了解幼儿园区域活动设置应遵循的基本要求。
2. 了解幼儿园区域活动常见的种类与材料投放。
3. 了解幼儿园区域活动的规则。

名言语录

对小孩来说，游戏是学习，游戏是劳动，游戏是重要的教育形式。

——克鲁普斯卡娅

第一节　角色游戏区的设计与指导

案例引导

大班角色区，孩子们在玩“医院”游戏，“医生”像模像样地在给感冒的“病人”看病，吩咐“护士”拿一些阿莫西林。这时老师过来了，对“医生”说：“你不要一个人老当医生，你去当病人，让别的孩子也当医生。”可是当护士的孩子却反对：“我不当医生，我就当护士，我喜欢打针拿药，也知道药在哪里。”教师觉得很难导演幼儿的游戏就离开了角色区。你认为老师的指导对吗？为什么？

一、角色游戏概述

角色游戏，就是指幼儿通过扮演角色，运用模仿和想象，创造性地反映个人生活印象的一种游戏。从游戏者活动角度的形式来说，角色游戏是一种装扮性游戏，它是通过扮演角色，以假想现实生活中各种人物形象的动作、语言、表情和事件，来满足幼儿的一种模仿需要，获得一种想成为大人的满足。角色游戏又称为主题角色游戏，它也是创造性游戏中最有代表性的一种游戏。

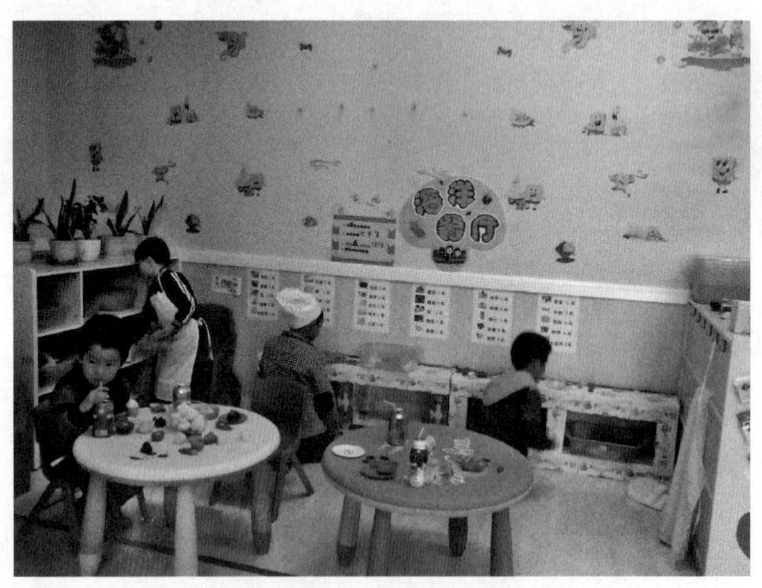

图4-1　角色游戏(图片来自四川隆昌莲峰幼儿园)

(一) 角色游戏的特点

1. 印象性

幼儿对社会现实生活的印象是角色游戏的源泉。角色游戏是幼儿对现实生活的一种积极主动的再现活动，游戏的主题、角色、情节、使用的材料均与社会生活有关。幼儿根据自己在社会生活中获得的种种印象，对游戏的情节进行设计和安排，并按照自己的意愿、兴趣和能力来进行游戏。幼儿个人的生活经验愈丰富，角色游戏的水平也就愈高，因此教师应当注意丰富幼儿的生活印象。

2. 自主性

角色游戏是幼儿独立自主的活动，有助于培养幼儿的主动性、独立性与创造性。幼儿玩什么主题、有多少个角色、情节如何进行、使用什么玩具等，均由幼儿自行设计编定，作为教师不要过多地干涉和影响幼儿的游戏。

3. 想象性

想象活动是角色游戏的支柱。角色游戏的过程是创造性想象活动的过程。在角色游戏中，创造性想象表现在两个方面：一是扮演幼儿熟悉的角色，如扮演妈妈、老师、司机、警察、售货员等，他们通过语言、表情、动作等表现自己对这些角色的认识和体验，这一反映过程体现了幼儿的想象活动；二是幼儿在游戏中使用玩具，以物代物，往往一种物品在不同的时间，不同的环境中可代替多种真实物品，如小椅子一会儿是汽车，一会儿又当娃娃床，这种替代正是幼儿创造性想象活动的结果。有想象活动参与的角色游戏，既富有假想性，又富有真实性，是虚构性与真实性的巧妙结合。

(二) 角色游戏区的教育作用

(1) 帮助幼儿了解人际关系。通过不同角色身份学习扮演适当的行为方式，发展幼儿的社会性。

(2) 帮助幼儿学习友好交往的技能。如轮流、分享、协商、互助、合作等。

(3) 培养幼儿大胆表达个人意愿、情感、见解，能相互沟通，发展语言交流能力，实践和尝试幼儿自己解决问题的方法。

(4) 发展表征能力。如能以物代物，激发想象力及能创造性地反映现实。

(5) 学习适度表达个人情绪，了解他人情感。能自我控制，调整与伙伴间的相互行为关系。

(三) 角色游戏的发展水平

角色游戏在幼儿两岁左右开始发生，4—5 岁达到高峰期，6 岁开始逐渐减弱。由此可见，幼儿期的孩子，正是角色游戏发展的高峰期，角色扮演游戏是属于他们这一阶段的最重要的“工作”。作为教师，应努力创设条件满足孩子的这种游戏需要。

游戏的发展可以从以下几个方面来分析，并可作为评价游戏水平的参考。

1. 角色的扮演

角色扮演水平从不明白角色间关系，只是简单地摆弄、操作材料到明确角色间关系，能配合行动开展游戏，角色扮演水平逐渐提高。托班幼儿的角色游戏处于“独自——机能性游戏”(主要进行简单的、不断重复、用实物进行的摆弄活动，其操作行为是适宜性的，比如不停地用小勺搅拌)；小班幼儿的角色游戏处于“平行——模仿性游戏”(一名幼儿干什么，其他幼儿也模仿干什么)，这是游戏社会化的初始阶段，说明幼儿之间有了初步的玩伴关系；中班开始，幼儿的角色游戏水平开始进入“集团——合作性游戏”阶段，幼儿之间的交往日益增多，社会性发展逐渐增强。中班是角色游戏的高峰期，幼儿到 6 岁开始逐渐减弱，出现规则游戏的高峰期。

2. 游戏的内容——主题和情节

角色游戏主题应从幼儿的生活中来，要求是幼儿熟悉、了解和接触过的或是感兴趣的。也可以结合平时的教育教学活动组织幼儿参观、游览，从中产生新的主题。幼儿最熟悉的地方是家庭，最先接触和了解的劳动就是家务活。因此，无论是在哪个年龄班，娃娃家都是角色游戏的中心主题。并由此扩展出以反映社会生活为主题的活动，如理发店、餐厅、超市、花店、影院、医院、邮局、工厂、图书馆、火车站、博

图 4-2　角色游戏(图片来自四川内江市第一幼儿园)

物馆等。小班的角色游戏的主题以家庭生活为主。到了中班,角色游戏区就出现了以反映社会生活为主题的活动。大班的角色游戏区的主题则更加丰富多样。

3. 幼儿的目的性、主动性及组织游戏能力的发展

幼儿在游戏中,从无目的到事先计划好玩什么,并能持续地玩;从不参加游戏到在别人带领下参加游戏,最后发展为主动参加游戏。幼儿游戏的组织能力,从一般的收拾游戏场地到会自己提出游戏主题,会自己分配角色,最后发展为能带领别人玩。

二、角色游戏区活动的设计

角色游戏区场地和材料投放的内容,之前已在第二章第三节论述,此处略。设计区域活动不是设计一次次具体的活动,也不是设计综合的主题活动方案,而是设计活动的材料和环境。教师将教育意图或目标转化为活动材料和环境,通过创设环境影响幼儿的活动,再通过幼儿与材料相互作用的活动达到预期的发展,这是区域活动设计的基本思路。和其他区域一样,角色游戏区域活动设计主要包含制订区域活动目标、确定区域活动的主题、制订区域活动方案三部分。

(一) 区域活动目标

规划活动区域是有目的、有计划进行的,每一个区域都是根据幼儿的兴趣、需要和能力设置的,本着“全人教育”的原则促进幼儿发展。区域活动不是独立的教育活动,它是班级整体教育的有机组成部分,尤其是主题性活动区域,更是与班级的领域活动或主题活动进行紧密结合。如某幼儿园中班开展了《乌龟开店》的主题教育活动,旨在让幼儿了解动物,从动物开不同的商店中发现每种动物都有自己的长处。围绕总目标,在角色游戏区域里设置了花店、糕点店、鞋店、糖果店、水果店等许多商店,引导幼儿通过开商店的游戏进一步认识社会生活。

(二) 区域活动的主题

每个班应根据幼儿的年龄特点及兴趣点来选择角色游戏主题,如面包房、服装城、茶吧、医院、电影院、游乐场、麦当劳……利用废旧材料自制游戏玩具,发动家长开展亲子自制材料活动等,丰富游戏种类。区域活动的内容是依附在区域活动的材料上的。只要选择了适宜的材料,活动内容随即诞生了。

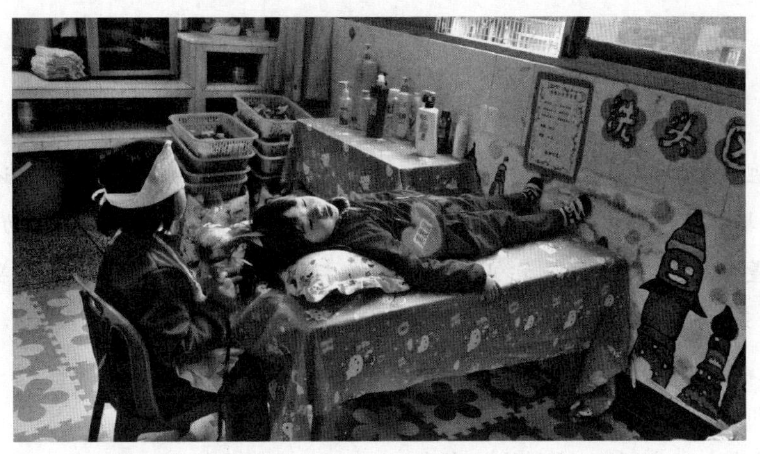

图 4-3　角色游戏(图片来自四川内江市第一幼儿园)

(三) 制订区域活动方案

区域活动方案不同于集体教育活动的方案,制订思路相对比较自由。教师可以采用文字式和表格式来写。不管采用什么样的方式,只要能体现适宜的区域活动目标、内容和指导要点就可以了。

区域活动方案设计内容一般要包括以下几方面:活动名称、幼儿游戏现状分析、活动目标、活动准备、活动过程、活动反思等。活动名称要明确年龄班和区域活动主题。幼儿游戏现状应从幼儿游戏兴趣、游戏发展水平、游戏能力等方面进行分析。活动目标要力求做到认知、能力、情感态度三方面的有机整合,并在活动中全面落实。

实例 4-1

小吃店(中班角色游戏)

活动目标:

1. 了解不同的风味小吃,能用多种材料制作小吃。

2. 能与同伴协商角色,并运用不同的语言、动作、表情去表现角色,体验共同游戏的乐趣。

3. 大胆游戏,养成能在游戏中使用礼貌用语的良好习惯。

活动准备要写清楚幼儿知识经验的准备、环境和材料准备两个方面,因为区域活动的特殊性,活动的内容和教育功能都体现在材料中。所以区域活动方案要突出材料的投放,材料是区域活动的灵魂,所以材料的提供要写清楚。

活动过程是编写方案的重点,要写清楚游戏的主题和投放的材料,游戏过程主要包括以下几个方面:

1. 激发幼儿的游戏兴趣。可以回忆性谈话、参观活动区域导入。

2. 讲解游戏规则和玩法,初次玩耍的活动区域要让幼儿知道区域中人员的职责,教师可适当示范一些较复杂的角色行为。

3. 幼儿自主游戏,教师观察指导。因为区域活动十分强调幼儿的自主性,所以在教师在指导时要注意分寸,既不要过分强调教师的主导,导致“喧宾夺主”,也不要不指导,导致“放任自流”。这一环节尽量让幼儿按意愿选择游戏角色进行游戏,鼓励幼儿根据生活经验大胆地开展活动,可以播放轻音乐营造良好的游戏氛围。老师观察幼儿的活动情况,如观察游戏中幼儿的角色意识,是否能较好表现相应的角色行为?游戏中幼儿与投放材料之间的互动是否适宜,材料的调整与补充情况如何?幼儿游戏情节是否有所发展?在观察的基础上根据幼儿的活动适时介入指导。

4. 活动小结。可以组织幼儿交流,分享游戏体会和经验,如引导幼儿说一说今天玩了什么?玩得怎么样?是怎么玩的?教师对幼儿活动情况进行评价,并对幼儿提出新要求。

实例 4－2

快乐餐厅(大班社会角色游戏)

活动意图:

据我了解,我班幼儿每到周末就经常会跟父母去餐厅吃饭,不管是父母请别人还是被别人邀请,因此我班幼儿对这一场景很熟悉,具有一定的经验。因此,设计"快乐餐厅"游戏,让幼儿通过角色扮演感受劳动者的辛苦,懂得爱惜粮食,注意节约,同时知道要与同伴分工合作。来客人时要礼貌地接待,以此来培养幼儿的人际交往能力以及社会适应能力。

活动目标:

1. 在游戏中学习使用钱币,知道钱币面额的大小。
2. 明确自己的角色职责,按职责扮演好角色。
3. 体验经营餐厅的乐趣,喜欢玩角色游戏。

活动重难点:

重点:明确自己的角色职责,按职责扮演好角色。

难点:学会正确使用钱币,知道钱币面额的大小。

活动准备:

1. 经验准备:(1) 幼儿有去餐厅用餐的经验;(2) 教师组织幼儿观看餐厅的内部结构,帮助幼儿了解餐厅内的工作人员安排及分工职责等。

2. 材料准备:灶具、餐具、收银台、儿童钱币、工作证、工作服、餐谱、厨师帽、围裙、各种酒水的瓶子、食材(各种蔬菜、肉类)进区卡、音乐等。

3. 环境准备:运用桌椅、KT 板等摆设,布置酒店的大环境;根据店面设计招牌及店内环境。

活动过程:

1. 组织谈话:"你去过餐厅吃饭吗? 餐厅里有些什么? 在餐厅吃饭要注意些什么?"

2. 教师介绍餐厅工作人员职责及区域规则。

(1) 经理 1 名、服务员 2 名、厨师 2 名、收银员 1 名,小朋友们各自选择自己感兴趣的角色。

服务员:来客人时热情有礼貌的招待,使用文明用语,做好环境整洁工作,积极配合厨师完成各项任务。

厨师:讲卫生,收到客人点的菜单,及时去做。

顾客:文明用餐,懂得节约意识。

收银员:微笑对待客人,热情有礼貌,爱岗敬业。

(2) 区域活动规则:听到音乐后各自取卡进区域。进入区域游戏时要负责好自己所分配的工作。再次播放音乐时,结束游戏活动,并整理好物品回到自己的位置。

3. 幼儿自主游戏,教师观察指导。

(1) 播放轻缓的音乐,开始取卡进入区域活动,商量角色,分配任务。教师引导:小朋友扮演什么,和小伙伴商量一下,然后选择工作牌戴在自己的脖子上。教师可以以经理的角色介入游戏,引导幼儿按职责扮演自己的角色,保证游戏的运行。

(2) 幼儿游戏时,教师认真观察,适时介入游戏。如引导幼儿要热情有礼貌地招呼客人,使用文明用语:欢迎光临、请、谢谢等;提醒服务员及时收餐具,保持桌面清洁;幼儿在使用钱币时引导分辨钱币的面额的大小。

4. 活动小结:播放音乐,结束区域游戏。

(1) 引导幼儿收拾餐具,把物品摆放整齐,放回进区卡。

(2) 幼儿谈谈今天自己在游戏中扮演什么角色,是怎样工作的?

(3) 评选出“金牌服务员”、“明星顾客”、“金牌厨师”,鼓励幼儿要在下次游戏时礼貌热情,尽职尽责。

实例4-3

各种各样的商店(大班区角活动)

一、幼儿游戏现状分析

在主题教育活动——《乌龟开店》的活动中,我们发现大部分幼儿对动物开店都十分感兴趣。中班幼儿动手能力也较强,能通过与材料和同伴互动,自然地反映自己的生活经验。因此,通过为幼儿提供适宜的游戏材料,开设各种商店,激发幼儿的游戏兴趣,让幼儿充分体验游戏的快乐。

二、游戏材料与环境准备

1. 游戏主题:医院材料投放,听诊器、盐水瓶、药瓶、×光片等。

2. 游戏主题:理发店材料投放,化妆品、梳子、夹子、发型图等。

3. 游戏主题:面包房材料投放,各式面包玩具、蛋糕盒、水果图片、橡皮泥、模具等。

4. 游戏主题:娃娃家材料投放,餐具、装扮物、娃娃、微波炉、洗衣机(自制)等。

5. 游戏主题:水果店材料投放,各种水果、秤、钱箱、袋子等。

三、近阶段游戏目标

1. 鼓励幼儿积极参与游戏,激发初步与同伴交往的意识。

2. 强化幼儿的角色意识,鼓励幼儿大胆反映生活经验。

3. 游戏后,幼儿能自己把玩具摆放整齐。

四、教师观察要点

1. 游戏中幼儿的角色意识,是否能较好表现相应的角色行为?

2. 游戏中幼儿与投放材料之间的互动是否适宜?

3. 幼儿游戏情节是否有所发展?

三、角色游戏的指导

(一) 为开展角色游戏做好准备工作

1. 保证幼儿游戏的时间

教师要从整体观念出发,确定角色游戏在整个教育过程中的位置,分配一定的时间。角色游戏需要时间比较长,一般安排在上午课后、早晨,下午也可以让幼儿自由选择角色游戏。小班、中班至少每周要有2—3次的固定角色游戏时间,每次时间不少于30—50分钟;大班上学期至少应该保证每周两次的角色游戏时间;大班下学期,随着规则游戏的发展,幼儿扮演游戏的效应逐渐减弱,可以适当减少角色游戏的次数,但至少也应该保证每周一次的角色游戏时间。同时,除了要保证固定的角色游戏时间外,有条件的幼儿园还应该将角色游戏的材料和区域固定,让幼儿可经常进入游戏。

2. 丰富幼儿的知识和生活经验

角色游戏是建立在幼儿所掌握的知识和经验的基础上的。幼儿的知识越多,生活内容越丰富,角色游戏的主题和内容也就越新颖、越充实。教师要善于利用上课、观察、参观、日常生活、劳动、娱乐等多种活动来丰富幼儿的知识经验,加深幼儿对周围生活、人与人的关系的印象。同时指导家长安排好家庭生活,使幼儿在家庭中获得更广泛的知识经验,为开展角色游戏打下良好的基础。

3. 准备游戏材料,引发游戏

游戏材料是幼儿进行角色游戏的物质条件,能激发幼儿的游戏愿望。教师要了解幼儿的生活经验和游戏意愿，并据此为幼儿进行角色游戏提供充足的物质准备。有些游戏材料是常备的，不必经常更换，有些则需要有所变化。但除少数游戏材料需要形象逼真外，大多数东西都可以用简单的物品代替，以引起幼儿更多的联想。游戏材料要放在幼儿便于自由取放的地方。

(二) 以间接的指导方法为主，帮助幼儿组织和开展游戏

间接的指导方法一般采用：观察；用语言提问、提示、评论；示范、表情、眼神、动作、手势等；适时地出示玩具和游戏材料；教师以角色身份影响游戏或参加游戏。这种指导方法在于启发幼儿的主动性，与直接指导方法，如指示、直接教、具体指挥等是不同的。

教师在指导游戏时，首先要观察和了解幼儿的游戏，分析游戏开展的情况，幼儿的表现及游戏存在的问题。在游戏过程中，教师应随时关心幼儿的游戏，保证游戏是安全的、有教育意义的，必要时对游戏加以影响。如“乘客”抢着上“汽车”，教师可以以角色的口吻说：“我也来乘车，我排在谁的后面?”这样就可以引导幼儿排队上车。当游戏内容贫乏时，教师可以提供一些新材料，建议加某一项活动，如为“娃娃家”添置小盆，增加洗衣服。当游戏停顿时，教师应根据不同情况，帮助幼儿解决困难；由于知识经验不足，而使“小医院”的游戏停顿，可建议医生给病人先检查身体；由于材料不足，教师可和幼儿一道制作。同时教师的帮助不要过早，也要使幼儿在游戏中付出一定的努力，克服一定的困难。

实例 4 - 4

医院角色游戏时，幼儿先进行了分工：朵朵是护士，俊俊是医生，轩轩是病人。医生给病人量了量体温，然后告诉护士病人需要打针。护士为病人打过针后，病人说自己还是不舒服，于是医生建议病人做手术。但是医生发现医院里还没有可以做手术的病床，他就走过来对老师说：“老师，我们没有病床可以做手术。”老师走过去说：“病床没有，那你们能不能自己搭一个?”(第一次介入)幼儿就搬来小椅子搭病床。当老师第二次来到医院时，正遇到病人和医生在大吵，因为病人想出院了，但医生认为病人刚手术完还不能出院。老师说：“你们认为病人刚做完手术应该做什么?”(第二次介入)医生说：“留在医院进行观察。”病人听到后点点头说：“好，那就观察一些时间吧。”

(三) 尊重幼儿的游戏水平，针对不同的年龄特征指导游戏

1. 对小班幼儿角色游戏时的观察与指导

图 4 - 4　娃娃家(图片来自四川内江市第一幼儿园)

小班幼儿在游戏中多为独自游戏，又特别容易受到外界环境的影响，喜欢模仿周围的人和事，以模仿为主，处于平行游戏阶段。因此，“平行游戏法”特别适用于小班。指导小班幼儿游戏要注意以下几点：

（1）小班幼儿年龄较小，角色游戏以日常生活中的主题为主。如娃娃家、理发店、医院等。

（2）小班幼儿易受到外界环境的影响，应着重于增强他们的角色意识。因为小班幼儿对角色游戏是很感兴趣的，但他们常常会忘掉自己的角色。教师可以通过提供角色的标志物，比如妈妈的头巾，爸爸的手机，医生的白大褂、听诊器等，让幼儿明确自己的角色。也可以通过语言的启发和自己的加入来提醒他们。例如，娃娃家的“妈妈”跑到别的地方玩去了，这时教师可以对她说：“你的宝宝一个人在家哭呢，你快回家去看看吧！”并启发她出门可以带着“宝宝”一起走或者教师作为“客人”去她家做客，使“妈妈”回到角色中来。

（3）在游戏中，教师还应该通过指导、帮助并启发幼儿回忆已有的感性认识，丰富他们的角色行为和语言，逐步充实游戏的内容和主题，培养幼儿独立游戏的能力。例如，一位幼儿到娃娃家当爸爸，可是他在娃娃家里东摸摸西摸摸了半天，也不知道可以做些什么。这时，老师走过去对他说：“嘿，你想想，你的爸爸在家都做些什么呢？”他想了想说：“写字、看报纸。”老师又说：“那你也可以做这些事情呀！”这位幼儿听了老师的话，开心地跑走了，坐到了娃娃家的小椅子上，拿了一本书看了起来。后来这位幼儿又在老师的启发下，去帮娃娃家的“妈妈”烧饭，还帮“娃娃”洗澡。

（4）允许幼儿在游戏中同时扮演相同的角色。例如，一个娃娃家也许有2—3位“妈妈”，或好几个“爸爸”。这是由小班幼儿平行游戏的特点所造成的，教师不用去干涉，应顺其自然。

2. 对中班幼儿角色游戏时的观察与指导

中班幼儿的游戏能力相对小班有所提高，角色意识较强，游戏的内容、情节较丰富，幼儿常常是一边游戏一边想下面的情节，还没有具备事先计划、商量、设计出游戏过程的能力，游戏主题不稳定，常常更换主题。中班幼儿处于联合游戏期阶段，想尝试所有的游戏主题，有了与别人交往的意愿，但还不具备交往的技能，常常与同伴发生纠纷。

图4-5　美食作坊（图片来自四川内江市第一幼儿园）

指导：

（1）根据幼儿的需要提供丰富的游戏材料，鼓励幼儿玩多种主题的游戏，游戏环境的设计要营造开放式的氛围，提供可操作性的材料以鼓励幼儿自主选择。

（2）加深他们对角色的理解，要求幼儿能较正确地反映出角色特有的行为和语言，并能创造性地表演。例如，“在医院”的游戏中，一开始“护士”只知道给“病人”打针、发药、测体温。后来老师启发他们想一想护士应该是怎样对待病人的呢？他还可以怎样照顾他们呢？于是护士便想到去搀扶病人，叮嘱他们吃药，陪病人检查等游戏情节。

（3）鼓励幼儿共同游戏，启发幼儿创造与固定角色有关的其他角色，并通过活动加强各主题角色与角色之间的交往，从而增加角色游戏的集体性和互动性。例如，在“幼儿园”的角色游戏中，除了有“老师”、“小朋友”以外，还可以有“厨师”、“保健医生”等角色的加入。

（4）在游戏中教师应注意观察幼儿发生纠纷的原因，学会在游戏中解决简单的问题、掌握交往的技能及相应的规范。

3. 对大班幼儿角色游戏时的观察与指导

特点：大班幼儿对于角色游戏的经验较丰富，游戏的主题更广泛、丰富，能反映现实生活中的多种事物和现象。游戏内容向广泛的社会生活扩展，丰富充实，有时代性、有新意。独立游戏能力强，在游戏前能够独立地提出主题、选择伙伴、发展情节，能够充分运用玩具开展游戏。角色较多，喜欢与同伴一起游戏，通过彼此的商量、协调分配角色。

图 4-6　汉安茶馆（图片来自四川内江市第一幼儿园）

指导：

（1）大班幼儿角色游戏指导的重点在于激发幼儿角色游戏的创新意识。在大班的角色游戏中，可以鼓励幼儿为开展游戏自己制作玩具。例如，为烧烤店制作香肠、羊肉串、豆腐块、鱿鱼等食物，为邮局制作信箱、邮筒、邮包、邮票、印章，为图书馆制作卡片、借书证，为照相馆制作相机、相片等。

（2）鼓励幼儿合作游戏，在游戏中培养幼儿交往能力和解决问题的能力。鼓励儿童相互交往、合作、分享，为幼儿提供一段时间分享游戏经验，让幼儿把在游戏中的过程体验、存在的问题、有创意的想法及做法等内容讲出来，通过幼儿之间的讨论，使幼儿已有的经验发生碰撞，引导幼儿以他们自己的方式来解决问题、分享经验。

（四）使幼儿愉快地结束角色游戏

一个好角色游戏，一般要有良好的开端，有趣的过程，愉快的结束和再做游戏的愿望。因此，教师要掌握时机，在幼儿游戏兴致尚未低落时，根据游戏的内容和情节结束游戏，使幼儿保持继续游戏的积极性。结束时，应鼓励和督促幼儿收拾玩具、整理场地。根据游戏进行的情况和教育要求，组织幼儿评价游戏，评价和讨论在游戏中谁会动脑筋，谁能克服困难，以后怎样玩，还需要哪些游戏材料等，以指导幼儿提高游戏的质量。

拓展练习

1. 什么是角色游戏，角色游戏有哪些特点？
2. 自定年龄班，确定角色游戏主题，设计一则角色游戏活动方案。
3. 如何指导不同年龄的幼儿开展角色游戏？

第二节　益智区的设计与指导

案例引导

中班小朋友恬恬对拼图游戏很感兴趣，每次只要老师一投放了新的拼图，她总是最先发现并玩起来，可这样一来，在其他小朋友还没有玩过拼图的时候，她都已经在等待老师投放新的材料了。老师观察到这个现象后便思考：如何能保持恬恬对拼图游戏兴趣的同时，让其他小朋友也能玩到拼图游戏。于是老师建议恬恬来当拼图小管家，让她尝试整理拼图、推广拼图游戏并帮助部分小朋友解决难题。恬恬在自己的"工作岗位"上非常认真负责，还给老师提出了很多宝贵的建议，例如简单的拼图可以加限时操作、稍难的拼图可以两人合作，把小朋友的美术作品作为原材料分割成拼图……

《3—6 岁儿童学习与发展指南》中明确指出：要充分尊重和保护幼儿的好奇心和学习兴趣，帮助幼儿逐步养成积极主动、认真专注、不怕困难、敢于探究和尝试、乐于想象和创造等良好学习品质。幼儿在活动过程中表现出的积极态度和良好行为倾向是终身学习与发展所必需的宝贵品质。对于幼儿来说探索性活动区就兼具趣味与挑战性，在动手操作和动脑思考的过程中生成问题、主动尝试、探索解决方法、发现规律并总结经验这一活动过程中幼儿与活动区环境与材料充分地相互作用，从而获得新知、发展能力、提升学习品质。益智区是典型的探索性活动区。

一、幼儿园益智区概述

(一) 幼儿园益智区的概念

益智区[①]是幼儿通过手脑并用操作材料（棋牌类、拼图类等）进行逻辑思维活动的游戏场所。保证益智区材料的吸引力，使幼儿自觉进入这个区域活动，这将极大地满足幼儿的求知欲，在数、形、空间等的感知过程中培养爱动脑的习惯，使之变得聪明和智慧，并且促进幼儿理智感的发展。

(二) 幼儿园益智区的功能

在益智区的各种游戏中幼儿通过主动操作、摸索、摆弄、尝试、探究，与教师投放的各种材料相互作用，发展其各方面的能力和品质。

(1) 益智区活动可以训练幼儿各种感官，促进幼儿各种感知觉的发展。例如在"奇妙箱"活动中，幼儿通过触摸并感知物体不同的轻、重、尖、钝、冷、热等特性和识别不同物体外形等。

(2) 益智区活动可以促进幼儿观察力、注意力和记忆力的发展。例如在"找不同"活动中，幼儿要通过集中注意力仔细观察，寻找比较两者之间的不同处；在"生肖棋"活动中，幼儿不仅要记住十二生肖中

① 李季湄、冯晓霞等.《3—6 岁儿童学习与发展指南》解读[M]. 北京：人民教育出版社，2013.

各种动物的形象、先后顺序，还要按规律给各种生肖排队、分类等。

(3) 益智区活动可以促进幼儿想象力和创造力的发展。例如在“缺什么”活动中，幼儿根据图中已有因素的暗示，想象再造将图添补完整；在“创意拼图”活动中，幼儿可以用老师提供的材料拼出各种不同的图案或造型，求异创新。

(4) 益智区活动可以促进幼儿思维能力的发展。思维活动过程包括分析、综合、比较、抽象、概括、逻辑判断和推理等。例如在“找影子”的活动中，幼儿通过观察分析和综合比较找出对应物品的影子，层次高一点还可以根据光源位置的不同判断推理出不同的影子；在各种棋类活动中不仅更能体现幼儿思维能力，而且能帮助幼儿建立规则意识。

(5) 益智区活动可以促进幼儿言语能力的发展。例如在“对对碰”活动中，幼儿要和同伴比眼力、斗思维，还要用语言提示同伴或者干扰对方；在活动中遇到问题和困难时幼儿不仅会自言自语，还会主动找小朋友讨论或者求助于老师，幼儿就在不知不觉中发展了言语能力。

(6) 益智区活动可以促进幼儿探究能力的发展。在益智区活动中有很多关于数学类的活动都是围绕“解决问题”这一核心的，而解决问题与探究是密切相连的。探究和发现往往是数学发展的基础，而数学又应用于各种探究活动中。例如在“救救小球”活动中，小朋友发现小球掉进窄小的深洞里，探究取回小球的方法，其中就有比较竹竿长与洞的深度、扑蝶网口与洞口的大小、水桶盛水的容积等数学问题，通过不断地尝试和比较分析各种方法的可行性，探究出解决问题的最佳途径。

除此之外，益智区活动在发展幼儿的生活自理能力，建立良好的与人交往和合作意识，养成积极主动、认真专注、不怕困难、敢于探究和尝试、乐于想象和创造等良好学习品质等方面都有举足轻重的作用。

二、幼儿园益智区的主要内容

幼儿园益智区活动主要分为棋类活动、拼摆操作类活动、思维类活动、数学类活动、感统训练类活动等。

1. 棋类活动

棋类活动包括传统的跳棋、象棋、围棋、军棋、飞行棋、斗兽棋、五子棋、配对棋、翻转棋、陆战棋、接龙棋、生肖棋、石子棋等。我们还可以根据各年龄段幼儿特点和已有水平结合当下的主题活动，编制适合幼儿的创意棋，如在大班的“多彩的中国”主题活动中，设计中国特色的棋盘(中国名胜古迹棋、中国名人棋、中国名菜棋、中国铁路交通棋、百家姓棋等)。

实例 4－5

动物模仿棋

活动目的：辨别认识不同动物，尝试模仿小动物。

活动材料：自制含不同动物图片的棋盘，骰子、棋子。

活动过程：

幼儿和同伴先一起认识棋盘上的各种动物，通过猜拳决定由谁掷骰子，按骰子的点数前进，如遇到不同的动物陷阱，按要求模仿该动物的长相、动作、声音等。

实例 4－6

城　市　棋

活动目的：了解自己所居住的城市(文化、美食、名店、标志建筑、街道、学校等)。

活动材料：自制不同的城市棋盘、骰子、棋子。

活动过程：

幼儿和同伴一起认读棋盘上的内容，了解城市的相关信息，通过猜拳决定由谁掷骰子，按骰子的点数前进，如遇到不同图片，按要求前进后退并向同伴讲述对该文化内容或美食等的了解。

图 4-7　传统棋类(图片来自四川内江市第一幼儿园)

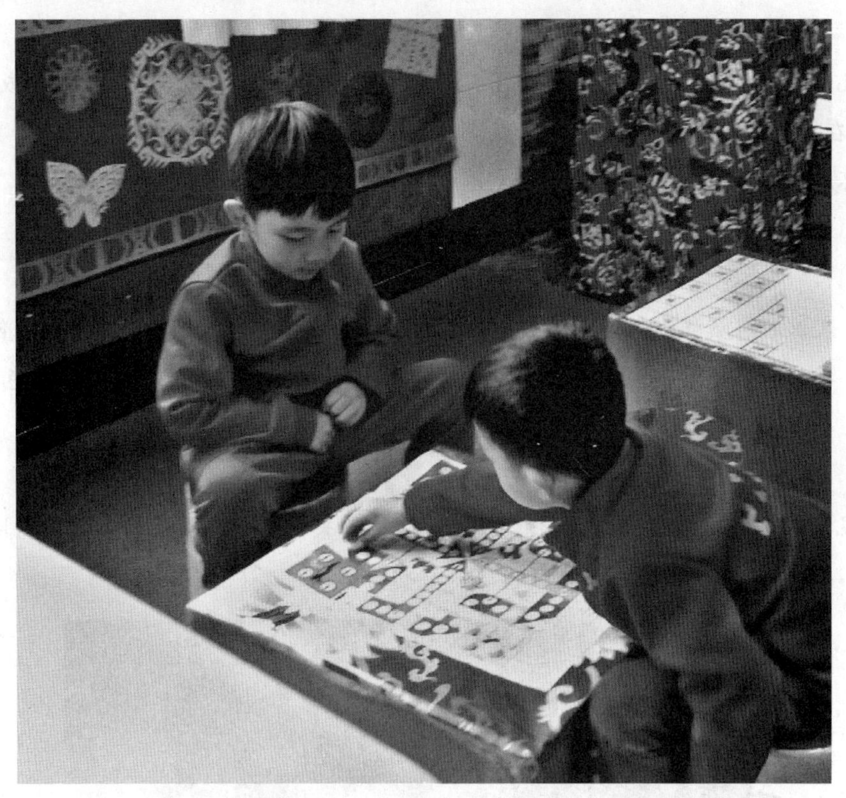

图 4-8　创意棋类(图片来自四川内江市第一幼儿园)

2. 拼摆操作类活动

拼摆操作类活动包括传统的七巧板、各种拼图(框架拼图、关系拼图、立体拼图、记忆拼图、数字拼图、图形拼图、地图拼图、创意拼图等)、串珠、叉棍、套塔套碗、趣味夹子、编织、多米诺骨牌、皮筋构图、生活类操作(扣纽扣、拉拉链、系鞋带、戴帽、穿脱衣物、晾衣服、编辫子、系蝴蝶结、编制刺绣、盖瓶盖、开锁、铺瓷砖、捣泥、舂米、推磨等)。

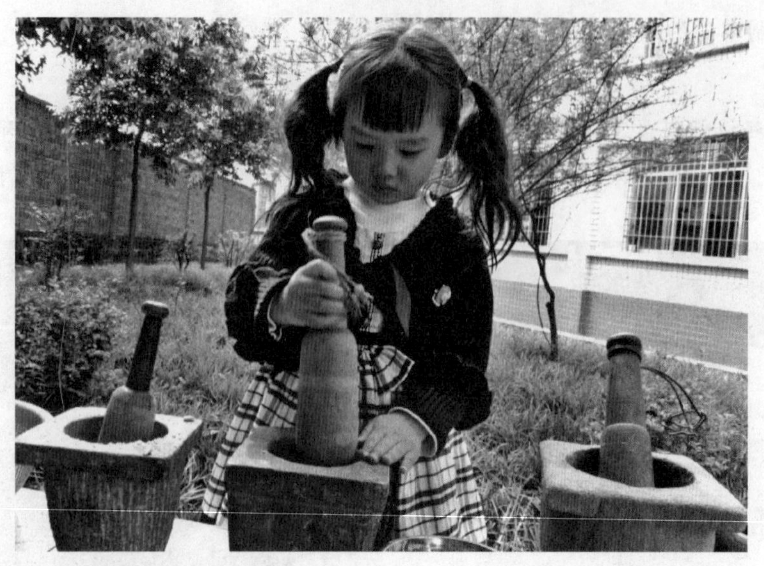

图4-9　舂米(图片来自四川隆昌县普润幼儿园)

实例4-7

"我爱我的幼儿园"拼图

活动目的: 将不同图案、形状、大小的小图片拼成完整的图片,熟悉幼儿园环境。

活动材料: 把幼儿园和班级环境照片剪成数量、形状、大小不同的小图片,图片框,操作台。

活动过程:

幼儿将散乱的不同数量、形状、大小的小图片平铺在操作台上仔细观察,根据图案或形状尝试将小图片拼在一起,在比较、拼合的过程中不仅锻炼其手、脑、眼的能力,加深对图形、大小等数学认知,还增加了对幼儿园环境的了解、热爱,培养了幼儿主人翁意识等积极情感。

实例4-8

趣味夹子

活动目的: 认识不同颜色、形状、大小、材质的夹子,锻炼小肌肉能力,发展想象力和创造力。

活动材料: 各种不同颜色、形状、大小、材质(木头、塑料、铁质等)的夹子,不同颜色形状大小底板(也可以是盘子、篮子、废弃纸盒等)。

活动过程:

幼儿首先观察认识不同材质、颜色、形状、大小、材质的夹子,自主选择夹子夹在不同底板上,可对称、有规律排序,也可创意拼夹,还可将夹好的底板创意拼图。

图4-10　系鞋带(图片来自四川内江市第一幼儿园)

图 4－11　玩夹子(图片来自四川内江市第一幼儿园)

图 4－12　拼图(图片来自四川隆昌莲峰幼儿园)

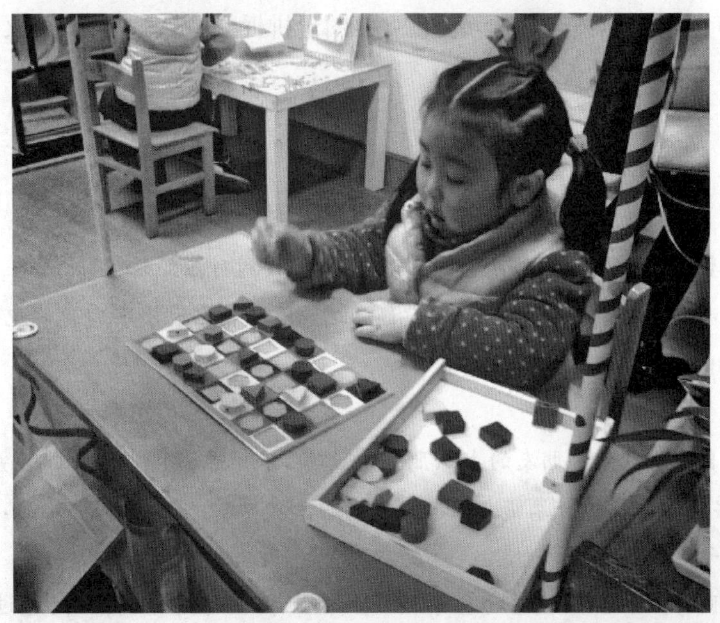

图 4－13　图形镶嵌(图片来自四川隆昌莲峰幼儿园)

3. 思维类活动

思维类活动包括各类迷宫（墙面迷宫、数字迷宫、小球走迷宫、国旗找位迷宫、立体迷宫等）、找相同、找不同、思维训练板、轨道游戏板、推理训练卡、找规律、添漏补缺、找路线、找影子、一笔画、找相反、脚印配对、折纸猜还原、旋转板、接龙卡、鲁班锁、孔明锁以及生活中的探究活动等。

实例 4－9

救救小球

活动目的：通过比较、分析尝试选择适合的材料找到最佳的方法将掉进深洞的小球取出来。

活动材料：自制塑料深筒、塑料小球或小皮球、各种材料（竹竿、木块、扑蝶网、长柄勺、盛水小桶、筷子等）。

活动过程：

幼儿发现小球掉进窄小的深洞里，观察估计洞口到洞底的距离，在给定的材料中选择适合的材料进行操作，在不断地尝试中探究取回小球的方法，其中就有比较竹竿长与洞的深度、扑蝶网口与洞口的大小、水桶盛水的容积等，分析所选材料的可行性，探究出解决问题的最佳途径。

实例 4－10

立体迷宫

活动目的：通过选择和尝试不同路径，发展幼儿的观察力、记忆力、判断和推理能力。

活动材料：由废弃纸板和活动小板凳设置成的立体迷宫。

活动过程：

小朋友从迷宫入口进入迷宫，在岔路口选择不同前进方向，若不能通过就退回岔路口重新选择，岔路口可以有多个，同一岔路口也可有多个方向选择，直到走出迷宫为止。若多个小朋友一起玩，可以用计时的方式比赛。

4. 数学类活动

数学类活动主要是通过操作活动感知数、量、形、空间等，主要包括对应、分类、归类、数量认知、数字连线、数字拼图、按数取物、数物匹配、数序、比较（大小、长短、高矮、粗细、厚薄、宽窄、轻重等）、排序、找规律、看图找图形、等分、分割与拼合、图形旋转、立体图形拼拆、扑克牌（接龙、拉火车、配对、比大小、分类等）、单双数棋等。

实例 4－11

找座位

活动目的：认识数字，理解序数，将操作卡片（电影票）放到对应的位置。

活动材料：贴有不同小朋友大头照的电影票（票面上有几排几号数字），自制电影院图片（同时也是每个座位有活动口袋的操作板）。

活动过程：

小朋友选择贴有自己喜欢的小朋友的大头照的电影票，根据电影票上的几排几座找到电影院图片中相应的座位，将电影票上小朋友的头像朝上插入该座位的活动口袋，可一人多玩几轮，也可几人同时玩。

活动名称：送盒子宝宝回家

活动目的：将不同形状、大小、颜色的盒子放入底板上相应的图形线框内，通过观察触摸操作加深对立体图形特征、空间方位、立体图形与平面图形关系的感知。

活动材料：生活中各种形状、大小、颜色的盒子，操作底板(底板上复制盒子的底面或侧面图，还可有颜色的不同)。

活动过程：

小朋友观察和比较实物盒子与底板上图形，尝试将各种形状、大小、颜色的盒子放置在底板上画好的图形内，底面、侧面均可，还可以有盒子与底板图形颜色的对应。

实例 4－12

分类与排队

活动目的：根据图片上的不同特征进行分类，按图片量的差异进行排序。

活动材料：穿着不同衣服、摆不同造型、高矮、胖瘦不同的老师、小朋友的照片(背景不要，只剪出人影，若差别细微的，可通过电脑进行夸大处理)。

活动过程：

小朋友仔细观察人物的照片特征，可根据人物性别、年龄、衣服的颜色、款式、穿着季节、是否戴眼镜、发型等进行分类；排序活动可根据人物的高矮胖瘦进行正逆排序。

实例 4－13

抢　　铃

活动目的：通过出卡时快速反应是否凑成规定数，掌握 10 以内数的组成。

活动材料：操作台(中间放一个固定的响铃)，画有不同数量图案的自制卡片(也可以是扑克牌等同类卡片)。

活动过程：

两名幼儿对坐在操作台两旁，通过猜拳决定由谁分发卡片，两人各分得一样多的卡片(卡片背面朝上图案朝下)，两人同时出一张卡片，若两张卡片上的物体数量刚好凑成规定数(可根据幼儿水平变换数字)，两人就可抢拍中间的响铃，谁先抢到铃，谁就赢得对方的卡片，谁先把对方卡片赢完，谁就获得最后的胜利。

图 4－14　小猪圈圈圈(图片来自川南幼儿师范高等专科学校)

图 4－15　送小动物回家(图片来自川南幼儿师范高等专科学校)

图 4-16 功能学习操作台(图片来自川南幼儿师范高等专科学校)

5. 感官训练类

训练感官的益智活动主要训练幼儿视觉、听觉、嗅觉、味觉、触觉、肤觉、平衡觉等。包括找东西(视觉)、奇妙箱(通过触觉感知物体不同的轻、重、尖、钝、冷、热等特性和识别不同物体外形等)、猜声音(听觉)、猜水果、饮料(味觉)、闻味道找方向(嗅觉)等。

实例 4-14

找出小海星

活动目的: 通过仔细观察找出藏在图中的小海星,训练幼儿视觉。

活动材料: 画着许多隐藏的海星的海底世界图,也可以是能取下的活动海星卡。

活动过程:

幼儿仔细观察海底世界图,找出隐藏在不同地方的小海星,如水草的后面、乌龟的龟壳上、鱼的尾巴上、小石子的后面等。

实例 4-15

猜猜是什么

活动目的: 通过闻味道辨别不同的物体,训练幼儿嗅觉。

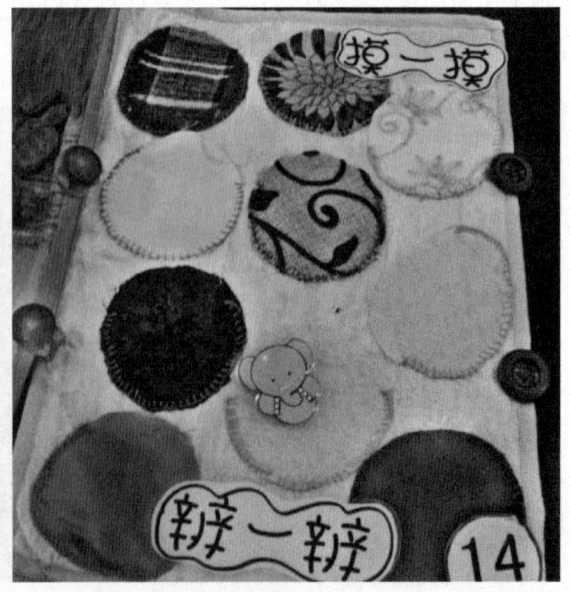

图 4-17 摸一摸(图片来自川南幼儿师范高等专科学校)

活动材料：准备生活中具有不同气味的物体，如水果（香蕉、苹果、橘子、榴莲等）、液体（醋、可乐、酒、香水等）、蔬菜（大蒜、洋葱、香菜等）。

活动过程：

将猜物体的幼儿蒙着眼睛，由另一幼儿选择不同的物体让猜的幼儿用鼻子闻，并说出物体的名称，材料可根据幼儿年龄和认知水平不同分层次投放。

三、幼儿园益智区设计遵循的原则

教师在益智区活动设计时一定要从幼儿实际出发，分析幼儿的已有水平和年龄特征，激发幼儿主动操作和探索的兴趣，敢于尝试，并在试错中建构自己的经验。根据益智区活动的特点，我们在设计益智区活动时，要注意以下几个方面：

1. 关注幼儿学习与发展的整体性

幼儿的发展是一个整体，在益智操作活动中不仅要让幼儿通过感知数、量、形、空间等发展幼儿的观察、注意、记忆、语言等能力，锻炼幼儿的脑、眼、手等部位，提高幼儿的逻辑分析能力和思维敏捷性，还要关注幼儿自我控制力，建立良好的人际关系并善于与人合作，树立规则意识和敢于尝试，不怕错误、坚持不懈等意志品质的形成。只有这样才能促进幼儿身心的全面协调发展。

2. 尊重幼儿发展的个体差异

幼儿的发展是一个持续、渐进的过程，同时也表现出一定的阶段性特征。我们不能要求同一年龄段的幼儿都能达到统一的发展水平，切忌用一把“尺子”衡量所有幼儿。幼儿的各自发展速度和达到某一水平的时间不完全相同，要充分理解和尊重幼儿发展进程中的个别差异，在其原有水平基础上呈“阶梯”式发展。

3. 理解幼儿的学习方式和特点

每个幼儿的成长环境和家庭教育背景不同，他的学习方式和特点也不同。我们要尽量支持和满足幼儿不同学习方式的需求。通过创设丰富的区域环境、投放丰富的操作材料、提供适当的自由和创意空间，以满足幼儿直接感知、实际操作和亲身体验获取经验等不同需求，结合其生活经验、已有水平和独特特点形成适合其发展的学习风格。

4. 重视幼儿的学习品质

良好的学习品质是终身学习和发展的保障。学习品质通常指向与学习有关的态度、习惯、风格、等特质，是幼儿社会性、情绪、认知发展及其交互作用的核心，一般包括好奇与兴趣、主动性、坚持与注意、创造与发明、反思与解释等具体内容。在幼儿各方面发展的关键期，我们要重视幼儿学习品质的形成。

四、幼儿园益智区的指导要点

教师在幼儿园益智区活动中担负着两大任务，一是环境创设与材料投放，这是益智区活动的载体，也是起着决定性作用的物质因素；一是教师的观察与指导，这是益智区活动的保障，也是起着保障性作用的精神因素。

1. 环境创设与材料投放

幼儿园益智区通常应呈封闭或半封闭状态，远离音乐区和角色游戏区等较容易产生干扰的活动区，让儿童有相对安静和独立思考的活动空间。益智区应尽可能地利用桌面、地面、墙面组合成全方位的立体空间，有专门的操作台和材料存放区、作品展台等，满足幼儿的活动需要。

材料是幼儿游戏活动必不可少的物质基础，也是益智区活动的载体。首先，材料投放时应尽可能选择低结构性材料。在商店内购买的玩具和材料往往束缚儿童的想象空间和创造力，同时也会降低幼儿对活动的兴趣。例如：在商店购买的飞行棋图案和操作程序固定，幼儿很容易丧失兴趣，而老师和孩子们用废弃物和生活中的照片共同制作的动物模仿棋、城市棋等图片和程序都是灵活多变的，可随时更改、添加。其次，材料投放时应灵活动态。材料可以一物多用，例如在“奇妙箱”活动中用于感官感知的各种水果，可以在“送水果宝宝回家”活动中作为分类的材料；材料可以叠加组合，例如在“对对碰”活动中的动物头像卡可以与“设计服装”中的材料叠加组合，让服装上的图案有规律地排序，幼儿操作时也更有创意。再次，材料投放时应分层次，不仅要关注不同年龄班孩子的水平差异，还应关注到同一年龄班不同孩子的个体差异，例如在“趣味拼图”活动中，小中大班的拼图的图案、形状、块数都应根据幼儿发展水平设计，同时由于个体差异，在同一年龄班中可以设定“三次机会”、“现实操作”、“自制拼图”等。最后，材料投放时应注意材料的情感价值。我们选择的材料应尽量来源于幼儿的生活，并赋予它们人文、情感色彩，如在“给妈妈打扮”的活动中，幼儿动手给妈妈(妈妈照片放大)串项链、戴发夹、设计衣服包包等让活动充满情感，也让幼儿学会爱；“城市棋”活动中蕴含了当地的历史文化、美食、特色建筑等人文色彩，让幼儿更加了解和爱自己的家乡。只有做到以上几点，才能真正充分发挥材料的作用，让幼儿在与材料的相互作用中得到发展。

2. 教师的观察与指导

为了了解幼儿各方面发展的状态、速度与差异，需要教师客观、细致、多角度地观察、解读幼儿。观察解读幼儿不仅为分析幼儿累积大量真实的素材，而且也为教师的指导策略提供确实的依据。观察时可以选择不同的方法，全面观察或重点观察，采用平面图、表格法(见表 4－1)、个案分析法、视频记录等方式进行观察。要建立“预设分析→现场观察→反思改进”的完整模式，使活动更具实效，从而提升教师的观察分析能力。

表 4－1　表格法记录样表

游戏记录	对对碰		数字拼图		找不同		……
	次数	活动情况	次数	活动情况	次数	活动情况	……
幼儿名字或学号							
分析解读							
反思改进							

教师对幼儿客观、细致、全面的观察与解读是教师指导益智区活动的基础。那具体应怎样指导幼儿的益智区活动呢?

从指导内容方面来看，教师应指导幼儿明确活动的名称(简单易懂，贴近幼儿)，例如：“对对碰”、“串项链”、“送水果宝宝回家”、“趣味夹子”……活动内容介绍时应指导幼儿认识材料、工具、基本玩法，操作平台和作品展示方式等；活动规则方面可以用文字、图片或照片暗示幼儿人数、时间、活动后材料整理等方面的规则，可以引导幼儿自己制订游戏计划，分多次完成某个活动，正确存放活动半成品等，如在未完成的串珠作品上夹上幼儿的名片；活动秩序方面应指导幼儿根据益智区人数和时间设置以及自身情况有目的地选择，使益智区活动开展井然有序。

从指导方式来看，教师在幼儿益智区活动中一般采用间接指导的方法，如观察(纸质、拍照、视频记录)；用建议或提问式语言、提示、评论；示范(可以是教师示范、同伴示范或者图片示范等)、表情、眼神、动作、手势等；适时地删减添加玩具和游戏材料；教师以参与者的身份影响游戏或参加游戏等。

从指导程序方面来看，教师应在幼儿进入益智区活动前，明确活动要求和注意事项；活动过程中尽可能以旁观者的身份观察幼儿的活动过程和行为特点，切忌随意或频繁介入幼儿的活动（必要时可以适当介入）；当活动结束时不能忽略非常重要的交流分享环节，这一环节教师要指导幼儿分享活动的感受和体验，解决游戏中的问题，将一些随意的摆弄操作提升为有意义的探索，将兴趣点扩大或延伸。只有重视结束时间的交流分享，才能让幼儿的智慧火花得以闪现，才能让益智区活动更加有意义、有价值。

拓展练习

1. 幼儿园益智区有哪些功能？
2. 幼儿园益智区设计应遵循哪些原则？
3. 自定年龄班，尝试设计一个益智区活动。

第三节　科探区的设计与指导

麦克幼儿园最近开展了班级科探区创设活动，某教师在自己的班级设置了一个自然角和一个科学区，为了追求“特色鲜明”，其自然角以花为特色，只摆放了许多从花店买来的奇异的花草，其中不乏各色玫瑰、各种造型独特的仙人掌等，科学区以科技为特色，只摆放了一些购买的飞机、火箭的模型和一些电动玩具小汽车。如此一来，该教师设置的班级科探区可谓“耗资巨大”，感觉十分整洁、美观和“高大上”，但在全园评比中却得了最后一名。

该教师设置的班级科探区有哪些问题？应该如何创设班级科探区并指导幼儿进行科学探究呢？

班级科探区是指教师根据幼儿的发展需要和兴趣，结合学前儿童科学教育的目标要求以及同期的集体性科学教育活动，在班级活动室内划出一定的范围，投放幼儿探究科学所需的材料，供幼儿自主进行科学探究的专门区域。主要包括自然角和科学区两种类型。

班级科探区是除集体性科学教育活动之外的一种重要科学教育活动，对集体性科学教育活动起到了较好的延伸、拓展和促进作用。幼儿在班级科探区内可自主选择自己感兴趣的探究内容和材料，自主进行操作，是名副其实的学习主体，因此，班级科探区能保护幼儿与生俱来的好奇心和求知欲，培养幼儿对科学的兴趣和热爱科学的情感，让幼儿亲历科学探究的过程，实践和巩固在集体性科学教育活动中学到的科学方法，通过与探究材料的相互作用，建构一些科学经验和知识，对幼儿科学素养的提高具有重要作用，还能促进幼儿的自主性、学习能力和个性品质的发展。①

一、自然角的设计与活动组织指导

1. 自然角的概念及功能

“自然角”是班级活动室内摆放常见的动物、植物、动植物标本、沙、石和土等自然物体，供幼儿感知自然物体的特征，认识大自然的场所。

① 夏力. 学前儿童科学教育活动指导[M]. 上海：复旦大学出版社，2013.

自然角是幼儿认识大自然的窗口，能萌发幼儿的探索欲望，能增强幼儿对周围事物的责任感，能为幼儿园增添自然美。

图 4-18 自然角（图片来自四川内江市第一幼儿园）

2. 自然角的创设

自然角的创设应该按照“选址→建设平台→制订计划→选择内容→摆放自然物体”来进行。

(1) 选址：自然角中生活着一些动植物，在选址时应首先考虑是否具备适宜的阳光、温度和水等物质条件。

阳光是植物光合作用的必备条件，对植物生长具有重要作用，此外，光照强度长期不均匀还会影响植物的形态，如果植物两侧的光照强度严重不均匀，则植物会由于向光性而出现生长方向弯曲或枝叶密度明显不对称，光照也能影响植物的开花时间和挂果率；光对动物的生理活动和行为也有较大的影响，如影响动物的体色、摄食量、生长速度、活动时间、换毛和繁殖等。因此，自然角选址时应选择向阳的地方以促进植物的生长；但应避免阳光长期直射，以免影响动物的生长发育和生理活动。

温度是会影响一切生物的新陈代谢，温度过高或过低都不利于生物的生长，甚至会影响到动物的生存，如幼儿园自然角中常摆放的温带植物的种子发芽最适温度为 15—20℃，二年生或多年生草本植物需经过低温春化才能开花；金鱼等温水性鱼类的适应温度范围是 15—30℃，在 18℃以上环境中才能产卵；昆虫的适应温度范围是 8—40℃，超出适应温度范围昆虫会死亡；乌龟最适宜的温度为 25—30℃，温度在 0℃以下时乌龟被冻伤甚至冻死，15℃以下时乌龟便冬眠，15℃以上时就开始活动、觅食，超过 35℃时停止摄食，所有动物均不适应短时间内温差较大的环境。因此，自然角选址时应选择便于保温的地方，环境温度宜在 0—30℃范围内，昼夜温差不宜过大。

水对自然角的影响主要表现在水质影响水生动物的生长，土壤湿度影响植物和一些生活在土壤中的小动物，以及空气湿度影响植物标本的存放等方面。因此，自然角选址时应选择空气对流、有水源便于给动物换水、给植物浇水以及排水通畅的地方。

(2) 建设平台：建设摆放自然物体的平台时应遵循安全、方便和美观的原则。在安全方面要做到平台的重心稳固，不会轻易倾倒、倒覆或发生位置移动；建设平台的材料要结实耐用，要避免平台的边缘有尖锐、锋利的棱角，以免幼儿观察时受到意外伤害。平台的高度和结构既要便于摆放物品，也要方便幼儿观察和照顾动植物。平台的造型还应根据实际情况进行设计，要充分利用墙面，力求美观，与幼儿园其他设施构成一个和谐的环境。

(3) 制订活动计划：区域科学活动是幼儿园科学教育活动的重要组成部分，与集体科学教育活动相互补充。因此，制订自然角的活动计划时要与集体性科学活动的计划相联系，根据年龄段目标、单元目标等来制订，小班的自然角观察活动主要是个别观察，中班自然角观察活动主要是比较观察，大班主要是长期系统性观察。此外，自然角的观察活动计划还应根据季节变化、动植物的生长规律来制订。

例如，某中班的自然角活动计划制订：

年　龄　段	中班	
年龄段目标	喜欢探索新事物、学会比较观察、感知动植物的生长变化	
时　　间	教 育 目 标	自 然 角 活 动
9月	感知秋天里植物的生长变化	收集各种各样的落叶
10月	认识几种类型石头	收集各种各样的石头
11月	感知冬天里植物的生长变化	种水仙花
12月	能区分几种不同的橘子	比较各种橘子的不同
1月	了解动物的冬眠现象	观察乌龟和金鱼
3月	认识几种类型土壤	观察土壤
4月	感知春天里植物的生长变化	种大豆
5月	感知春天里动物的生长变化	养蚕
6月	感知水的特性	给金鱼换水

（4）选择自然角的内容：选择自然角中摆放的自然物体时要从学前儿童科学教育活动的目标出发，根据幼儿的年龄特点、生活经验和兴趣以及当时当地的地理条件和气候特点来选择。选择的内容主要包括常见的动物、植物、动植物标本和其他无生命自然物体等。选择的自然物体应特征明显、典型，力求美观，动植物应个体小，适于室内生长，便于幼儿观察和照顾，无毒、无刺、无攻击性行为，不会给幼儿带来危险。此外，自然角中的物体还应随季节变化而更换。

可供创设自然角的内容		
动物	水生动物	金鱼、热带鱼、鲫鱼、虾、小乌龟、泥鳅、土鱼、河蚌、小蝌蚪（青蛙）、螺等
	陆生动物	蚯蚓、蜗牛、家蚕、蝗虫、蝴蝶、蜻蜓、瓢虫、天牛、金龟子、蚂蚁、小鸟、小兔等
植物	观花植物	一品红、瓜叶菊、仙客来、三色堇、石竹、金盏菊、半枝莲、矮牵牛、串串红、菊花、水仙、凤仙花、秋海棠等
	观叶植物	吊兰、文竹、万年青、滴水观音、落地生根（俗称宝石花）、含羞草、天门冬等
	观果植物	金橘、五色椒、石榴、盆栽葡萄、佛手等
植物标本	粮食作物	稻穗、麦穗、高粱穗、玉米棒、大豆荚、花生等
	蔬菜	萝卜、土豆、红薯、地瓜、葱、蒜、芹菜、白菜、菠菜、茄子、南瓜、丝瓜、辣椒等
	水果	苹果、梨、香蕉、橘子、杏、李子、柿子、椰子等
	干果	大枣、银杏、核桃、板栗、葡萄干、桂圆等
	蜡叶标本（含压制标本和生物粘贴画）	海带、水绵、葫芦藓、肾蕨、铁线蕨、贯众、马尾松、雪松、杉木、柳杉、银杏、梧桐、枫树、黄花酢浆草、樟树、玉兰、榕树、合欢、旱金莲等
动物标本	干制标本	鱼和青蛙等小动物的骨骼模型、蝗虫、蝉、蝴蝶、蜻蜓、蜜蜂及各类甲虫等
	浸制标本	体形细小、身体柔软的动物，昆虫的卵、幼虫、蛹等
无生命的物体	原始自然物	沙、石、水、土
	地方特产	自然物经简易加工的产品，如根雕、竹雕等
	探究工具	放大镜、动物测量尺、记录工具等

选择内容时特别要注意根据各年龄段幼儿科学教育的要求来选择不同的内容。自然角的活动以观察为主，幼儿除了要获得关于自然物体的科学经验以外，还要学习观察方法，提高观察能力。

小班科学观察活动的目标是学习“个别观察”，感知动植物的主要特征，在选择内容时应选择一些幼儿常见、具有代表性、特征明显、形态美观的物体，培养幼儿观察的全面性和细致性。

中班科学观察活动的目标是学习“比较观察”，了解动植物的多样性，在选择内容时应选择一些属于同一大类不同小类的物体，如不同种类的蝴蝶，培养幼儿观察的目的性、准确性和敏捷性。

大班科学观察活动的目标是学习“系统观察”，感知动植物的生长变化与环境之间的关系，在选择内容时应选择一些生长发育过程中形体结构、生活方式、生长环境等方面有明显变化的动植物，如蝌蚪、蚕、水稻苗等，让幼儿综合运用各种观察方法，全面提高幼儿的观察能力。

(5) 摆放自然物体：将选好的物体摆放在自然角时首先要做到分类摆放，植物宜用盆栽，摆放在靠近门、窗的地方；动物宜用饲养箱饲养，摆放在远离门、窗，便于清洁的地方；动植物的标本和沙石水土等可进行必要的装饰，宜摆放在空气较干燥、幼儿能接触到的地方。物品摆放时应将体积大、重量大的放在低处，体积小、重量轻的放在高处，以减少安全隐患；应将需要经常浇水、喂食的动植物摆放在靠外的位置，便于幼儿照料；最好将较高的物体摆放在左边，较矮的物体摆放在右边，便于幼儿活动，且使物体布局整齐有序。

3. 自然角活动的指导

自然角的活动指导包括幼儿在自然角的观察活动中的指导和幼儿对自然角的管理活动两方面。

(1) 自然角中观察活动的指导

教师指导幼儿在自然角进行观察时，应与集体教学活动中的指导有所区别。在集体教学中教师主要是直接指导，而在自然角中教师往往是间接指导。在集体活动中幼儿学会了一些观察方法，在自然角中应引导幼儿将学会的方法迁移运用，教师创设环境，通过材料引发幼儿的观察活动，要让幼儿有充足的时间进行自主观察。在活动指导时要根据不同的年龄特点进行针对性指导。

指导小班幼儿进行观察时，教师要引导运用多种感官按一定的顺序观察物体，要引导幼儿说出动植物的名称、典型的外部特征、生长环境、生活习性，饲养和护理的方式以及某一动植物用途等，还要耐心地教育幼儿爱护动植物。

指导中班幼儿进行观察时，教师要引导幼儿对每一个物体进行全面细致的观察，找到该物体的典型特征，再对观察对象进行比较，找出它们之间的不同和相同。要指导运用符号、图画等方式来记录观察到的结果，让幼儿养成在观察过程中进行记录的习惯。在观察活动完成后可将幼儿的观察记录进行展览，让幼儿通过相互学习来获得提高。

指导中班幼儿进行观察时，教师要选择观察对象发生显著变化时组织幼儿进行观察，要引导幼儿综合运用各种观察方法，既要对观察对象进行全面细致的观察，充分感知观察对象的各个属性，又要引导幼儿进行比较和概括，找出观察对象的变化。在大班自然角观察活动中可加入一些简单的验证性的实验，让幼儿探究影响观察对象变化的因素，了解动植物的生长与环境因素的关系。还要采用多种多样的记录方式帮助幼儿积累科学经验。

(2) 指导幼儿管理自然角

自然角中有许多需要幼儿进行管理的工作，如动物需每天喂食、换水、清理粪便，植物要经常浇水、除去枯枝败叶，其他物体需经常除尘。通过让幼儿完成以上管理工作，既可以帮助幼儿充分观察自然角中的动植物，熟悉它们的特征和习性，还能增强幼儿对周围事物的责任感。教师在指导幼儿管理自然角时应首先保证幼儿的安全，要根据幼儿的能力水平设置不同的任务，如小班可以给植物浇水、给动物喂食，中班可以清洁植物的枯枝落叶，大班可以完成动植物的常规照料工作。教师要为幼儿提供必要的工具，要给幼儿作出详细的讲解和示范，还要随时关注幼儿的“工作”情况，发现问题及时指导。

二、班级科学区的设计与活动指导

1. 班级科学区的概述

科学区是在班级活动室内的某一区域摆放幼儿进行科学实验或科技制作的仪器和材料，供幼儿进行科学探究的场所。班级科学区的活动以操作活动为主，主要功能是让幼儿感知常见物体和材料的属性，探究它们的变化规律和用途；观察和重现常见的物理、化学现象，认识、使用一些工具和现代科技产品，进行科技小制作等。

2. 科学区的创设

科学活动区的创设也应该按照“选址→建设平台→制订计划→选择和投放仪器材料”几个步骤来进行。

(1) 选址：科学区的选址主要考虑空间是否足够大和幼儿操作是否方便两个问题。由于科学区内要摆放大量的仪器和材料，幼儿的活动以操作为主。因此，选址时要选择空间较开阔的地方，同时要与幼儿出入频繁的空间（如过道、门边等）保持一定的距离，一来保证幼儿操作时的安全；二来可以避免干扰，有利于幼儿认真进行科学探究。一般选择活动室后方或两侧靠墙的区域设置科学区。

(2) 建设平台：建设科学区的平台一是要设置储存仪器和材料的平台；二是要设置幼儿操作的平台。一般情况下，班级科学区中储存的仪器和材料应该是幼儿经常使用、体积小、不易损坏的仪器和材料，因此，应准备一个分层的木架（如下图）来储存仪器，木架的高度不宜过高，应保证幼儿方便地取放仪器，而材料的储存则可利用橱柜，也可利用箩筐等。

(3) 制订计划：科学区的活动与集体性探究活动相互补充。因此，制订科学区的活动计划时要与集体性科学活动的计划相联系，根据年龄段目标、单元目标等来制订。科学区的活动可分为实验操作类和技术制作类，在实验操作方面，小班主要是让幼儿通过操作、摆弄科学区中的材料来获得一些科学经验，中班主要是让幼儿利用科学区中仪器和材料来进行有目的的探究，大班主要是让幼儿选择和利用科学区中仪器和材料来进行自主探究。在技术制作类活动方面，小班主要练习使用一些简单的工具，中班主要是利用工具将材料制作成简单的作品，大班主要是让幼儿利用科学区中的材料来自己设计和制作作品。此外，科学区的活动计划还应根据相关科学现象的变化规律和探究材料的季节性等来制订。

(4) 选择和投放仪器材料

科学区的活动内容要侧重于与幼儿生活紧密相连的科学现象观察及科学原理探究，可陈列幼儿的科技制作作品。

3. 科学区常投放的材料

常见的物理现象	声	仪器	音叉
		材料	各种金属、木头等
		玩具	简易排箫、小鼓等自制乐器
	光	仪器	平面镜、凹面镜、凸面镜、凹透镜、凸透镜、望远镜
		材料	小电筒、蜡烛、透明胶片
		玩具	万花筒、潜望镜、简易投影仪
	电	仪器	电池、小灯泡（含灯座）、导线、开关
		材料	小马达、蜂鸣器
		玩具	电动小车、小电铃、电磁铁、小路灯、简易摩擦起电机等

续 表

常见的物理现象	力	仪器	小天平、弹簧秤
		材料	弹簧、橡皮筋、乒乓球、方形木块、小轮子、滑轮
		玩具	不倒翁、降落伞、各种弹力玩具、杠杆玩具、转动玩具等
	热	仪器	电子温度计、钳子
		材料	蜡烛、火柴、木棍、易拉罐、铁片、水、小型锅
		玩具	简易蒸汽船、简易蒸馏——冷凝仪
	磁	仪器	指南针、电池
		材料	永磁铁、小磁针、铁丝、铁块
		玩具	简易指南针、磁力小车
常见的化学现象	燃烧	仪器	玻璃杯或玻璃罩
		材料	蜡烛、纸、布、石头、金属
	变色反应		碘酒、VC溶液、淀粉
	氧化现象		铁块、铜块、铝块
	其他		醋、小苏打、石灰石等
科技产品	交通工具	仪器	车、船、飞机和火箭等交通工具模型
		材料	木块、纸盒、轮子、弹簧、橡皮筋等
		玩具	简易小汽车、小帆船、小飞机等
	通信工具	仪器	小彩旗、喇叭、电话、手机等通信工具模型
		材料	纸杯、线
		玩具	土电话、简易电报
	生产工具	仪器	拖拉机、起重机、挖掘机、抽水机等模型
		材料	注射器针筒、橡皮筋、绳子、胶管等
		玩具	简易起重机、挖掘机、水车等
通用工具和材料	通用工具		剪刀、小锤、小刀、螺丝刀、手套、护目镜、玻璃瓶、塑料瓶、塑料管等
	常用耗材		竹木、绳线、各种纸、布、胶水、胶布、小钉子等

在投放科学区材料时要遵循以下原则：

(1) 材料的安全性

安全是开展科学活动的首要原则，由于幼儿的自我保护意识和能力都比较弱，教师在选择和投放材料时要考虑材料是否会影响幼儿的安全和健康，不能选择有毒的、被污染的材料，在利用废旧物品、投放化学药物时要特别注意，也不要投放棱角或边缘十分锋利的材料，以免幼儿在操作材料时受伤。

(2) 材料的结构性

教师要在科学区中为幼儿提供“有结构的材料”，以体现出科学活动过程的探究性。所谓“有结构的材料”，是指教师精心设计的材料组合。材料组合要揭示有关的科学现象，又要符合学生的年龄和认知特点，与幼儿的日常生活经验相结合，还应具有趣味性，幼儿通过操作材料能发现问题、解决问题、获取科学经验。一般来讲，高度结构化的材料蕴涵的科学原理更为丰富，但往往在很大程度上简化了幼儿的操作过程，幼儿不能很好地探究材料间的相互作用，收获的经验会减少，也很容易对该材料失去探究的兴趣，影响学习效果。低结构化的材料能激发幼儿探索和操作的兴趣，但由于它本身蕴涵的科学原理有限，幼儿可能会玩得开心但收获甚微。因此，在投放的科学活动时，教师要认真审视材料的结构性，尽量将材料设计为幼儿动手组合的材料，教师制作的科学教玩具应将重要结构外显，避免过分装饰，以免影响幼儿的观察，在组合材料时要将有联系的材料进行组合，使材料既能激发幼儿探索的兴趣，又能让幼儿在探索过程中有所收获。

(3) 材料的丰富性

《幼儿园教育指导纲要(试行)》中指出教师要为幼儿提供丰富的可操作的材料。材料的丰富性是指材料的种类和数量都要充足，种类充足是保证幼儿能够探究各种科学现象，数量充足是保证每个幼儿都有探究机会。

(4) 材料的开放性

材料的开放性是指活动材料具有多种选择，幼儿可在教师提供的材料中自主选择，也可自己获取材料。在科学区探究活动中要达到某一目的所需的材料可能有多种，如幼儿需加热某个物体，可选择火柴、蜡烛、酒精灯、打火机、竹片以及纸张等来进行加热，幼儿可以根据当时当地的实际条件，按照自己的想法选择材料来进行操作，幼儿还可在操作过程中根据遇到的问题随时调整材料。

(5) 材料的层次性

幼儿探究科学需要按照“由浅入深、由易到难”规律来进行，由于幼儿的生活经验不尽相同，一个班级中幼儿的发展水平或多或少都存在一定的差异，有层次性的材料给幼儿提供了选择的机会，幼儿可以在自己原有水平的基础上选择材料来自主探究，以调动幼儿的积极性，使所有幼儿都能在科学区活动中进行自主探究。例如，在科学区中提供了定滑轮、动滑轮、滑轮组等各种滑轮供幼儿探究，最简单的探究定滑轮，其次是探究动滑轮，最难的是探究滑轮组，幼儿需先通过操作积累定滑轮和动滑轮的经验才能进一步探究滑轮组，不同发展水平的幼儿可以选择适合自己的材料进行探究。

4. 科学区活动的指导要点

小班科学区的主要目标是发展幼儿的感知觉，让幼儿通过操作活动有所发现，学会使用一些简单的工具。因此，教师的指导侧重于激发幼儿进行科学探究的兴趣，引导幼儿感知材料的属性、用途以及操作方法，发现材料相互作用以后的变化。

小班科学区的主要目标是让幼儿通过实验来验证自己的猜想，学会使用工具来制作一些简单的作品。因此，教师的指导侧重于引导幼儿大胆进行猜想，鼓励幼儿通过动手操作来验证自己的猜想，同时还要教会幼儿一些简单的小制作，让幼儿利用工具来制作一些简单的作品。

大班科学区的主要目标是培养幼儿的自主探究能力，让幼儿能够发现问题、能对探究过程进行调整、能选择多种材料来进行探究和制作。因此，教师的指导侧重于通过创设环境和情景引导幼儿发现问题，在幼儿探究时教师应放手让幼儿自由操作，通过在不断的失误中总结经验来获得提高，在制作活动的指导方面应鼓励幼儿进行自主设计并选择不同材料来制作作品。

拓展练习

1. 幼儿园自然角的选址应考虑哪些因素？
2. 自然角中投放的物体和材料有哪些种类？
3. 各年龄段自然角活动的指导分别有哪些要点？
4. 科学区中投放的物体和材料有哪些种类？
5. 各年龄段科学区活动的指导分别有哪些要点？
6. 自然角和科探区有何异同？

第四节 建构区的设计与指导

案例引导

在建构区增加了一个“叠叠高”的游戏，提供了八根长条形的积木、一个标记用的夹子和一块宝丽板，鼓励孩子们比赛搭高楼，看谁的楼房搭得更高。规则是楼房不会倒，并且积木都用完。小俞过来把积木一根一根竖起来首尾相叠，当积木达到一定高度，他发现积木不太稳，就把其中一根积木横了过来，再继续往上垒，很可惜，这一次尝试还是失败了。紧接着，小俞换了一个方法。先用四根积木在底部搭出一个组合，再把剩下的积木一根根垒起来。这一次，他很容易就成功了。第三次，小俞又在底部减少了一根积木，用来增加“楼房”的高度。刚开始，“楼房”倒了，小俞略微进行了调整，把最下面一根积木移到上面保持平衡，果然，“楼房”稳稳地“站”在了地垫上。紧接着，小俞又减少了一根底部的积木以增加“楼房”的高度。这一次，楼房更高了，搭的时候更不容易，“楼房”一次又一次地倒下来。小俞不断地尝试着“一根横、七根竖”的方法，努力让“楼房”不倒下来。

分析：小俞主动、积极地探索，经过多次尝试和努力“叠高”，使“楼房”不倒下来，不断变换建构的方法让“楼房”的高度达到更高层次，并且每一次都是依循一定的轨迹采用逐步递减的方式来实现自己的目标，思维灵活清晰并有策略，可以看出他具有良好的品质，如积极思考、乐于坚持、不断探索等。[①]

建构区是幼儿非常喜爱的区角活动之一，在这里幼儿可以进行各种创造性建构游戏。在游戏过程中，能促进幼儿动作、认知、思维、情感的发展，有利于幼儿现在及将来的学习与发展。

一、建构区的教育价值

建构区是幼儿通过操作建构材料（如积木、纸盒等）进行造型的游戏场所。幼儿通过建构区游戏可以锻炼手部动作，可以获得关于数量、图形、空间、平衡和艺术方面的经验，可以增加与他人语言交流、分工合作的机会等，因而对幼儿的发展具有重要意义。具体表现在以下几个方面：

1. 能促进幼儿认知的发展

幼儿进行建构游戏时，将日常生活中或者图片中见到的事物，借助建构材料进行重现或创造性重建，这既是幼儿抽象思维发展的基础，也是幼儿观察能力、想象力、创造力发展的基础。

2. 能帮助幼儿获得数学方面的知识

积木是建构游戏中常用的材料，它有多种形状、颜色，幼儿在使用它进行搭建时，会涉及空间、排列等方面的经验，也有助于幼儿数学知识经验的获得，如积累丰富的数、数量、图形的知识。

3. 能促进幼儿语言表达能力的发展

在建构游戏过程中，幼儿需要与其他幼儿交流、沟通，当他完成了自己建构的作品时，会乐意向同伴或者老师介绍；在搭建过程中遇到困难时，会自己想办法解决或向他人寻求帮助，这些都会让幼儿有更多机会运用语言去表达、交流，增强语言表达能力。

4. 能促进幼儿社会性的发展

在建构区，当建构材料不能满足所有幼儿需要时，就会出现矛盾，需要协调，或者用其他材料代替，

① 选自中国幼儿教师网，有改动。http://www.yejs.com.cn/jswa/article/id/48411.htm。

需要与他人进行沟通、协调；随着幼儿年龄的增大，建构技能的提高，建构作品复杂性的增加，他们逐渐感受到一个人难以完成，需要几个人一起合作搭建，在这一过程中发展了幼儿的人际交往能力、互助合作能力。另外，在这样的人际交往中，可以认识理解他人的情绪，体验与人合作带来的成功、快乐。

5. 提高幼儿解决问题的能力

当幼儿进行一些大型的主题建构时，需要多名幼儿一起商量：搭建什么作品，选用哪些材料，谁负责搭建什么，怎样分工合作。

6. 能培养幼儿的艺术审美意识

建构区游戏是融科学与艺术为一体的操作过程，不但要保证所建构的物体结构稳定，同时还要讲究建筑物的美，包括色彩搭配、造型、装饰等方面。

7. 能促进幼儿身体动作的发展

幼儿建构一个事物，需要搬运、拿取建构材料，需要小心翼翼地放好一块积木，使得幼儿的大、小肌肉、手眼协调都得到了很好的锻炼与发展。

二、建构区材料的提供

丰富、充足而有刺激性的建构材料，会激发幼儿进行建构游戏的兴趣，因此在建构区要为幼儿提供适宜的建构材料。常见的主要有以下几类：

排列组合类材料：各种类型的积木，如单位积木，它的形状规格、积木块大小成比例；中空积木，边缘是空的，易于拿取；还有小太阳积木、乐高积木等。

图 4 - 19　小太阳积木(图片来自川南幼儿师范高等专科学校)

拼插类材料：这类材料元件上有凸出的头和凹进的口或开有可连接的槽，头与孔、槽与槽之间相互接插、套接、镶嵌组合成整体。如雪花片、各类积塑颗粒。

图 4 - 20　拼插积木(图片来自川南幼儿师范高等专科学校)

螺丝连接类材料：主要以螺丝与螺帽为主体，用螺丝与螺帽通过旋转式链接将结构元件连成一个整体，有木质、塑料和金属三种。

废旧物品：各种盒子，如牛奶纸盒、鞋盒子等；各类罐子，如幼儿奶粉罐、易拉罐、饮料罐；还有长方形的纸板（用于架高）；塑料管；木板；大小不等的箱子；绳子、塑料管、雪碧瓶、纸筒卷、保鲜纸的内筒、一次性杯子等。

图 4－21　搭纸杯（图片来自四川内江市第一幼儿园）

图 4－22　好玩的纸箱（图片来自四川隆昌莲峰幼儿园）

辅助材料：为了使建构作品更加生动、形象，增加建构游戏的趣味性，激发幼儿的想象力、创造力，提高幼儿的建构水平，需要为幼儿提供一些辅助材料。如交通标志、小车模型、楼房、小人和动物的立体摆件、各色小旗、纸花、小树枝、彩纸、水陆交通工具、线、石头、花、草等。

建构材料幼儿经常使用，为了保证幼儿健康，需要定期消毒和保养。

三、建构区的规划布置

(一) 空间场所的提供

在建构区,要摆放足够丰富、多样的材料,要为幼儿建构作品提供必要的空间,要为展示建构作品留有场地,因此建构区的空间场所应该固定,且空间足够大。这样幼儿才能够在建构区舒适地进行建构操作,另外建构区的范围也要明确,地板最好是柔软的(可铺上地毯或者地垫),以降低噪声和危险性。

建构区的空间场所应根据实际需要规划,如桌面拼插类,所需空间不大,可以设置在室内,而积木、废旧材料等中大型建构游戏,则需要比较宽敞的场所,可以设在走廊,有条件的幼儿园应提供一个专门的房间,既有利于幼儿进行综合主题式的大型建构,也便于展示建构成果。

建构搭建时,因易于出现较大声响,可铺设地垫降低噪声,也不宜与阅读区、美工区等安静区域相邻,可以设立在角色表演区等附近,相互配合进行游戏。

(二) 建构材料的摆放

建构材料是吸引幼儿进入建构区,参与建构游戏的重要因素之一,因此在投放材料时要注意材料的适宜性并及时更新。

建构区的材料多样、复杂,为了让幼儿能够在游戏时容易找到想要的材料,材料的摆放很重要。首先应该将材料摆放得井然有序:如积木应该放在矮架子上,按照大小、形状分类摆放,辅助材料放在单独的箱子里,便于幼儿自己找,用完后放回原位。其次,材料应该分类摆放,贴好标签,帮助幼儿可以独立取放、整理各种建构材料。

在建构区的墙上可以贴上一些引导、提示幼儿建构的图片,根据建构主题,更换相应的布置。如进行“我们的城市”的建构活动时,建构区墙上可以贴上多种房屋、道路、立交桥等图片,供幼儿参考、模仿。

四、建构区的设计与指导

(一) 小班

1. 小班建构游戏的特点

(1) 对建构动作和材料感兴趣。小班幼儿可能拿着积木走来走去,喜欢把建构材料当做枪、车、电话等来玩,喜欢敲敲打打、“堆高”、“推到”、重复等。

(2) 建构技能不足。小班幼儿在进行建构游戏时,基本上是以重叠、平铺、延长为主,常常用同样大小的积木,简单地一块一块垒起来,或者一块一块排列起来,铺成一列。有时可能会出现简单的围合,如用三块积木搭成“门”。

(3) 材料的选择盲目和随意。受直觉行动思维影响,建构时无目的性,不会事先想好要建构什么,直到有人问起时,或者搭建成后,觉得建构物与什么事物相像,才为其命名。所以在选择建构材料时不会过多考虑形状、颜色等,比较盲目、随意。

(4) 坚持性较差。小班幼儿注意力集中时间短,并且易受其他人、事物影响,有可能刚刚还在堆高建塔,看见其他幼儿搭火车,自己推倒在建的塔,重新开始建火车。

2. 小班建构区指导策略

(1) 引导幼儿了解认识建构材料。提供足够数量的常见建构材料,引导他们在玩中感知材料形状特征,熟悉材料的操作方法;有意识地搭建简单物体给他们看,或参观其他建构作品,激发幼儿的搭建兴趣。

(2) 帮助幼儿学习基本的建构技能。在建构游戏中指导幼儿学习简单的建构技能，如铺平、延长、围合、搭高等简单的构建方法；鼓励他们尝试建构简单物体，表现出物体主要特征并有意识地引导幼儿说出建构物的名称，引导幼儿明确建构目的和主题。

(3) 建立规则意识。建立简单的建构区规则，如爱护建构材料，游戏结束后，要整理材料、放回原位，培养幼儿爱惜玩具的好习惯。

(4) 提供适宜的建构材料

图 4-23 小积木(图片来自川南幼儿师范高等专科学校)

木制小积木：这类积木体积较小，通常被幼儿用来重叠、延伸、平铺，有利于促进幼儿小肌肉的灵活性以及手眼协调能力的发展。

大型轻质积木：这类积木的特点是体积较大，但质地轻巧，便于年龄小的幼儿掌握大动作，安全地建构大型的东西。如砖型纸板积木，表面加了塑胶保护层，便于清洗，保证了干净卫生。另外还有泡胶积木、塑胶积木等。

辅助材料：为了引导幼儿丰富建构内容、激发幼儿建构兴趣，可以为他们提供一些辅助性材料。如各类交通工具模型、小人和小动物立体摆件。这些材料可以帮助幼儿进入游戏、丰富游戏情节，使游戏主题更完整、清晰。

图 4-24 进城(图片来自川南幼儿师范高等专科学校)

3. 对小班幼儿建构游戏的评价

对小班幼儿建构游戏的评价重点放在规则意识、玩具的整理与保护方面。

(二) 中班

1. 中班幼儿建构游戏特点

(1) 建构技能有所提高。小班建构时喜欢严严实实,中班会留有空间,开始掌握架空、拼插、围合等比较复杂的技能。小班搭建一些简单、平面的物体,中班建构规模扩大,出现立体造型。

(2) 建构目的性增强。对建构过程兴趣浓厚,能集中一段时间集中注意建构;有初步、简单的计划,会按照一定的主题进行建构,依据建构目的选择材料,从建构物体的特性来选择材料,能把积木的形状与日常生活中所积累的经验结合,关心建构成果,考虑建构的逼真性。

(3) 建构主题单一。建构规模扩大,能够事先确定建构主题,但总体来看建构主题比较单一,综合性主题不多、创新性不够。如一段时间内搭建房子就建房子,不会有太多的延伸。

2. 中班建构区的指导策略

(1) 进一步增强幼儿的建构技能。为幼儿提供丰富多样化的建构材料,学习相应的建构技能,如连接、接插、立体造型等。引导幼儿把平面图变成立体造型。

(2) 引导幼儿学习设计建构方案。引导幼儿建构前先构思,教会小组共同讨论,制订建构方案,有目的地选材,进行分工与合作,体验共同完成建构作品的快乐。

(3) 丰富幼儿生活经验。建构区游戏是幼儿对自己周围生活经验的一种反映,为了丰富相关的建构经验,加深对事物的感性认识,有必要带领幼儿有目的地观察生活中周围事物的特点,加强物体结构造型方面的知识。

(4) 提供适宜的建构材料

积木:中班可以提供大中小型的积木、主题建构积木。大型积木能满足中班幼儿喜欢搭建大型物体的需要,训练其肌肉动作,中小型积木用以在大积木的造型中进行填充、装饰,帮助幼儿发展空间知觉。

拼插类材料:拼插过程中可以促进幼儿小肌肉、精细动作的发展。如大颗粒拼插积木、雪花片、彩色拼插管等。

废旧和半成品材料:鞋盒、牛奶盒、纸板等材料形状比较规则、大小适宜,可以直接用来作为房顶、花园、隔离板等,便于建构,并能促进幼儿想象力和创造力的发展。

辅助材料:各种交通工具模型、交通标志、小动物和人偶模型、花草等便于幼儿对现实生活中的场景进行模拟。中班幼儿能够用橡皮泥进行一定的造型,因此提供橡皮泥可以满足幼儿建构造型的需要,达到丰富、完善建构作品的效果。

3. 对中班幼儿建构游戏的评价

组织幼儿评价建构作品时,肯定幼儿的努力过程和建构成果,并鼓励他们独立、自主地发表看法,促进幼儿想象力、创造思维的发展。

(三) 大班

1. 大班幼儿建构游戏的特点

(1) 建构技能比较成熟。经过小中班的学习和练习,大班幼儿的建构技能明显更为成熟,能够根据自己的想法、计划完成较为复杂的建构作品、造型。

(2) 合作意识、创造性增强。随着幼儿年龄的增长,语言表达能力、社会交往能力都大大提高,大班幼儿已经知道分工、合作,共同完成一件大的作品或主题建构任务。还能根据自己的想象,有目的、按步骤和计划建构出有新意的作品。

2. 大班建构区的指导策略

(1) 指导幼儿制订计划。大班幼儿的任务意识、分工合作意识增强,引导幼儿共同讨论确定建构主题,规划建构场地,商量建构步骤,协商分工合作及建构规则等。

(2) 引导幼儿进一步美化建构物。大班幼儿建构技能比较成熟,能够建构丰富多样的作品,这时侧重指导幼儿对辅助材料、精小材料的使用,学习表现物体的特征和细节,进一步丰富、美化建构作品。

(3) 引导幼儿创造性地开展大型建构游戏。大班幼儿在进行建构游戏时,建构的目的性、计划性和持久性增强,不断丰富幼儿生活经验,注重引导他们开展参加人数多、持续时间长的大型建构活动,鼓励根据游戏情境的需要,创造性地建构主题游戏。

(4) 提供适宜的建构材料。建构材料可以更加丰富,形状上多变以满足幼儿不同的需要;增加废旧物品和半成品材料,满足幼儿根据自己的想法,创造性运用的需要。

大中小型积木:增加不规则形状积木,促进幼儿发挥想象力、创造力来使用这些材料,增强幼儿表现力;由于大班幼儿精细动作发展更好,所以会更多使用中小积木,因此要增加中小型积木的提供。

拼插类材料:为了进一步促进幼儿精细动作的发展和主题建构,在中班已有材料的基础上,增加小颗粒塑料拼插积木、梅花塑料拼插片、齿轮拼插积塑等。

辅助材料:除了提供各类辅助材料外,可增加更多类型,如各色绳子、线、纸条、石头、卷纸筒、保鲜纸筒、一次性杯子、各种大小的盒子等。

3. 对大班建构游戏的评价

在评价过程中,引导幼儿大胆介绍自己的作品,学习欣赏自己和他人的作品,肯定幼儿建构过程中表现出的计划、沟通、合作能力,以及作品中的细节特征和创造性表现;逐步发展他们自我评价和评价他人的能力。

实例 4-16

利用雪花片搭建作品——“我爱我家”。选择这一主题的意图有两个,首先是从幼儿搭建的已有水平出发,选择一些幼儿能独立拼插的作品,如家中的“部件”——桌子、椅子、柜子、鞋架等,幼儿都已能熟练地拼插这些。第二,“我爱我家”这个主题能给人一种温暖的感觉,家是幼儿熟悉与喜欢的环境,幼儿园又像家一样是孩子们每天生活的场所,所以拼插“家”既温馨又开心。第三,“我爱我家”在幼儿拼插过程中容易运用独立、合作、组合的方式完成作品。总之,在作品主题确定时充分考虑了幼儿的现有水平以及作品拼插的难易度,帮助幼儿顺利完成作品的拼插。

在确定主题后,幼儿开始搭建。搭建之前首先与幼儿讨论“家”的构成,即家中有哪些房间,哪些房间的部件容易搭建出来。最后经过集体讨论后确定“家”中的四个房间——餐厅、客厅、卧室和卫生间和四个房间需要拼插的部件。在拼插的过程中因为雪花片数量和时间的限制,所以我们只邀请了一半的幼儿参与拼插,确定每一位孩子要拼插的指定部件,而且一个房间一个房间地拼插。如先拼插餐厅,再拼插客厅,接着是卧室,最后是卫生间。等幼儿运用几个时间段全部拼插完成后,最后经过组合和老师的修饰,一个漂亮而完整的“家”就搭建好了。

“家”搭建成功以后,我们就做了最后的完善与修饰,使作品更完美。我们为作品取名,还就作品的搭建背景、搭建过程以及雪花片基本技能等内容做了精练的说明,使欣赏作品的人清楚地了解作品的整个制作过程。在修饰的过程中,我们还巧妙地利用了废旧的木片作为各个房间的隔断使“家”更形象逼真,这一废旧物品的利用使很多人都赞不绝口呢。“家”也充分展示了班级幼儿的聪明才智和心灵手巧!①

---

① 选自中国幼儿教师网,有改动。http://www.yejs.com.cn/jswa/article/id/48411.htm。

拓展练习

1. 如何根据各年龄班幼儿建构游戏的特点进行适宜的指导？

2. 小班幼儿明明在建构区活动中，以自我为中心，没有目的性，随意性强，常常重复玩耍，摆弄建构材料。如找来积木，全部堆放在一起，然后又全部推倒，不停地重复推倒的动作。请你分析原因，并写出如何帮助他学习建构游戏的计划。

3. 帮助幼儿园一个班级的教师做一个建构区规划，并简述理由。

第五节　音乐表演区的设计与指导

案例引导

离园前，我请小朋友们自选进行区域活动。有的脱鞋子到娃娃家玩办家家的游戏；有的在建构区搭房子；有的在数学区找朋友。我转眼一看，表演区更是热闹非凡。文文和珂珂在打鼓，倩倩和嫣然穿戴着表演区里的新疆帽和服装站在门口当迎宾："叔叔好！阿姨再见！"瞧！胆小的雨涵和小睿也站在表演区的小话筒前一起表演："秋风起来啦，秋风起来啦……"我慢慢走向雨涵，想看看她的表演并给她鼓励。可是，当她看到我走过去时，她立刻停止表演安静地坐到椅子上。我想是我打扰了她的表演吧！于是我又站到门口假装不看她，她又悄悄地站到表演区的小话筒前表演起来，直到放学爷爷来接。

有很多小朋友像雨涵这样，内心很想表演可是由于胆子小或是缺乏自信，不愿意在大家面前表现自己，或是有些小朋友在下面声音很响亮，可是到了台上表演时却表现出胆怯。然而，环境是无形的老师，我们创设的表演区则成了无形的老师，是会说话的环境。在闪亮的舞台上，孩子会变得更加自信、更加勇敢。同时，让孩子成为舞台的小主人，多参与、多体验到表演的快乐，也就逐步提高了孩子在众人面前大方展示自己的信心。

音乐区域活动是当前教师培养幼儿喜爱音乐、提升幼儿音乐素养的一种主要教学手段。音乐区域活动开展得好坏，直接关系到教师能否成功地让幼儿在多元化的区域活动中感受音乐的乐趣。本节将重点介绍音乐表演区的设计与指导。

一、音乐表演区的教育作用

(1) 学习用动作来表现音乐，按照音乐的内容、节拍进行有趣的游戏情节，提高对音乐的理解和感受能力。

(2) 在演唱和表演的过程中，培养幼儿辨别声音高低、强弱、快慢变化，以及倾听、跟从节奏指令的能力。

(3) 发展动作，使动作准确、优美、富有节奏感和表现力。

(4) 加深幼儿对文学作品的理解和记忆，对周围事物养成正确态度和良好的行为习惯，发展幼儿的想象力和创造力。

(5) 培养幼儿活泼乐观的情绪，陶冶他们的情操，以利于幼儿感受力、理解力、表现力、审美力、创造力的发展。

(6) 增强幼儿的自信心和独立性，有助于培养幼儿的集体观念。

二、音乐表演区的设计

(一) 活动的内容

音乐表演区内活动丰富，可以设计舞蹈表演、音乐游戏、打击乐演奏、时装表演、幼儿扮演角色的故事表演、操作玩具表演故事、桌面故事表演、木偶戏和皮影戏等。

音乐表演区应选择内容健康、有教育意义、符合幼儿生活经验、容易为幼儿理解又适于他们表演的音乐、文学作品。音乐作品要节奏明快、曲调优美。文学作品情节应生动活泼，角色的性格应鲜明，有特色，角色语言较简短。

(二) 场地的设置

音乐表演区最重要的就是要为幼儿提供一个宽敞的活动场地。场地的布局要合理，观众坐在哪里和演员在哪里表演，都要有一个明显的分隔标记。根据幼儿的心理活动需要，教师建立表演区时，如果在提供足够的活动空间与场地的同时，布置一个小舞台，会更加吸引幼儿的参与。小舞台的设计无须投入很大的财力、物力，一块绒布，几张彩色纸条，稍加修饰便可利用(如图 4-25)。

1. 用布装饰成的小舞台

彩绸布、紫绒布、窗纱布，平面或皱褶等样式。

2. 屏风式的活动小舞台

同娃娃家的屏风，活动时打开，不用时可折叠起来。

3. 用彩色纸条布置成的小舞台

4. 电视屏幕式的立体小舞台

用大的纸盒或米菠萝板制作成电视屏幕，放在桌子或架子上，幼儿站在后面，如同在电视里进行表演。

图 4-25　小舞台(图片来自四川内江市第一幼儿园)

（三）材料的投放

教师为幼儿提供丰富多样的操作材料是幼儿参加音乐区域游戏的前提。教师要提供丰富的、合适的、可进行表演的材料，供幼儿自主选择。

教师应让幼儿积极参与音乐表演游戏的场地布置和材料准备，幼儿在游戏中最关心的是自己角色的语言和动作，他们的表演并不受道具、场地和时间的限制。因此，道具不必追求齐全、逼真，只是象征性即可。

1. 歌舞

每当参加演出的幼儿打扮得光彩夺目上台表演时，其他幼儿投以羡慕的眼光，他们也有上台表演的愿望。为了满足全体幼儿的表现欲，教师可为他们设置一个小舞台或“卡拉 OK”、“电视演播厅”等表演场地，让幼儿自由地表演。当幼儿熟悉的乐曲响起时，一定会有人闻歌起舞，跃跃欲试。当台下观众响起热烈的掌声时，幼儿的表演将更加投入、更富激情。

为使歌舞表演有序进行，可由一个小主持人安排顺序与人数，也可由演员们自行协商确定。表演时不必注重表演技巧，应重在鼓励他们大胆参与，使幼儿的表演更加自如、自信。

歌舞表演提供的材料有三用机、音乐磁带、节目单、鞋帽、衣裙、头饰、麦克风、花束、纱巾等。音乐是歌舞表演成功的关键，为幼儿提供的乐曲，应是幼儿熟悉的、悦耳动听的歌曲，磁带可有范唱带、伴奏带，还可以准备空白磁带供录音用。以下介绍一些舞台布置和服装、道具的制作方法。

在呼啦圈上装两片布帘，固定在一定的高度上做幕；也可以在台前上方安一根铁丝，拉上一块幕布，如窗帘状。

将雨伞撑开悬挂起来，然后由伞尖顺伞面垂挂各色皱纹纸、金纸等装饰舞台；农村幼儿园、所可以将野花、柳条等垂挂在伞下装饰舞台。

将长形纸箱裁去箱盖、箱底，拉开成长方形，在上面画出所需图案，立起来即可成为舞台的装饰。

大纸箱切割出“门”、“窗”，固定好“屋顶”，涂上彩色颜料装饰成“小房子”。

提供各种头饰图案，贴在较有韧性的纸板上，按轮廓线剪下，用订书机钉上松紧带，做成头饰（如图 4－26）。

把薄膜挂历纸裁剪成长方形，长度以适合幼儿腰围为宜。用剪刀沿同一方向剪开，头尾贴好，就成一条“裙子”。还可以把挂历纸裁成三角形，剪成三角裙，穿上它表演斗牛舞一定非常神气。

用松紧带将若干彩色塑料袋的提手串在一起，再将松紧带两头扎起成一圈，也能成为一条美丽的“裙子”（如图 4－27）。

将色彩鲜艳的玻璃绳系在松紧带上，撕成细丝作为“草裙”。也可用稻草等编结成“裙”（如图 4－28）。

把一张漂亮的挂历纸剪成四瓣或任意几瓣的大花，在花的中间剪一个大洞，套在脖子上即成一个漂亮的“坎肩”。

采集柳条或迎春花的枝条编成“帽子”、“腰带”、“裙子”，也可采集芭蕉叶制成“衣服”（如图 4－29）。

用旧挂历纸、皱纹纸、蜡光纸、糖果纸等制作一系列不同款式的“蝴蝶结”、“手镯”、“裙子”、“帽子”等（如图 4－30）。

用泡沫塑料磨成一个球体，中间戳一个洞，塞进一卷纸筒作柄，用红布包住球体，并固定在柄上，做成“麦克风”。简易些还可用一节竹筒当“麦克风”。

花篮：用雪碧瓶下半部制作花篮，上面缀些各种小花，也可用柳条和野花编织花篮。

节目单：用图示法表示，从左到右分别表示：黑猫警长；小白兔跳跳跳；秋天；我是一个大苹果。

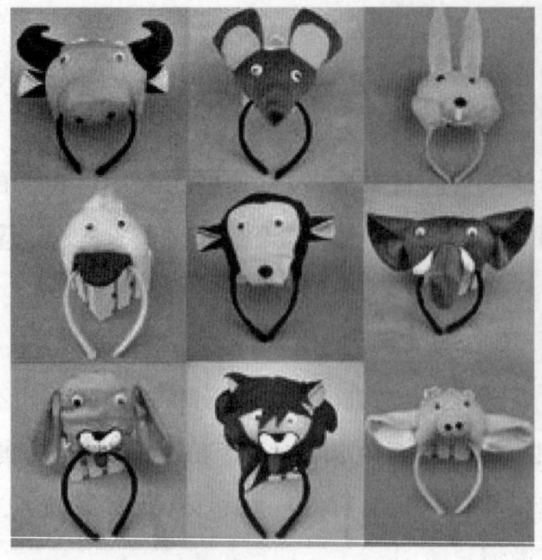

图 4-26　头饰

图 4-27　舞裙 1——裙子

图 4-28　舞裙 2——草裙

图 4-29　“柳条帽”

图 4-30　蜡光纸做成的帽子

（注：以上五幅图片来自四川隆昌石碾镇中心幼儿园）

2. 时装秀

时装是美和艺术的表现。幼儿穿着色彩鲜艳、款式活泼的童装，随着乐曲，迈着活泼轻快的步子，摆出各种优美而富有童趣的造型时，他们对美的感受和体验也得到真情流露。

幼儿表演的时装可以是自己身上穿的，也可是自制的。教师可以创造性地利用挂历纸、包装纸、报纸、竹圈、棕榈叶、树枝等自制“时装”（如图 4-31）。幼儿穿上这些富有特色的服装即兴表演，会有一种愉悦感和新鲜感。

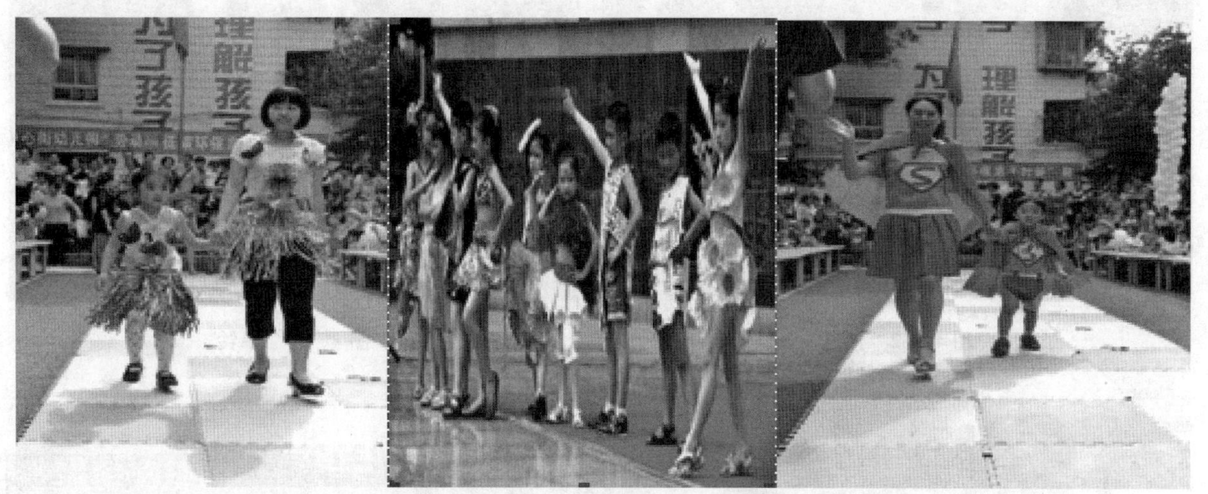

图 4-31　时装节（图片来自四川隆昌中心街幼儿园）

3. 节奏乐

打击乐器发出的不同音色和动听的节奏，往往会吸引许多幼儿参与活动。投放幼儿熟悉的乐器，让他们在敲敲打打的过程中，感知各种器乐的音色，复习各种节奏型。小班幼儿比较容易接受 2/4 拍的节奏，中班和大班幼儿可进行 3/4 拍和 4/4 拍的切分音、休止符等节奏练习。提供的节奏卡可用形象图表示，如“手”表示拍手，“脚”表示跺脚，“三角”表示三角铁，“铃”表示碰铃，使幼儿一目了然又饶有兴趣地看谱练习。中大班幼儿可以把学过的歌曲、乐曲用图示法整首展示在表演区内，或许幼儿会自行组成小乐队，推选出小指挥，像个乐队似地演奏乐曲。有时打击乐与歌舞结合起来集体自奏自演，会令幼儿欢乐无比。

打击乐器的种类很多，其制作材料有金属、塑料、木、竹等，它们发出的不同音色给幼儿不同的感受。除购买的乐器外，教师可自己动手，制作一些既经济实惠又体现地方特色的打击乐器。下面提供一些自制乐器的方法，希望能产生抛砖引玉的效果。

沙球：酸奶瓶、小可乐瓶、易拉罐、河蚌壳、带节竹筒等，装进小石子或豆子、粗沙、米粒等，然后将开口处用胶带密封（如图 4-32）。

串铃：将数个啤酒盖中间钻孔用铁丝串起（如图 4-33）。

钱鼓：取一直径约 15 厘米的毛竹圈作鼓环，在竹圈四周等距离横着锯三四个缺口，每个缺口安上两片打扁的啤酒瓶盖。

碰铃：将废旧的自行车铃盖焊上把儿，用小金属棒敲击，会发出悦耳的铃声（如图 4-34）。

响板：将白板纸剪成一个直径 15 厘米左右的圆形，对折成两个半圆，并在半圆内侧对应的地方各固定一个瓶盖或贝壳，在半圆外侧各固定一根能套住幼儿手指的松紧带，大拇指和四指分别套进去，一张一合地敲打。

双响筒：取直径 5 厘米、长 15—20 厘米的空心竹筒一段，在其中间钻孔安上把儿，左右两头分别锯出长短不同的缺口，用竹筷敲击即是双响筒的声音（如图 4-35）。

图 4－32　沙球

图 4－33　串铃

图 4－34　碰铃

图 4－35　双响筒

（注：以上四幅图片来自四川隆昌石碾镇中心幼儿园）

毛竹架：用六根棍子扎成两个三角架，将一根直径 10 厘米左右、长 2—3 米的毛竹放在架上，可供数个幼儿手持竹筷进行节奏练习；放置在户外，可供幼儿钻、攀、翻；挂上一块布也可做木偶小舞台；还可以做“娃娃家”的晒衣架或区与区的分隔。这对条件较简陋的农村幼儿园特别实用。架的高度、竹的长短，可根据实际需要调整。

“架子鼓”：将扁圆形铁盒（月饼盒、糖果盒等）的盒身支撑在三脚架上当“鼓”。将盒盖中心打一个孔，再用大铁钉做插销，从盒盖中心孔处插入支撑竹竿的空心孔内制成“钹”，即变成一组幼儿喜爱的“架子鼓”。也可将铝桶倒置做“鼓”，桶盖支起做“钹”成简易的“架子鼓”（如图 4－36）。

“编钟”：用大小不同的扁圆形铁盒盖打洞，从小到大依次串上线吊在架子上，组成一套“编钟”，用筷子敲打；或将竹筒、竹节、竹块当中吊起也可（如图 4－37）。

实物图形节奏卡：利用简单的形象，制作节奏型（如图 4－38）。

符号节奏卡：利用符号或等分号，制作节奏型（如图 4－39）。

形象节奏卡：画上手、脚、沙球、铃鼓等平面图形，提示幼儿通过拍手、跺脚或使用沙球、铃鼓来演奏，或用立体的大小不一的各种形象提示幼儿演奏（如图 4－40）。

图 4－36　架子鼓

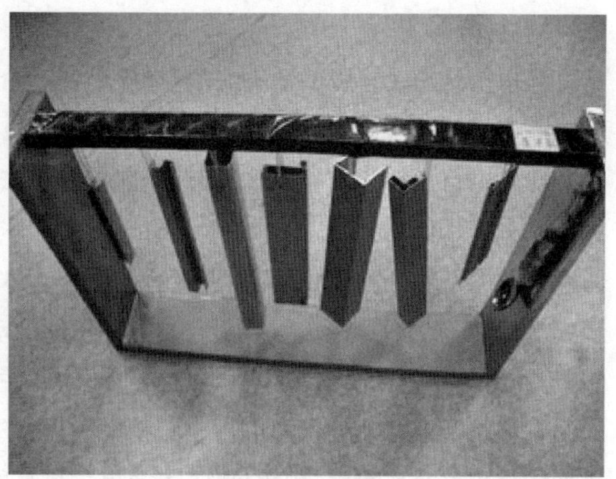

图 4－37　编钟

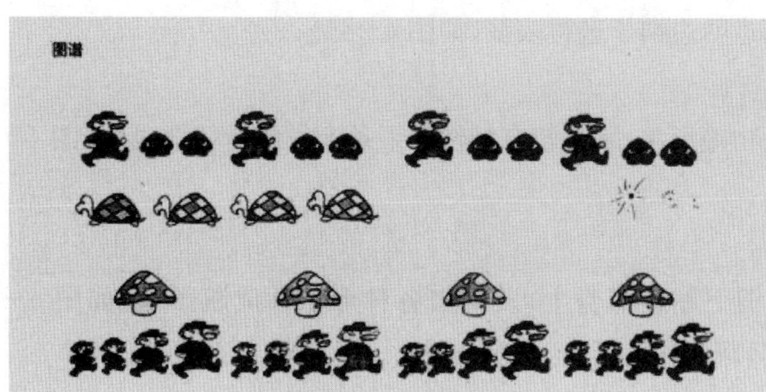

图 4－38　图形节奏卡

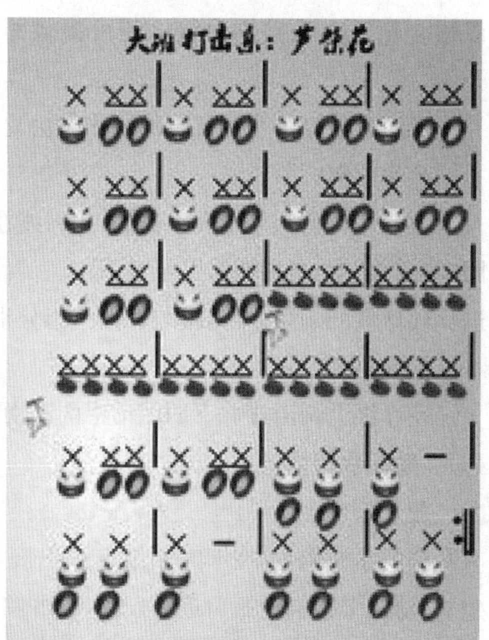

图 4－39　符号节奏卡

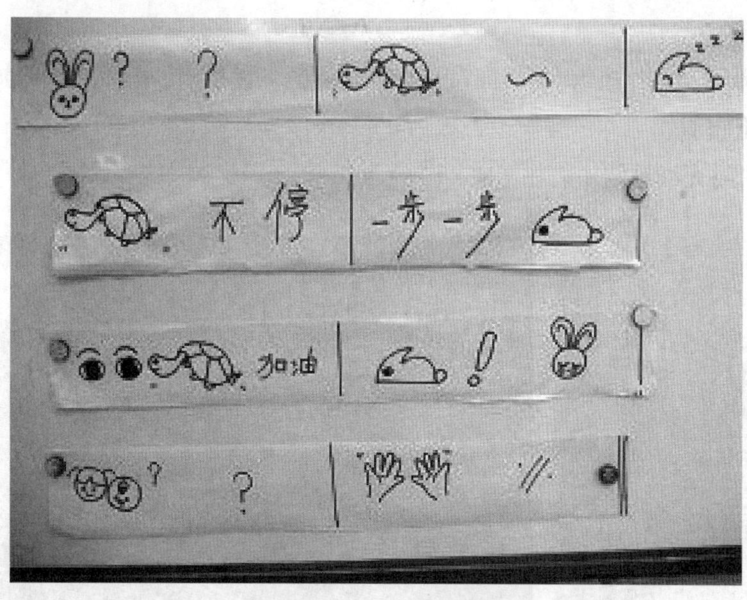

图 4－40　形象节奏卡

（注：以上五幅图片来自川南幼儿师范高等专科学校）

4. 木偶戏

玩木偶是幼儿喜爱的活动之一，只要制作一个木偶台，投放各式各样的木偶，他们就会自行操纵，绘声绘色地表演起来。

幼儿进行木偶表演，首先要掌握木偶的操纵法和表演技巧。

以布袋木偶为例，其操作一般是将食指伸进木偶的头部，操作头部的动作，大拇指与其余三指分别伸进木偶的左右两袖中，操纵木偶双臂的动作。木偶的表演技巧比较简单，一般点头表示同意，摇头表示反对，低头表示思考，拍手表示高兴等。木偶的动作可让幼儿自由表现，或配上形象生动的语言、优美的音乐，就可以表演得形象生动。年龄小的幼儿注重的是操纵木偶的兴趣，他们不一定要木偶台，举着木偶就可以唱歌、跳舞、讲故事。年龄稍大一点的幼儿，会用木偶表现部分角色和剧情，年龄较大的幼儿逐渐能分角色合作表演，想象创作，表演出一幕幕的木偶剧。

除购买木偶外，教师还可自制各种玩偶，如乒乓球偶、瓶子偶、毛线偶、信封偶等。玩偶的大小以适合幼儿小手操作为宜。还可提供材料，用自己制作的刀具，让幼儿自制木偶，如此将玩得更开心。

下面为您提供几种玩偶的制作方法及木偶台的设计。

乒乓球偶：

将乒乓球剪一手指大小的洞，用针线在洞的对边固定上毛线，做成“头发”，或用包装纸做成“帽子”固定在“头”上，再用即时贴纸剪下“五官”，贴在“脸部”即成。变成一件“小衣服”，即食指套进脖子再插进乒乓球偶的洞里，大拇指与其他三指分别套进两边袖子进行表演（如图 4 - 41）。

指偶：

在厚纸上画出或剪下旧图书中的动物、人物等形象，贴在较有韧性的纸条上做成指环即成（如图 4 - 42）。幼儿食指插进指环内进行表演。

瓶子偶：

塑料小瓶倒置，在即时贴纸上画出五官，剪下贴在瓶身上，装饰出各种形象即成瓶子偶（如图 4 - 43）。幼儿食指插进瓶口进行表演，也可像乒乓球偶那样再加上“小衣服”。

毛线偶：

用各色毛线织成各种形象的毛线偶（如图 4 - 44）。操纵方法类似乒乓球偶。

信封偶：

将信封剪成各种“人物”、“动物”头像即可（如图 4 - 45）。操纵时，大拇指与小拇指、无名指分别从左右两个弯孔中伸出表演。

木偶台：用木料或大纸箱制作成如图 4 - 46 的木偶台。

图 4 - 41　乒乓球偶

图 4 - 42　指偶

图 4－43　瓶子偶

图 4－44　毛线偶

图 4－45　信封偶

图 4－46　木偶台

（注：以上六幅图片来自川南幼儿师范高等专科学校）

5. *皮影戏*

皮影戏是中国民间戏剧艺术之一。传统皮影用兽皮制作，它通过灯光或自然光，将操纵下的“人物”、“动物”的影子反映到白幕布上，再伴以音乐或台词进行表演，与木偶戏有着异曲同工的效果。

皮影戏是通过影子来表演的，因此影幕必须临窗摆放，使台面背光，或台后开灯，光线由台里透出。屏幕所用的白布必须是比较透明的，操纵时皮影要尽量贴在屏幕上，影像才会清晰。

皮影的制作可用半透明的塑料板或白纸板制作。在板上画上动物、人物侧面的肢体部件，注意关节部分要留有连接处，然后将部件剪下，用针线缝制于躯干上，最后在手臂上安上操纵杆，即可操纵表演。

三、幼儿音乐表演区域的活动指导

在区域活动中，教师是观察者、引导者。我们支持、鼓励幼儿自发地探索和操作材料，根据幼儿在区域中的表现，随时给予一定的帮助、指导。我们建立区域活动常规，引导幼儿自主地进行区域活动，培养幼儿自主自律的能力。

1. *教师要成为幼儿表演时耐心的观察者和欣赏者*

在幼儿进行音乐表演区域活动时，教师应安静地观察幼儿的表现，了解他们的活动情况，反思所提供的音乐表演活动材料幼儿是否喜欢，观察幼儿在音乐表演活动中获得了哪些方面的发展，发现他们在活动中碰到了什么困难，又是怎样克服的。同时，教师不要过多干预幼儿的音乐表演活动。如果是幼儿有求于你，或是活动进行不下去了，教师才进行引导。否则，应该相信幼儿有能力自己解决问题，进而鼓励幼儿大胆进行尝试。只有这样，幼儿的各种能力才能得到锻炼，潜能才能被挖掘出来，幼儿也才能逐渐成长。

2. 教师要引导幼儿将音乐表演与主题活动相融合

教师要有目的、有计划地将幼儿的音乐表演活动与各种主题活动相融合，使幼儿在主题活动中学会运用各种乐器，学会表达自己的情感，学会感受音乐的美妙。例如，某老师曾开展过一个主题活动《美妙的声音》，在音乐区域所提供的材料随着主题开展的深入而不断丰富。第一阶段，老师提供了木鱼、拍子、碰铃、铃鼓等乐器，以及小猫、小狗、小熊等表演头饰、服饰和话筒。主要是让幼儿认识一些常见打击乐器的外形特征及演奏方法，并尝试为所学的歌曲进行伴奏。第二阶段，老师提供了锣、木鱼、拍子、碰铃、铃鼓等乐器，小红帽、大灰狼等表演头饰及服饰，各种大小不一、形状各异的瓶子。主要是让幼儿认识部分的打击乐器(锣等)，并尝试为所学的歌曲进行伴奏。同时，了解各种瓶子的音色，了解瓶子的高矮、大小与音色的关系。第三阶段，老师提供了锅、碗、瓢、盆等生活乐器。主要是让幼儿探索各种生活乐器的音色，并尝试为所学的歌曲进行伴奏。从以上三个阶段所提供的材料可以看出，存在着一个由浅入深、循序渐进的过程，各个阶段之间也存在一定的联系。幼儿的兴趣点由最初的随意摆弄，到后来的有意识合作，组成快乐小乐队，把演奏乐器当作一种快乐的情绪体验。

3. 要让音乐表演区成为幼儿音乐活动的延伸

音乐表演区域的创设，为幼儿平时的音乐活动提供了舞台和创设环境。每次活动结束后，老师可以结合活动内容，把相关的操作材料投放到音乐表演区，使音乐表演区成为幼儿音乐活动的延伸。同时，让幼儿进一步探索，尝试不同的音乐表现方法，学习与同伴协商、合作。幼儿在音乐区中既可以尝试在集体活动中无法表现的内容，培养其创造性、创新性，也锻炼了幼儿的组织、协调能力。

总之，幼儿音乐表演区域的创设和对表演活动的指导，对培养幼儿良好的音乐素养，以及促进幼儿智力因素与非智力因素的整体协调发展，有着积极的作用。

拓展练习

1. 案例分析：今天的区域活动，孩子们一个个都选择了自己喜欢的区角进行了游戏。几个孩子在科学区里玩着天平秤，几个孩子在数学区里兴致勃勃地玩起了穿木珠、数数游戏，还有几个孩子在棋类区里三五结队地下起了自制棋……小朋友们都在区角玩开了。可是一眼望去，今天的表演区里空无一人，这是怎么回事呢？是孩子们对表演区里的材料没兴趣，不想玩了吗？还是已经玩多了，不想玩了？可是这些材料还是比较新的，老师陷入了沉思……①

思考：如果你是这位老师，你该怎么做？

2. 请结合本班幼儿年龄特点，选择春、夏、秋、冬任一季节，拟订一份音乐表演区设计方案。

① 案例来自妈咪爱婴网幼儿园个案纪录分析栏目。http://www.baby611.com/jiaoan/yjzl/gean/2013/04/105307.html。

第六节　美工区的设计与指导

案例引导

这是一个大二班的美工区活动，活动内容有剪纸、橡皮泥、绘画、指点画等。大班幼儿自制力增强，都能很自觉地选择活动内容，没有出现争抢入区现象。幼儿各自忙碌，教师在一旁观察巡视。下面是某教师的指导记录。

师："你做的是什么啊？"教师对着一名正在捏橡皮泥的小朋友说。幼儿："做大饼。"师："小班的弟弟妹妹都会做大饼，你还做大饼啊？"（口气故作夸张）幼儿未给予理睬，教师也没多问。教师接着夸旁边一女生："嗯，你的萝卜很好，有眼睛、鼻子，真好看。"女孩子开心极了，继续工作。还有一女孩子在做花篮，师："花篮做得不错，要是再加上些花就更好了。"孩子笑着说："我正准备添些花呢。"师："好，待会我看看你的花篮最后是什么样子，我想它一定非常好看。"教师看完橡皮泥区，又到剪纸区、绘画区。"你剪的是什么啊？这么漂亮。""你这幅画是什么意思呢？""呵呵，兔子怎么会和花一样高啊。"（以上都是教师指导时的语言，教师时不时地摸摸幼儿的头，或给予一个微笑，或给予一个正面的肯定。）

教师的指导基本上是以语言介入，通常以询问开始，并时时给予肯定，增强幼儿的自信心，遵循着"观察→询问→评价"的方式。但有时候，教师的询问实质是没有任何意义的，例如，教师老是问："你在画什么？你正在干什么？"且不说是否干扰幼儿，单就这几句话来说，没有任何意义。教师指导的关键是要判断幼儿面临的困难是什么？幼儿是否遇到了困难？如果幼儿无法顺利进行活动，教师就要有意识地引导；幼儿反复进行无意义的活动时，教师也要干涉指导；当幼儿无所事事时，教师更应该进行引导。

红、黄、蓝，可以变幻出无穷的色彩，描绘出绚丽的画面。折、剪、贴可变化出不同的形状，组合出巧妙的图案，展现新颖的构思。幼儿园设立美工区，为幼儿提供绘画、手工等活动条件，对培养幼儿初步的感受美和表现美等能力具有很好的作用。本节将从幼儿园美工区的教育作用、美工区的设计方法与材料投放，以及对各年龄班美工区的指导进行阐述。

一、幼儿园美工区的教育作用

1. 学习观察和感受周围事物，并用美工材料表达个人情感和思想。

2. 为幼儿提供接触各种材料的机会，使幼儿了解各种材料的特性，学习利用工具进行立体造型活动。

3. 发展创造力、想象力和不拘一格的表现力，体验成功。

4. 训练小肌肉、手眼协调、发展操作解决问题的能力。

二、幼儿园美工区的设计

（一）活动的内容

在美工区内可以进行平面造型，如绘画（彩笔画、水彩、水墨画手指画、刷画、拓印画等）。自然材料（沙、树叶、蛋壳等）的剪贴、撕贴等；立体造型，如捏泥、和面团、黏土等；自然材料造型，如豆画、石画等；废旧材料制作，如用纸盒、易拉罐、纸杯等制作；以及结合节日活动制作装饰物，如彩杯、灯笼等。

小、中、大班的幼儿在观察力、表现力、想象力和创造力方面,以及使用工具和材料的能力上,都有着一定的差异。因此,在设计活动的内容和提供工具、材料时必须注意幼儿的年龄特点和实际能力。

美工区的活动必须具有趣味性,包括选材、活动方式等都应考虑是否能引起幼儿的兴趣,能否吸引幼儿积极地参加美工活动。

(二) 场地的设置

美工区是一个以操作为主的区角,需要设置在光线充足的地方,另外美工活动中常常用水,因此美工区也应接近水源,便于幼儿在活动中使用。

美工区是一个相对安静的区角,适宜与语言图书阅读区相邻。

(三) 材料的投放

各种纸、彩笔、颜料、剪刀、糨糊、橡皮泥等是美工区必备的材料。美工区的活动是丰富多彩的,美工的材料也是广泛而繁多的,需要教师花费时间与精力去收集、准备、提供,务求充实、充分。

1. 趣味画

调色:红、黄、蓝三原色像个魔术师,能演变出许许多多美丽的颜色,这些美丽的颜色,又能构成丰富多彩的画面。教师不妨为幼儿提供红、黄、蓝三原色颜料,让幼儿用滴管调配,或将颜料装在按压式瓶子里,让幼儿自由调配,观察颜色的变化。

染画:取一张方形生宣纸或毛边纸,对边折或对角折数次,用眼药水瓶吸上颜料,滴在纸上,还可把纸角或纸边放在水彩颜料中浸染,形成自然的浓淡过渡,待纸展开后即成一幅色彩绚丽的图案(如图 4-47)。

水墨染画:在清水中滴入不同颜色的油墨颜料,轻轻吹散浮在水面上的油墨,直到形成自己满意的图案,再把宣纸平稳地放在水面上,吸附水面上的油墨,然后轻轻拿起画纸,一幅奇妙的图案就形成了(如图 4-48)。教师可鼓励幼儿想象画面形象。

吹画:将颜料滴在纸上,再用嘴吹颜料,颜料四散开后形成一定的画面,再用手指点画,凭想象添补成一幅画(如图 4-49)。

牙刷喷画:将剪好的图样放在画纸上,用牙刷蘸少许颜料,在纱网或梳子的齿上刷,颜料溅出形成雾点喷在画纸上,稍干后,拿开图样,空白处即是图形(如图 4-50)。

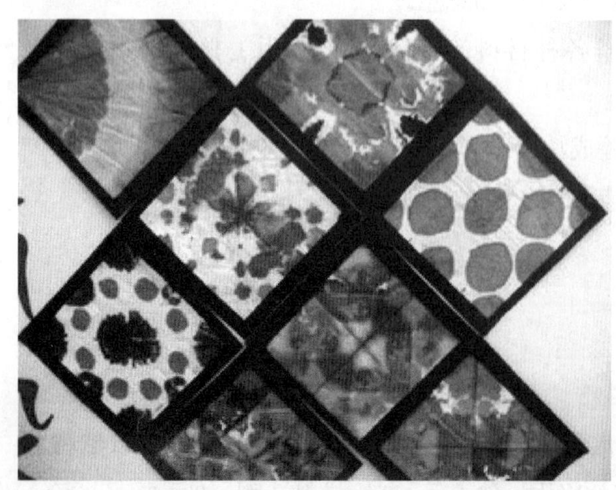

图 4-47 染画

图 4-48 水墨染画

图 4-49　吹画

图 4-50　牙刷喷画

（注：以上四幅图来自川南幼儿师范）

蜡笔水彩画：先用蜡笔在纸上作画，然后再用毛笔蘸水彩颜料涂盖在画面上。这种方法能衬出蜡笔线条，其画面效果胜过单调的蜡笔画（如图 4-51）。

掌画：用笔沿着手掌或脚掌的外形把手掌或脚掌描在纸上，再利用手掌或脚掌的形状或变化的掌形创意添画（如图 4-52）。也可让幼儿整个手掌均匀地蘸上适量颜料，轻轻地印在纸上或瓷砖墙事先画好的树干上，印出片片“小树叶”。还可让幼儿脚掌蘸颜料印在地上，待颜料干后，让幼儿顺着脚印走。

图 4-51　蜡笔水彩画

图 4-52　掌画

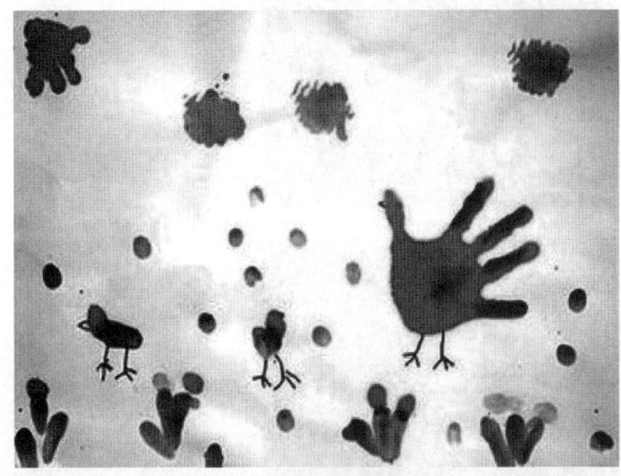

图 4-53　手指点画

图 4-54　折纸添画

（注：以上四幅图来自四川隆昌周兴镇中心幼儿园）

手指点画：教师在纸上画一棵大树轮廓，让幼儿用手指蘸上红色颜料，在树枝上点画果子。还可以用其他色彩点画葡萄、枇杷、杨梅、荔枝等。也可以用手指点画桃花、梅花、草地上的各种小花，还可以装饰蝴蝶的翅膀等。另外，巧用手指的正面、侧面点画，还可以点出许多可爱的小动物（如图 4－53）。

折纸添画：将折好的折纸作品（形象），粘贴在另一张纸上，再添画自己喜欢的图形组成一幅完整的画（如图 4－54）。

纸版画：在一张纸上先画形象的各部分，然后剪下来，又按其结构分别粘贴在另一张纸上，再用纱布包成的棉花球或小油滚蘸上油墨，然后再将另一张白纸覆盖在上面，用力抽打或滚压，揭开白纸，纸版画就成了（如图 4－55）。

喷洒印画：在一张白纸上铺盖不同形状和形象的纸片或一些自然物品（树叶、花）或生活用品（瓶盖、钥匙）等，用小木棒头拨动蘸有颜色的牙刷毛，于是颜色就喷洒在纸面上，当颜色全部覆盖在纸面上后，轻轻拿开压在上面的纸片或物品，喷洒印画就制成了（如图 4－56）。

图 4－55　纸版画

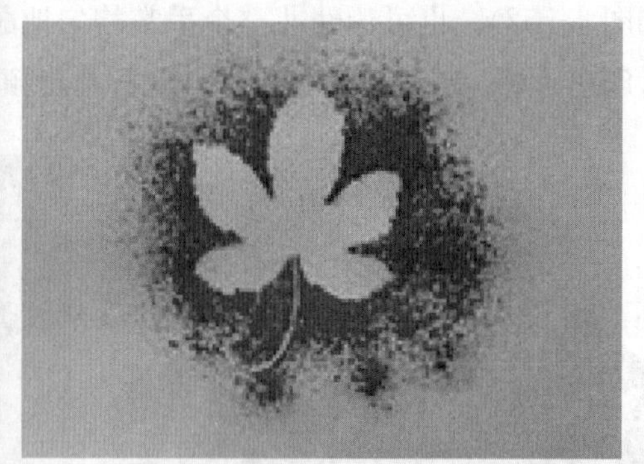

图 4－56　喷洒印画

（注：以上两幅图片来自四川隆昌周兴镇中心幼儿园）

印章画：将一些自然物品和生活用品（瓶盖、树叶、花等）和用橡皮、肥皂、莲藕、土豆、萝卜等制作好的图形，蘸上颜色，再盖印在纸上的画（如图 4－57、图 4－58）。

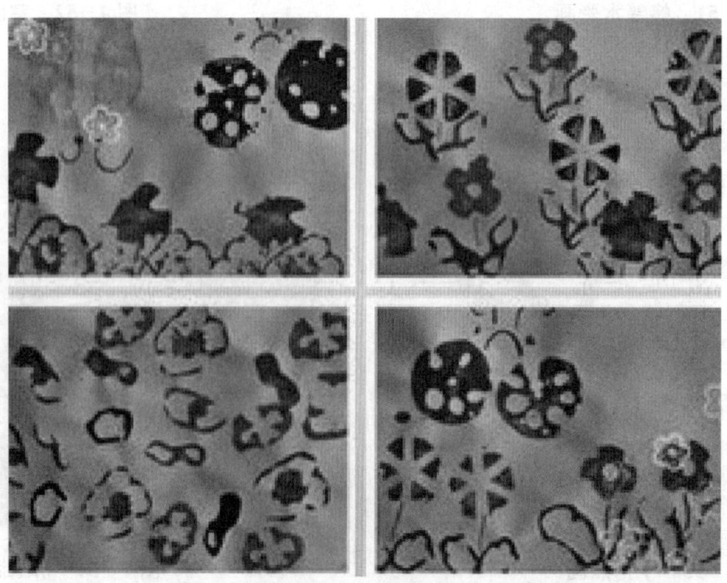

图 4－57　印章画

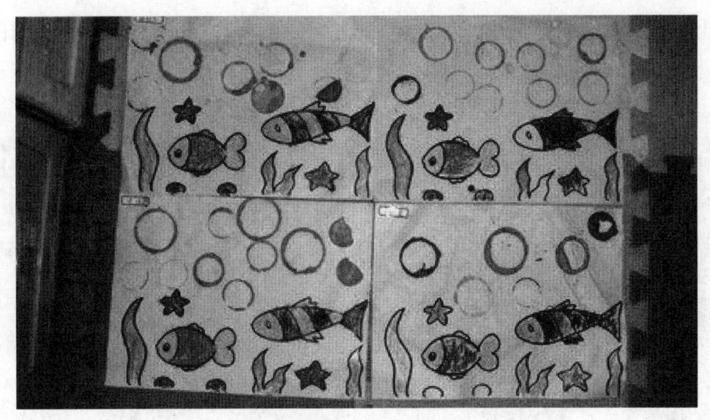

图 4-58　印章画

（注：以上五幅图片来自四川隆昌周兴镇中心幼儿园）

2. 手工剪贴

（1）泥工活动

从活动性质上说，幼儿园的泥工活动可分为：单纯的玩泥游戏，即无主题自由塑造；有主题的泥工学习与表达。从简单的形体，到有情节的多个物体组合，都是贴近儿童生活、令儿童喜爱的内容。

幼儿园泥工活动的材料有橡皮泥、多彩泥、自制面泥、陶泥等，因为便于操作与保存而被广泛使用。幼儿园也可根据自己的地方特色采用较为方便的泥工材料，如黄泥、黏土等，它们在塑造与操作的性能、技巧上都基本一致。

橡皮泥：一种人工合成的专供儿童使用的油性泥工材料，颜色丰富，易于造型。

多彩泥：一种人工合成的专供儿童使用的泥工材料，颜色艳丽，色彩可以互相调和而生成新的颜色，特别适合儿童游戏操作。但是，因为它的水质特点，保存时需要喷水密封，不然会变得干硬而难以塑造。

自制面泥：我国民间的面泥捏塑工艺历史悠久，用面泥塑造的形象细腻、逼真。幼儿园教师可以自制面泥作为儿童泥工的材料。制作方法是：小麦面粉或糯米粉加水，加凡士林油和水粉色揉成软硬适中的面泥，为使颜色艳丽、柔韧性好可以加适量的食盐。如果想反复多次使用，再加入适量的防腐剂。

陶泥：一般是用于专业塑造的泥工材料，泥质细腻柔软，可塑性极强，是最具有专业特点的泥工材料，除了捏塑还可以拉胚制作陶罐。有条件的幼儿园可以让幼儿体验陶泥操作的乐趣。陶泥作品需要阴干，干透后的陶泥，还可以进行彩绘，有价值的作品可永久保留。

（2）纸工活动

幼儿园纸工活动是以不同性质的纸为材料进行的游戏造型活动。幼儿手工活动的用纸范围很广，皱纹纸、宣纸、彩色卡纸、复印纸、瓦楞纸、包装纸、幼儿手工纸、废旧画报、挂历、报纸……在使用中要根据不同的内容来选取适合的纸材。比如，剪纸需要较薄的纸，染纸要用吸水性强的纸，折纸则需要既薄又有韧性的纸。

纸工活动较常用的工具有剪刀、胶水（胶棒、双面胶）、颜料等。

折纸：作为一种传统的幼儿手工游戏，孩子们喜欢它，从中获得想象力、创造力等能力的提高，还有助于树立幼儿的几何、数理观念，养成耐心、细致、按顺序工作的好习惯。折纸一般选用正方形的纸，也有的内容是长方形或三角形纸来完成的，有单张纸折叠，也有多张纸的组合折叠。

剪报纸：提供报纸让幼儿剪纸条，比比看谁剪得最长。可启发幼儿绕着报纸边螺旋式一圈一圈地剪，剪得越细才能越长，但要注意不能剪断。

剪窗花：将彩色纸边对边折或角对角折数下，然后在边缘剪去规则或不规则的图形，展开后即是一朵美丽的窗花(如图 4－59)。

图 4－59 剪纸

图 4－60 树叶剪贴

(注：以上两幅图片来自四川隆昌周兴镇中心幼儿园)

剪图案：收集旧的挂历、图书、包装盒等，将它们的美丽图案剪下来，可用作拼图讲述或环境布置。

撕轮廓：将水果、动物、汽车、数字等图案用缝纫机沿轮廓扎一圈，然后供幼儿沿着扎过的痕迹撕下来，可作教具或学具。撕纸作品生动稚拙、粗放夸张，具有独特的美感。

折剪纸：中大班可以通过折叠剪纸的方式增加剪纸的乐趣，增强剪纸的丰富性。可以进行对称折剪、圆形纹样的折剪、四角形纹样的折剪、三角形纹样的折剪、五角形纹样的折剪、六角形纹样的折剪、二方连续纹样的折剪、四方连续纹样的折剪，还有节日拉花、彩篮等的折剪。

(3) 其他材料的手工粘贴

树叶剪贴：带领幼儿采集各种树叶，根据树叶的形状、大小、颜色展开合理的想象，通过拼、剪、贴，在画纸或彩纸上贴出形象的画面(如图 4－60)。

麦秆粘贴：将麦秆或芦苇秆按图形需要拼剪、粘贴成画(如图 4－61)。

图 4－61 竹签、棉签粘贴

图 4－62 种子粘贴

(注：以上两幅图片来自川南幼儿师范高等专科学校)

苍耳子粘贴：苍耳子表面有钩刺，易于附着，不妨采摘一些成熟的苍耳子让幼儿在纱布或绒布上粘贴出图案。为增添美感与色彩表现力，可用水粉颜料将苍耳子染成各种颜色。

果壳、贝壳、种子粘贴：花生、瓜子和山里的许多果壳都是粘贴的好材料。将这些果壳天然的造型加以巧妙利用，就可以创造出生动形象的美术作品(如图 4－62)。如，取栗子壳一半用白乳胶粘贴“鸟窝”；用瓜子壳粘在纸上添画小蝌蚪的尾巴；用笋壳或树皮粘贴成“屋顶”、“树干”等。

锯末粘贴：将木、竹的锯末或糠壳染上各种颜色晒干装在透明的塑料瓶中，瓶盖留一小孔备用。作画时分别将图案上的相同色块一次性涂上白乳胶等黏合剂，撒上相应颜色的锯末并盖上一张纸，轻轻地压一压。稍干后，抖掉画面上多余的锯末装回同色塑料瓶中回收。以同样方法再进行其他色块图案的操作，直至整个画面完成（如图 4－63）。此方法还适用于以细沙、泡沫塑料等细小颗粒状的材料作画。

蛋壳粘贴：剥去蛋壳内的薄膜，将蛋壳捣碎，着上各种颜色，然后粘贴在画有轮廓线的图内装饰成画（如图 4－64）。

毛线粘贴：五颜六色的毛线是粘贴的好材料，将毛线进行弯、卷、盘、拉之后，再粘贴在纸上作画，其画面效果立体而又逼真（如图 4－65）。

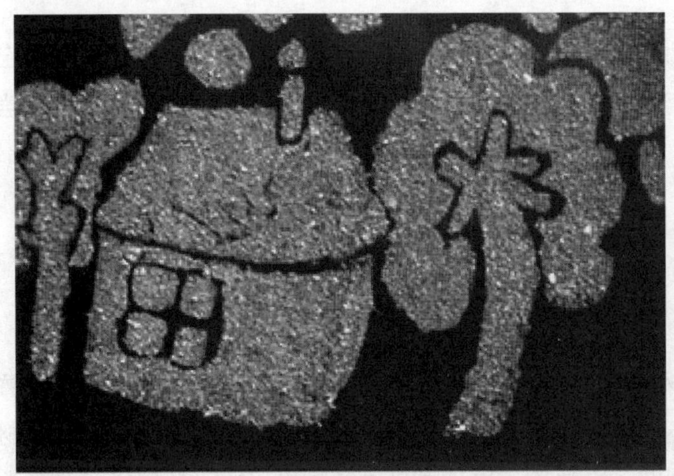

图 4－63　锯末粘贴

图 4－64　蛋壳粘贴

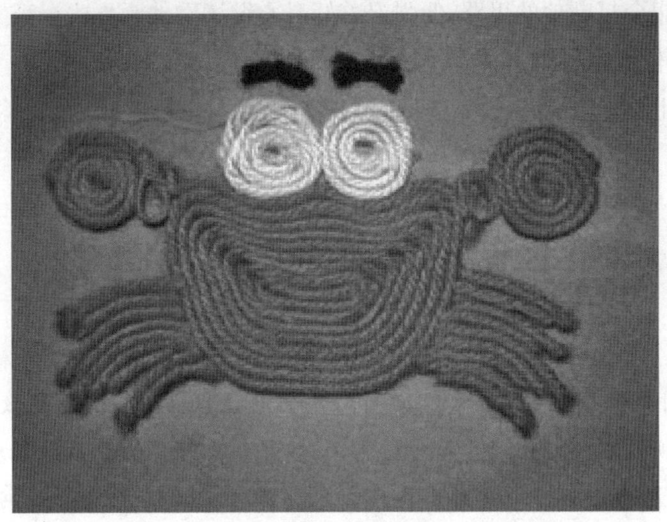

图 4－65　毛线粘贴

（注：以上三幅图片来自四川隆昌周兴镇中心幼儿园）

三、各年龄班美工区的指导

与正规的美术教育活动相结合，美工区的活动更重视幼儿操作的过程和参与的意识。在美工区内应着重于鼓励、指导幼儿发挥想象力，进行创新。但让幼儿发挥创造力，不等于不进行技巧方面的指导。熟练准确地使用工具可以让幼儿更好地发挥创造力。

1. 小班

小班幼儿的小肌肉发展尚未成熟，因此他们的美工活动多围绕感知运用色彩进行。教师不应苛求他们做到画面整洁、涂色均匀，这样会使他们畏首畏尾，不敢大胆地绘画与创造，对他们的指导应着重于萌发他们的绘画兴趣和大胆作画的信心，以及教给他们一些使用工具、材料的方法与技巧，教师在这一时期需要进行一些直接的指导与示范，帮助幼儿掌握正确的操作方法与技能。

2. 中班

中班幼儿已经掌握了一定的使用工具、材料的方法和表现的技巧，这时教师应着重指导他们如何充分使用工具、材料和发挥技巧，减少直接的指导，并积极鼓励他们发挥想象力，创作出与众不同的作品。

3. 大班

大班幼儿的操作能力、表现能力、创造能力都有了较大的提高。在此阶段，教师应放手让幼儿自己活动，当有一种新的活动内容出现时，教师不要急着教幼儿应如何如何做，应先让幼儿自己去探索、尝试，教师只以辅导者的身份观察幼儿的活动。在适当的时候给予支持和帮助。

拓展练习

1. 案例分析：美工区一直是孩子喜欢的小天地，我根据主题活动"认识自己"的需求，在环境中设置了"画画自己"这么一个栏目，并根据幼儿的不同需要在这个小天地里投放了镜子、纸、油画棒等工具材料。画自己，孩子们可感兴趣了！郭子明小朋友一边画还一边自言自语："嘴巴、牙齿(照照镜子又画)、眼睛(在眼睛两边各画三条横线)。"我觉得奇怪，为什么孩子从画嘴巴入手，为什么在眼睛两边各画三条线呢？我想问他，但一想会打断他的思路，便强忍着好奇心继续看他画下去……

思考：如果你是这位老师，你将怎样指导幼儿？

2. 请结合本班幼儿的年龄特点，任意选择一个节日为主题，拟订一份美工区设计方案。

第七节　阅读区的设计与指导

案例引导

为了让幼儿有随时接触图书的机会，以提高幼儿的自主阅读能力，大多数幼儿园都在活动室设置了阅读角。然而，教师们常常抱怨，尽管自己在阅读角的布置上花费了很多精力，但阅读角却还是难以吸引幼儿。一般，在幼儿阅读中常常会出现以下问题：有的幼儿不了解书的封面、封底，放书时不知封面朝上；有的幼儿没有整理书本的习惯；看书时有的幼儿有抢书、卷书的现象；有的幼儿看书大声说笑或是胡乱翻书，不能坚持读完一本书就走了。那么，如何创设能吸引幼儿的阅读角，以最大限度地发挥阅读角的作用呢？[①]

3—8 岁是幼儿阅读发展的关键期。3—5 岁幼儿喜欢看图；5 岁左右是幼儿开始由看图发展到识字，是幼儿的阅读启蒙敏感期；5—7 岁，应该进入大量识字的阶段；8—10 岁，应该进入自由流畅阅读的

① 华爱华.浅谈幼儿园图书角的建立[EB/OL].山东学前教育网，http://www.sdchild.com/jyyj/qyhd/2012-10-18/8507.html.

阶段。在经历了幼儿期识字、由图向文字的转变、初步建立阅读兴趣的基础上，小学中年级，孩子应该进入他一生中第一个，也是最重要的一个黄金阅读期。这是每一个人在其一生中，由于生理、心理、教育的发展，存在着一个最佳阅读时期，如果错过了这一时期的大量阅读，将会给孩子的成长造成难以弥补的缺憾。美国教育家霍利斯-曼说："一个没有书的家就像一个没有窗的房子。"幼儿园作为孩子成长的乐园，自然应该为孩子创建这扇窗户，为幼儿阅读提供良好的阅读场所，培养幼儿良好的阅读习惯，激发幼儿的阅读兴趣。我们应该如何创设阅读角来满足幼儿阅读的需要，促进幼儿的阅读发展呢？

一、阅读角的创设

我们遵循《幼儿园教育指导纲要(试行)》中所说"引导幼儿接触优秀的儿童文学作品，使之感受语言的丰富和优美，并通过多种活动帮助幼儿加深对作品的体验和理解"去创设和利用幼儿园的阅读角，努力创设出共享化、亲切化、自然化、人性化的阅读角。

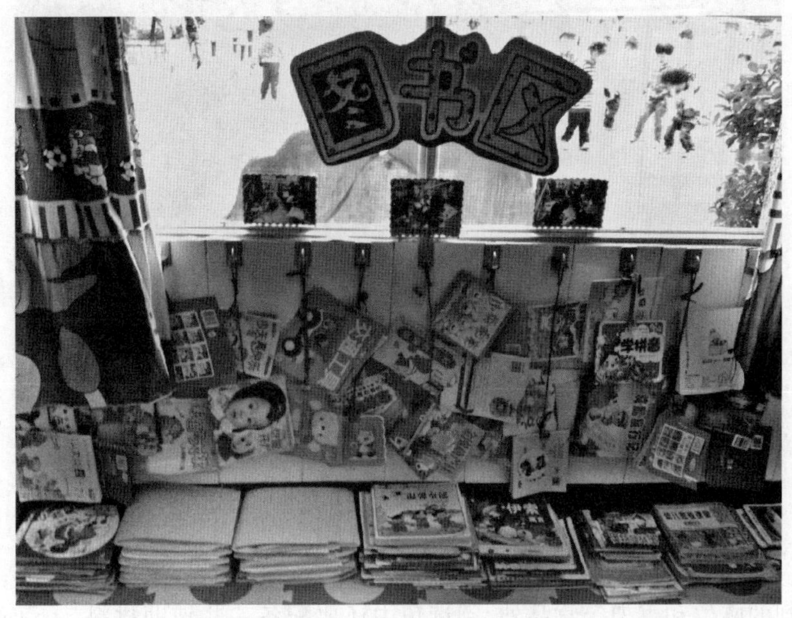

图 4－66　图书角(图片来自四川内江市第一幼儿园)

(一) 阅读角位置的选择

理想的阅读角应该具备四个基本条件：安静、光线充足、在幼儿视线范围内、空间适宜。阅读需要心灵的平和，选择安静的角落有利于幼儿静下心阅读，养成阅读好习惯。设置阅读角需要与表演区、娃娃家等比较嘈杂的区域分开。一般来说，阅读角适合在建构区旁、靠近窗户、光线较为充足的角落。

为了有效地吸引幼儿阅读，阅读角的设置要注意就近原则，也就是将阅读角设置在幼儿的视线范围内。所以阅读角通常会配备与幼儿身高相适宜的书架。①

阅读角随时随地能召唤幼儿前去阅读，唤起幼儿在阅读中美好的回忆，促进幼儿频繁进入读书角阅读。

阅读角的空间以容纳一位成年人加两三名幼儿同时阅读为佳。如果幼儿的年龄小、班级人数少，阅读角的空间越小，反之则越大。同时，阅读角的大小还和活动室大小相关，活动室大阅读角则大，活动室小阅读角则小；如果活动室很狭小，教师就要发挥自己的创造力，将封闭的阳台、走廊的死角等设计为阅读角。

① 教育部基础教育司. 幼儿园教育指导纲要(试行)[M]. 北京：北京师范大学出版社。

(二) 阅读角材料投放

当阅读角的位置设计好以后，教师就应该做好材料投放的准备。

1. 座位

可为幼儿提供各种舒适的座椅或坐垫，比如可爱、舒适的小椅子，厚而软的地毯块或大枕头。提供给托班幼儿的座位还应考虑安全因素。舒适的座位可让幼儿产生像在家中阅读一样的感觉，从而吸引更多的幼儿进入阅读角阅读。

2. 书架

可根据需要，摆放各种类型的儿童书架（如悬挂式书架、可移动的书架、立式书架等）和储物柜来陈列和储存图书。书架最好摆放在边界处，起到分割区域的作用。

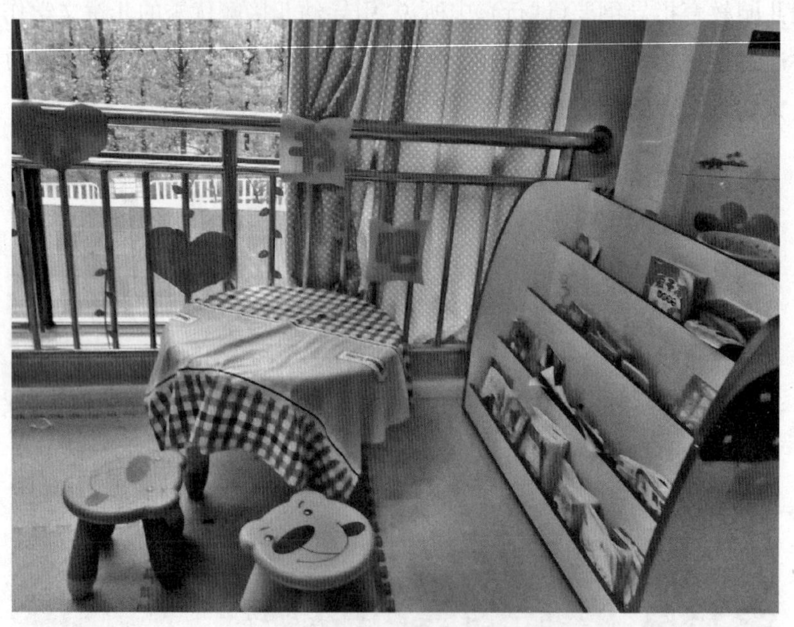

图 4-67　图书角（图片来自四川隆昌莲峰幼儿园）

3. 辅助材料

除了上面提到的座位和书架等物品外，阅读角中还要配备一些辅助材料。下面列出一些在阅读角中有助于幼儿学习读写的材料：阅读角登记册，可以记录幼儿进入阅读角阅读的次数、时间、所阅读的图书等信息；故事磁带，可供幼儿听故事、儿歌；手偶或毛绒玩具，可供幼儿进行故事表演；纸笔，可供幼儿涂画、书写用；图书之外的其他文字材料，如书单、文字标识等，可以增加幼儿对文字的敏感性。

(三) 图书的选取

不同家庭背景、不同认知基础和喜好、不同年龄层，使得幼儿对图书有着迥异的需要。在阅读角，教师可以投放形式多样、功能各异的阅读材料。但是，不管怎样，图书都应是阅读角的主角。在选择图书时，除了要考虑幼儿发展水平、与课程的结合等基本因素外，还应考虑以下可能影响阅读角作用发挥的关键因素。

1. 图书的数量

国外相关研究表明，在一个班级中每个幼儿至少应拥有 5—8 本图书。但是，需要提醒教师注意的是，不要把所有的图书一次性陈列出来。因为过多的图书会增加幼儿的选择难度，使他们疲于选书而疏于阅读。所以，在图书上架之前，教师最好能按主题将图书进行分类。然后，一次只展示几个主题的图书，并且保证每周更新一次。关于一次摆放多少图书，有一个公式可供参考，即图书的数量应是允许进入阅读角的幼儿人数的两倍。也就是说，如果是可以同时容纳 4 名幼儿的阅读角。那么书架上至少应有 8 本书。

此外，教师应注意图书的更新，但不要一次性全部更换成新的图书。图书最好每周部分更换，要尽量保证有幼儿熟悉、不太熟悉、不熟悉三类图书在书架上。教师最好能做到“每周一大换、三天一小换”，根据实际需要补充图书或根据自己观察到的每本书的受欢迎程度考虑是否将它更换下来。用于更换的图书可能来源于班级自己的书库、幼儿园的图书室，也可能是教师从公共图书馆借来的，还可能是教师家中的私人珍藏，或是幼儿家长提供。

2. 图书的品质

高品质、适合幼儿发展水平的图书能起到开卷有益的作用。那么，怎样在繁复芜杂的书海中选到好的图书呢？总的来说，供幼儿阅读的图书要求故事有趣、文字优美、细节丰富和信息真实准确。

(1) 提供离幼儿生活较近，容易读懂的经典名著。如《安徒生童话》、《格林童话》等；我国的古代诗歌《鹅》、《春晓》和现代歌谣；现代儿童文学家金波、杨红樱的作品。

(2) 提供多学科的知识类图书。历史、哲学、科学、宗教、艺术等多学科的，具有丰富内涵的图书。如《妙想科学》、《什么是什么》、《亲亲自然》、《轱辘轱辘转》等。

(3) 提供经典的幼儿期刊。如《幼儿画报》、《儿童绘本》、《幼儿智力世界》、《嘟嘟熊》等。

(4) 选择图书时主要依据当时班级活动的主题，目的是将阅读活动与其他区域的活动联系起来，同时，培养孩子在书本中寻找所需信息的习惯，这种习惯对儿童日后“搜商”（除智商、情商之外的第三种“商”，也就是通过搜索电子资源、图书资源等寻找自己所需信息的能力）的形成起着至关重要的作用。例如，如果本周活动以昆虫为主题，阅读角的图书则大多和昆虫相关。阅读角会摆放与昆虫相关的配有精美插图的科学读物、以昆虫为主要角色的童话或故事书和以昆虫为主题的诗歌及儿歌类书籍。教师会在一周活动开始之前，在所有幼儿面前大声朗读阅读角里的一本以蝴蝶为主要角色的童话书，通过精美的图片和有趣的故事情节，帮助孩子了解蝴蝶的外观和生活习性，并且启发他们展开关于蝴蝶的想象，从而更好地完成绘画作品。

图 4-68　图书角(图片来自四川绵阳小岛幼稚园)

（5）提供幼儿亲子自制绘本。亲子合作自制的绘本最能体现孩子的思想，最能促进同伴阅读互动，最能融入更多的情感和创造力的读本。

二、阅读角使用的指导要点

创建阅读角的很重要，但更重要的是如何指导幼儿使用阅读角，使之对读书角保持长久的兴趣，从而促进幼儿的自主阅读，培养幼儿的阅读兴趣和养成良好的阅读习惯。所以，有效地利用阅读角是每位教师应该掌握的能力。

（一）新书发布会

舒适的环境和有趣的图书是吸引幼儿进入阅读角阅读的必要条件，但是如果想让他们常常进入阅读角，并能长时间停留在阅读角，那就要让阅读角富有新鲜感。教师可以每天邀请一名幼儿来介绍自己带来的图书，老师介绍阅读角添置的图书，并将精彩片段有情感地朗诵表演出来。从而激发幼儿的阅读兴趣。也可以适当制作阅读角“小广告”，鼓励幼儿在阅读角使用玩偶讲述故事，让幼儿分享在阅读角创作的书写或绘画作品。

（二）制定阅读和借书规则

建立阅读规则时，教师可以根据本班幼儿人数、阅读角面积大小、图书数量，确定一次允许进入阅读角的幼儿数。在创设阅读角之前，教师还可组织幼儿讨论，集体制定阅读角阅览规则。与成人制定的规则相比，幼儿更乐意遵守自己制定的规则。教师可将幼儿制定的规则制成醒目的标贴，张贴在阅读角的墙壁上，以时刻提醒幼儿自觉遵守。教师还可以建立图书借阅制度，让幼儿把他们喜欢的图书带回家，同家人分享或者进一步自主阅读。这样做，既可以在一定程度上弥补家庭图书资源缺乏、图书类型单一的不足，也有助于增加幼儿在家庭中的阅读时间。

（三）各类活动的适当衔接

阅读不是固定的时间进行，它可能是随机或是指定的，教师要学会利用各种机会让幼儿到阅读角去寻找答案。如教师可以将集体教育活动中问题留在阅读角中，让幼儿通过到阅读角阅读寻求最后的答案。也可以在绘本教学中，将绘本的部分内容或是结尾部分保留，让幼儿自己到阅读角找到绘本去寻找最后的结尾。又如在表演区中，幼儿为了准确扮演交通警察，可能会回到阅读角寻找有关交通警察的图书。在自然角，幼儿如果正在研究小蝌蚪，可能会突然想起在阅读角看到过的有关小蝌蚪的图书，并返回阅读角重新阅读这本图书。

（四）共同阅读

在幼儿的自主阅读中，陪着孩子一起阅读，通过教师的自身行为，潜移默化影响幼儿，同时在共同阅读中，培养幼儿良好的阅读习惯，对幼儿不懂的地方予以及时指导，增长幼儿的阅读时间、提高阅读能力。

（五）及时肯定，大胆表扬

教师认真观察幼儿在阅读角的表现，对常去阅读角的幼儿、在阅读角阅读认真的幼儿要及时肯定他们，并在班上大胆表扬，以榜样的力量带动更多的幼儿到阅读角。

(六) 理解阅读的功能和价值

教师要通过不断强调阅读的重要性,从而帮助幼儿深刻地理解阅读的价值。比如,教师可以在阅读角中和幼儿聊聊自己为什么喜欢读书;当幼儿在阅读角阅读时,教师也可以拿起自己的专业书聚精会神地读一会儿。良好的行为示范不仅可以让幼儿感受到教师对阅读的热爱,同时也可以加深他们对图书功用的理解。在活动中发现幼儿精彩表述的时候,可以问他:“这些你是从什么地方知道的?”从而让幼儿明白阅读的价值。

(七) 观察并评价幼儿读写能力的发展

阅读角为教师提供了一个观察和评价幼儿读写能力发展的平台。教师可采用轶事记录法,简要记录幼儿在阅读角中的行为和一些重要事件。记录的内容可包括阅读角中发生了什么、发生的时间以及可用于指导幼儿读写的信息。比如,可以简单地记录一下幼儿翻书的方向是否正确;可以记录一本总会引发幼儿兴趣、吸引幼儿去阅读的图书。这些记录或许比较简短,但非常有价值。根据这些信息,教师可以进一步改进阅读角创设,使其更加适合幼儿的发展。同时,它也是向家长说明并展示幼儿读写能力发展的重要根据。

(八) 开展展示幼儿阅读成果的精彩活动

教师通过不同层次的阅读成果展示,以体现幼儿的阅读成就,提升幼儿对阅读的兴趣。如每日展示“开讲了”、“我是小主播”、“成语故事我知道”等;每周展示“推荐一本好书”、“故事王大赛”;学期展示“亲子读本自制大赛”、童话剧表演大赛等。

三、制订开展创建“班级图书角活动”方案

(一) 明确活动时间

每个图书角的确定应该将时间设计出来,因为不同的时间段有不同的要求,图书角是班级区角活动的一个组成部分,它要根据不同的要求进行不同的变化。

(二) 制定“班级图书角活动”目标

(1) 以班级图书角活动(丰富的图书)引导幼儿看书,培养幼儿阅读兴趣,养成良好的阅读习惯,学会一些阅读的方法和技能。

(2) 以活动来促进家长对早期阅读的重视,以利于在幼儿园阶段甚至之后的时间,坚持点滴的早期阅读能力的培养。在培养幼儿阅读兴趣和阅读能力上,主要是把方向定位于提供相应的环境和提高家庭亲子阅读之上。

(三) 开展班级图书角活动的方法和步骤

1. 不同年龄阶段的班级图书角创设不同

(1) 在小班阶段,根据孩子的年龄特点投放生活类的绘本和认物纸板书,如《佐佐木洋子的小熊系列》,小朋友从生动的图画和简单的文字中体验着如何交朋友,如何拉便便,如何和他人问早……幼儿总是重复地询问认物纸板书上的内容:这是什么动物?这是什么?这样的书不仅直观地把物品展现在孩子面前满足他们的好奇心,而且质量厚实,能经受初翻图书的小手的高频率地翻阅。

(2) 在中班,可以投放和孩子互动的百科“翻翻书”、发展细节观察力的视觉系列图书和更多的故事

类绘本。“翻翻”书由于书中带有很多暗藏的小翻页，促使孩子们每翻阅一页就仔细寻找里面暗藏的内容，每每翻开小翻页就像发现了宝藏似的，充满着喜悦；视觉系列的图书，让处在对细小事物敏感的孩子，几个一小堆地凑在一起，在密密麻麻的图案中找到“1把钥匙、两个纽扣、3个回形针”等，找到了就听到一阵欢呼……

(3) 在大班，孩子们对各种文化科学知识都充满好奇，图书角除了继续更新内容，还增添了百科类图书，数学类、手工类图书。如《揭秘地球》、《揭秘海底》、《儿童百科全书》、《动物百科全书》、《宇宙百科全书》、《热带雨林全景书》、《数学绘本系列》。

2. 给孩子自主阅读的时间和自由

每天，孩子们在三餐后，及班级自由活动时间进入图书角看书。看书时鼓励孩子自主阅读。看什么书，每页看多久，都由孩子自己决定。

3. 设定借书日

让孩子了解什么是借书还书，定出了借书日。每周四为班级的借书日，孩子们可借阅自己喜欢的图书回家，归还后再借阅其他书籍(后来由于孩子们的需要，借书时间增加为每周一/周四为借书日)。教师制作了《乖乖班图书借阅登记表》，在每一本班级图书上贴上了乖乖班标记贴，幼儿借书就在登记表上相应名字和时间后打“√”，还书后再记上“○”。这样教师能够在班级人数多的情况下也能快速做好借还书的登记，不会增加工作量。

4. 通过多种方式向家长传递早期阅读的重要观念

通过开展关于幼儿早期阅读的调查、对家长朋友的开展亲子阅读的重视度调查，可以发现大部分家长都重视对幼儿早期阅读的培养，同时也发现家长们对阅读的作用认识不一，在提供幼儿家庭阅读环境和家庭亲子阅读上的重视程度不够。这提醒了我们要开展图书角活动，必须从家长工作入手。

实例4－17

《图书漂流》活动方案

活动目标：

1. 让每一本书共享，让“知识因传播而美丽”。
2. 分享藏书，以书会友，撒播书香，传承文化，掀起读书热潮。
3. 达到资源的最佳利用。

活动口号：

漂流书香　漂流知识　漂流美丽

活动对象：

所有教师和所有幼儿

活动时间：

9月12日—12月26日

活动流程：

1. 将漂流的图书进行包装

(1) 将每本图书封面粘贴“漂流标识”。

(2) 每本书的扉页上粘贴“图书漂流书签”。

(3) 在图书的背面贴有“漂友卡片”，阅读过此书的漂友可以将自己的信息填写在卡片上。

2. 悬挂、张贴“阅读节”活动的条幅、宣传报等，创设“图书漂流站”(校的设在阅览室一角，组或班级的老师自己创设)，营造浓浓的阅读和漂流氛围。

3. 在9月13日上午进行“图书漂流”的宣传工作，并向老师发放漂流的图书，以“清荷”和“小荷”为代表。

4. 图书漂流进行中

(1) 每位老师限领一本漂流书，并且在“漂友卡片”上签下自己的名字和联系方式，要爱护书籍，并精心保管，保证遵守图书漂流活动规则。

(2) 图书漂流后，老师和孩子们可以自行“转漂”(将已经读完的漂流书继续漂流下去，也可以放在指定的漂流书架上换取其他的书来读)。

(3) 每一个参与者都叫漂友，漂友的责任与义务是保证图书的完整与回归，负责监督身边一切正在漂流的书是否按照漂流的流程来进行漂流。

5. 12月底“停漂”后，幼儿园行政根据图书记载的传阅记录，进行一个图书排行榜，并公布于宣传栏，供大家借鉴交流。为中心各园间的图书漂流打基础。

漂流要求：

1. 针对教师

(1) 每位成员每月至少读一本书。

(2) 成员每阅读一本书，必须在每一本书上留下只言片语。可以是对某一句话的，也可以是对整本书的感悟等。将只言片语直接记在书上(在留言前写上幼儿园名称+名字的缩写，如 xtyzqh，请书写字迹端正，避免潦草不清)。

(3) 班主任组织好班级孩子的图书漂流。可以是班级内、平行班内等。

2. 针对幼儿(家长)

(1) 每位成员至少推荐一本好书，由班主任统一管理。

(2) 孩子每周至少阅读一本图书，家长每周至少和孩子共读二小时。

一个规划合理、材料充足的阅读角可为幼儿读写能力的发展提供多方面的支持。温馨舒适的环境、高质量的阅读材料和精心的规划，可使阅读角成为活动室中最受幼儿欢迎的区角。

拓展练习

1. 幼儿园阅读角应具备的四个基本条件是什么？

2. 观察幼儿园一班级阅读角，简要评价该班阅读角的优缺点。

3. 自定年龄班，根据幼儿园阅读角的设置要求，设计该班阅读角的投放材料、借阅规则、后期活动。

参考文献

[1] 李会敏，侯莉敏. 幼儿园区域游戏概念辨析[J]. 基础教育研究. 2006：2—50.

[2] 印怡隽. 浅谈幼儿园区域游戏[EB/OL]. 嘉定教育网 http://www.jd.edu.sh.cn/jdjyw/.

[3] 吴彩萍. 幼儿园区域游戏情境化的思考与实践[EB/OL]. 全国中小学教师继续教育网[J]

[4] 幼儿园区域设计与指导. 中国幼儿教师网. 园长之窗[J]. 2013(3).

[5] 教育部基础教育司. 幼儿园教育指导纲要(试行)解读[M]. 南京：江苏教育出版社. 2002(9).

[6] 教育部基础教育司. 3—6岁儿童学习与发展指南[M]. 北京：首都师范大学出版社，2012.

[7] 梁周全，尚玉芳. 幼儿游戏与指导[M]. 北京：北京师范大学出版社，2014.

[8] 黛安·翠斯特·道治，劳拉·柯克，凯特·海洛曼. 幼儿园创造性课程·下[M]. 吕素美，译. 南京：南京师范大学出版社，2012.

[9] 邱学青. 学前儿童游戏[M]. 南京：江苏教育出版社，2010.

[10] 霍习霞. 学前儿童游戏——原理与指导[M]. 上海：华东师范大学出版社，2013年4月.

[11] 李季湄、冯晓霞. 3—6岁儿童学习与发展指南解读[M]. 北京：人民教育出版社，2013.

[12] 么娜、胡彩云主编. 幼儿游戏活动指导[M]. 上海：华东师范大学出版社，2014.

[13] 李建君. 区角儿童智慧的天地[M]. 上海：上海社会科学院出版社，2011.

[14] 李建君. 区角新视界操作篇大班[M]. 上海：少年儿童出版社，2013.

[15] 李建君. 区角新视界思考篇[M]. 上海：少年儿童出版社，2013.

第五章　幼儿园园级公共区域活动设计与指导

学习目标

1. 学习幼儿园运动区域活动设计与指导。
2. 了解幼儿园科学发现室的设置与指导。
3. 了解幼儿园阅览室设置及与活动指导。
4. 学习感觉统合相关理论，了解感统训练室设置与指导。

名言语录

一束赞许的目光，一个会心的微笑，一次赞许的点头，都可以传递真情的鼓舞，都能表达对孩子的夸奖。

——张石平

第一节　户外运动区的设计与指导

案例引导

图5-1　多功能水池(图片来自浙江省宁海县跃龙中心幼儿园)

一个小小的碗形水池，玩法如此多，它不仅成为教师组织区域活动的好法宝，还是孩子们心中快乐的宝地，真是“小空间，大运动”！

同学们，请大家结合这个案例，带着问题“运动区活动与户外活动之间的关系”进入这一节的学习。

一、幼儿园户外运动区的概念及教育功能

（一）幼儿园户外活动存在的问题

《幼儿园教育指导纲要（试行）》指出：幼儿园应开展丰富多彩的户外游戏和体育活动，进一步培养幼儿积极参加体育锻炼的积极性，并提高对环境的适应能力。然而目前的幼儿园户外活动却普遍存在以下三个问题：

（1）户外活动的阶段性目标不明确，较随意；

（2）户外活动内容较单一，缺乏层次性、自主性和生活性；

（3）户外活动材料单一，以大型玩具及器械为主，创意玩法和一物多玩的材料较缺乏，对孩子缺乏吸引力。

（二）幼儿园户外活动存在的含义

户外运动性区域活动（简称“运动区”），是教师根据主题目标，有计划地创设与主题相关的环境，让幼儿按照自己的意愿和能力自主选择、自主游戏、自我探索、自我完善的运动性活动，也是一种师幼互动的双边户外活动。

（三）幼儿园户外活动意义

运动区是幼儿园体育活动的一种特殊形式，也是幼儿园体育活动组织形式的补充，能有效地改解决外活动的问题，其功能主要体现在以下五个方面：

1. 贯彻“健康第一”的《幼儿园教育指导纲要（试行）》思想

“健康第一”是幼儿园教育的指导思想，运动区能以身体练习为主要手段，安排合理的运动负荷，从锻炼幼儿的身体和培养幼儿的自觉自主、团结协作、人际交往能力着手，以全面增进幼儿身心健康把幼儿身心健康、社会适应的目标与活动内容、组织方法及评价有机地结合起来。

图5-2　户外草坪（图片来自江苏徐州国基幼儿园）

例如：

交通区——（不同类型的车、加油站、休息站、交通指挥岗）锻炼幼儿大肌肉和协调能力的同时，培养不同年龄段幼儿的规则意识、交往能力。

野趣区——环境（水、小路、菜地、小水壶等）的创设与幼儿生活密不可分。

这两个运动区充分体现了幼儿园"健康第一"的指导思想。

2. 充分发挥幼儿的主体地位

《幼儿园教育指导纲要（试行）》强调"以幼儿发展为中心，重视幼儿的主体地位"。运动区是一种能促使幼儿自主合作和探讨的活动区域，能激发幼儿参与的兴趣，获得积极情感体验，要尊重幼儿的年龄与个性差异，注意活动内容与器械的选择，使每个幼儿都积极投入活动中。

例如：

球区：不同大小的球适合不同年龄的幼儿；不同高低、大小的篮筐适合不同发展水平的幼儿；幼儿自由选择一对一、二对二等不同人数的组合进行对抗小比赛；

图 5－3 好玩的轮胎（图片来自四川攀枝花市实验幼儿园）

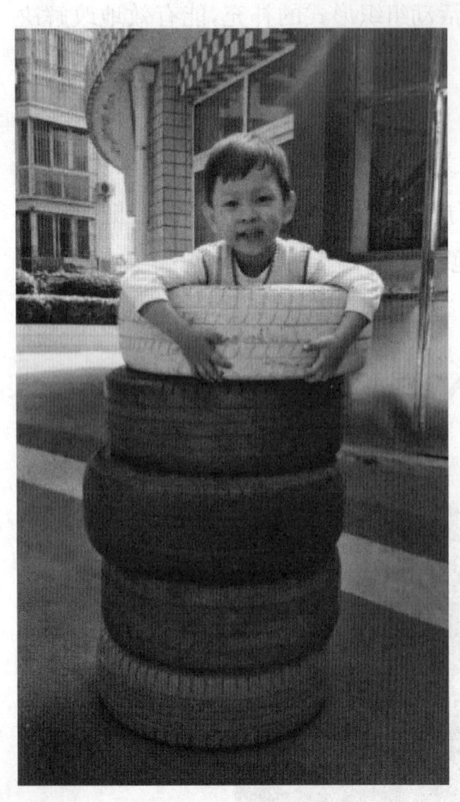

图 5－4 好玩的轮胎（图片来自四川攀枝花市实验幼儿园）

轮胎区：幼儿自由地用轮胎组成各种运动形式，有的把轮胎叠起，有的从上跳下，有的把轮胎竖起可从中间钻等，在不同程度上体现了幼儿在活动中的主体地位。

3. 突显幼儿积极的情感体验

运动区相比户外活动，更加重视幼儿的情感体验，使幼儿在活动中能够得到较大的愉快体验和心理满足。

在获得愉快和成功的情感体验的前提下，教师既能培养幼儿参加体育锻炼和终身体育的意识与习惯，又能够根据幼儿的生理与心理特点和运动技术水平、技能形成规律选择活动内容，组织实施活动。在活动中随处可见"友伴分组"、"合作讨论""师幼互动"等活动方式，使幼儿在活动中得到心理满足。"玩有目的，乐有所得"，使幼儿在活动中学会"做人"、"生活"、"学习"和"合作"，让童心、童趣充分地发挥，享受着运动区独有的运动魅力。

4. 发挥器械功能，提高幼儿身体协调能力

器械是运动区的必要条件。安全、实用、新颖的器材会为幼儿的运动兴趣、运动能力、运动经验创造环境，提供条件，从而强化幼儿的基本动作、协调能力，发展幼儿的思维，促进幼儿的智商发展。

图 5－5　户外器械(图片来自江苏徐州国基幼儿园)

图 5－6　户外器械(图片来自四川绵阳小岛幼儿园)

图 5－7　户外器械(图片来自上海市浦东新区好儿童幼儿园)

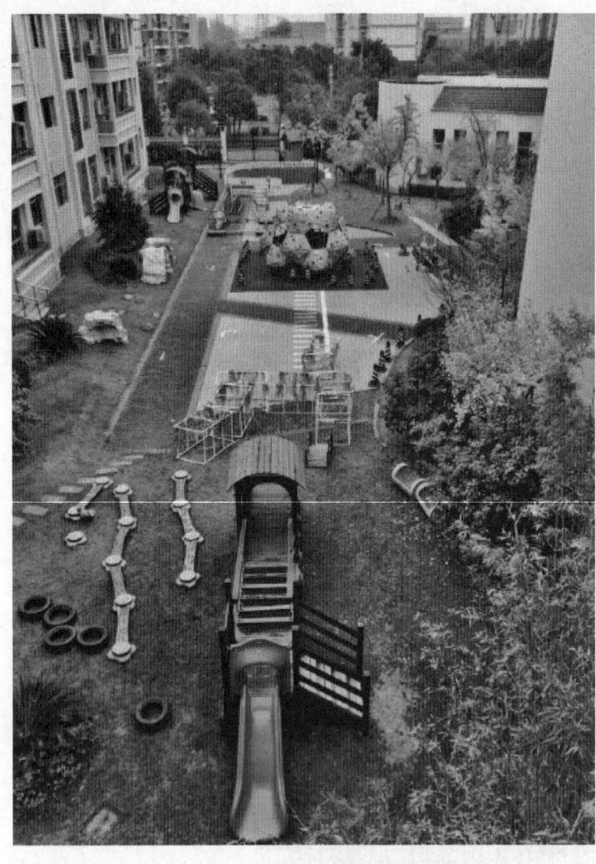
图 5-8 户外器械(图片来自上海市浦东新区好儿童幼儿园)

例如：

“竹制区”：竹梯可抬、爬、走、钻；竹架可攀爬；竹桥可走……幼儿可尽情发挥自己的想象力。

5. 组织形式和组织方法多样化，利于幼儿社会化

运动区可从单一的整班流动、整年级流动活动转变为全园性混龄活动。这一大改变，不仅使幼儿有自由选择区域、伙伴的机会，同时，年龄稍长的幼儿对弟弟、妹妹们起了榜样的作用，弥补了独生子女骄气、自私的不足，为独生子女的社会适应性和个性健康发展打下扎实的基础。同时有利于幼儿熟悉各区域的器材、玩法，促进每个幼儿在原有的基础上得到提高。

二、制定运动区目标

户外运动区的目标规划应科学系统，应将运动目标逐层分解在学期、月、周计划中，尊重和满足幼儿个体的运动需要。

1. 科学分解学期、月目标

制定目标时，应避免机械地参考《幼儿园教育指导纲要(试行)》中的健康领域总目标，导致分解的目标不符合各年龄段幼儿的发展水平，出现目标的颠倒或混乱情况。尽量和学前教育体育专业教师、园内教师一起讨论、实践，将总目标按“走、跑、跳、投掷、钻、爬、平衡七个方面进行在园四个年龄段”的目标分解，为教师制定学期运动性区域活动目标提供操作性较强的参考目标，实现根据幼儿不同的年龄特点和发展需要进行具体和适当的分解。

2. 合理搭配周、月目标

在制定运动区活动的周或月目标时，要和集体体育活动目标联系起来，互相促进。为了充分发挥运动区对户外活动的补充和巩固作用，应实行周目标的审议制度。

(1) 预设目标

以主题为单位，在一个主题开始前，由骨干组教师根据学期关键目标，结合当前主题内容，分解月、周中的大目标和小目标，大目标多落实在集体体育中，而小目标则落实在运动区中，更注重层次目标的挖掘。

(2) 评价目标

当一个主题结束时，全体教师分年龄段对预设目标的完成情况作集体研讨，交流各自的观察记录及反思材料，并将修改意见充实到目标中，使预设目标更趋成熟。通过目标审议，运动区的目标性及实效性就更强了。

三、选择运动区内容

户外运动区具备体育基本特征的走、跑、跳、投掷、站、爬等运动形式，其组织形式灵活，在选择活动

内容时更应考虑其生活性和趣味性，重视幼儿的兴趣爱好和情感体验，回归幼儿的生活世界。

1. 传承、创新民间游戏

在民间游戏的基础上进行改编，如斗鸡、炒黄豆、丢手绢、跳皮筋、跳房子等，在组织形式上也十分适合运动性区域活动。同时，丰富的民间劳作，也能较好地成为幼儿园中的运动内容。

2. 挖掘日常生活资源

家庭是幼儿主要的生活场所，家庭的日常资源中也蕴藏着多种丰富的运动资源，如父母与幼儿的骑大马、穿爸爸妈妈的大鞋、用床单抓小鱼、拿个拖把当巫婆等，充分依托家长资源，教师们有效挖掘其教育价值，设计成符合幼儿年龄特点的趣味性区域活动，以生活内容进行改编，使其受到孩子们的喜爱。

3. 融合特色主题活动

在运动区活动内容的挖掘中，应适时拓展幼儿园中的日常主题活动，如奥运、赛龙舟、放风筝等，孩子们在活动中体验到了竞技带来的运动快乐与成就感。

四、户外运动区场地和材料的投放

1. 户外运动区场地的创设

注重幼儿运动空间和运动区域的创设需巧开发巧利用。通过地面发散、立体开发、空中延伸、共享互动等方式，充分挖掘园内资源，激发幼儿的运动兴趣。

(1) 地面发散

开发园内角角落落，使之成为功能迥异的运动区域，充分利用小空间，建设成统感训练区、悬垂区、轨道车区、玩沙区、运动器械自取区等。

图 5-9　户外器械(图片来自四川绵阳小岛幼儿园)

(2) 立体开发

借助幼儿园已有的柱子、墙面、树木等，可精心打造为立体式的运动区域。

(3) 空中延伸

楼顶“冲关我最棒”运动区的创设，为幼儿开辟了一块综合运动区域。教师们根据幼儿动作发展的需求，创造性地开发了多种运动器械，并借鉴“冲关我最棒”的模式，把各种运动器械组合配置，达到综合锻炼的目的。

图 5-10 攀岩墙(图片来自四川绵阳小岛幼儿园)

(4) 共享互动

所谓“共享”,即体现环境的巧妙整合,实现了小空间使用率的最大化。

图 5-11 户外器械(图片来自四川隆昌幼儿园)

2. 户外运动区材料的投放

在户外运动性区域活动中,多样化材料的提供十分重要,幼儿园受办园经费等多方面因素制约,不可能经常添置或更换大型玩具及运动器械。因而,自制区域材料成为一种较好的方法和途径。但在制作时应注意两个方面。

(1) 制作方法求合力

在收集材料时,应从多方面入手,各种废旧材料、半成品材料经过加工后均能成为孩子们区域活动时的宝贝。教师在材料的制作中更多是担任设计师,家长、后勤工作人员、幼儿都是材料的制作者,并确定制作时间、场地等。

(2) 制作要求讲“五性”

① 层次性。就是根据幼儿的不同发展水平提供不同层次的材料,从而满足不同发展水平需要和个体发展差异,使每个孩子都能满足运动的欲望,并在原有的水平上有所提高,获得成功体验,增强自信心。

例如,下肢动作的练习器材有高低不同、难易不同的“木桩桥”、“独木桥”、“梅花桩”等,练习跳跃的

“跳起触物”、“圆形跳床”、“跳箱”……可以满足大中小班各年龄段幼儿的需要。

② 可变性。即材料的多功能性，提供的材料要一物多玩，有利于充分发挥幼儿的想象力，培养幼儿的自主性。

例如，“百变皮筋”，孩子们可以拿着皮筋跳跃，或两根皮筋连在一起变成蜘蛛网，围着“蜘蛛网”转，在网下钻、爬，在网上跨、跳，变成陀螺转到圆心等，利用皮筋的伸缩性可创新更多玩法，锻炼幼儿钻、爬、跳跃、平衡等运动能力。

③ 情境性。幼儿以形象思维为主，年龄越小这一特征越明显。在创设运动区时创设一个游戏情境，以调动幼儿活动的积极性。

例如，“投篮”运动区可设置为一个“森林和狼堡”，悬挂着灰太狼和红太狼的头像，幼儿扮演小羊站在羊村将炸弹投向狼堡（练习投远），每棵树上设置网兜，供幼儿投准。幼儿被这样充满情境性的环境吸引着，参与运动的积极性自然高涨。

④ 暗示性。遵循开放、有序的原则，让幼儿自主选择材料，自己摆放、整理、归类，在材料、场地上摆放标签、标记，以养成幼儿物归原处的良好习惯，培养独立性及责任感。

五、户外运动区不同群体的指导要点

《幼儿园教育指导纲要（试行）》提出，教师要“尊重幼儿个体差异，因人施教，努力使每个幼儿都能获得满足和成功”。在运动区的环境创设中，应努力做到根据幼儿的不同运动水平，为幼儿提供富有层次性的运动器材。

1. 根据不同年龄段的年龄特点，提供具有层次性的指导

（1）小班运动区，强调教师的支持，重视幼儿基本动作的学习。

例如，通过不同难度的钻爬类游戏材料的设置，练习幼儿“钻、爬、跨”的基本动作，可在平地上放置大小不一的“山洞”、平地上摇晃的“山洞”（悬挂高低不同的呼啦圈）、平地上的“小门框”让幼儿练习侧钻等。

（2）中班运动区，强调教师的引导，重视幼儿自主性的培养。

例如，设置高低不同、宽窄不同的板凳，大小、长短不一的木板，通过器材本身的变化或组合，给幼儿自主选择的空间，激发出幼儿的积极性。

（3）大班运动区，强调教师的观察，重视幼儿合作性的培养。

例如，玩攀爬游戏，可以设置一个竞技规则，分组参与，突出结果，让幼儿体会合作的重要性。

2. 依据幼儿性格特点调整指导策略

幼儿的性格差异会体现在运动中。性格活泼、外向型的幼儿在运动中表现得比较积极、勇敢。内向型的幼儿在运动中比较胆小、拘谨，不善于表现自己，常常跟在别人后面行动。在相对具有挑战性的运动中，大胆的幼儿更引人注意，那些胆子较小的幼儿就容易被忽略。教师应该多关注那些内向、胆小的幼儿，采取鼓励和帮助的方式，让他们增强自信心。

实例 5-1

完成动作：板凳间隔横放，幼儿依次跳板凳，直到到达终点。

年龄班：中班

熊老师（男教师）正确示范动作之后说：“愿意先试试的孩子到前面来。”于是，一些幼儿走到队伍前面，他们大多是平日里活泼、胆大的幼儿，有男孩，也有女孩。这部分幼儿勇往直前，连续往前跳，直到终点，满脸的兴奋。排在这些幼儿后面的多是一些平日里安静、较内向的幼儿，他们跳跳、停停，再跳跳、再

停停，在不停的调整中挑战完全程。

俊熙、子瑜、林欣几个平日里安静内向的幼儿站在场地一侧看着在板凳上跳来跳去的同伴们。熊老师上前招呼他们："你们也来试一试。""我不玩"，幼儿边说边往后退缩。"怎么了？""我害怕。""别害怕，熊老师会保护你们，很安全的。"几个幼儿在熊老师的鼓动下踏上了板凳，与此同时，熊老师调整了一下板凳之间的距离，对幼儿说："距离变小了，很简单的，试试吧！"在跳的过程中，俊熙有时会不由自主地伸出小手，这时熊老师会及时地扶他一把。一轮结束，熊老师问："感觉怎么样，是不是挺简单？""是呀！""再试一次，这次自己独立完成。"熊老师鼓励他们。第二轮，几个幼儿在尝试过程中不时侧身看看熊老师，熊老师用鼓励的眼神看着孩子们说："加油，你没问题。"第三轮，熊老师请班上活泼胆大的力涵、袁诚当小老师，带胆小的幼儿跳第四轮、第五轮，幼儿越跳越勇，板凳间的距离逐渐调整为原来的距离。

从实例 5－1 中，我们可以看出，幼儿在不断的尝试过程中，已经在自我克服害怕的心理了，一旦他们尝到了成功的滋味后，就会对活动产生极大的兴趣。而外向型的幼儿常常比较善于表现自己，教师可以借助他们的力量带动胆小的幼儿，如正确示范动作、当小老师等，将他们的运动热情传递给其他幼儿。同时，教师可采取让两种性格类型的幼儿相互合作的方式，让他们自主尝试调整运动环境、合作游戏。如改变器材摆放的位置、适当加大难度等，进一步激发幼儿的运动热情。

3. 依据幼儿体能特点设计具体的练习方案

从幼儿的活动情况可以看出，体能状况不同的幼儿的运动状况有较大差异。同样的活动，体能状况较差的幼儿已累得气喘吁吁，而体能状况好的幼儿的活动量还得不到满足，他们还能不停地创新玩法，一直处于兴奋状态。因此，针对体能状况好的幼儿，教师可以适当延长其运动时间，也可以在活动前后让他们帮助教师搬运器械、整理活动场地等，这样，他们的体能就能得到释放。对于体质较弱的幼儿，教师应注意给予科学的呵护，既要让他们得到锻炼，又要考虑其适当的活动量。

实例 5－2

走过钢丝桥

完成动作：双手抓握上端钢丝，双脚踩在下端钢丝上，身体后仰，横向移至另一端。

年龄班：大班

这个动作对幼儿而言是一个挑战，完成该动作需要一定的力量和耐力。"教官"熊老师下达"训练任务"："今天咱们'小士兵'要挑战一个新本领，像蜘蛛侠一样挂着走过钢丝，能顺利完成任务的'小士兵'可以参加之后的'解救人质'活动。'小士兵'们需要连续走过两段钢丝桥，并且努力做到不掉下。""小士兵"们开始练习。挑战几分钟后，幼儿状态百出：有些幼儿走得很顺利，走两段钢丝桥一气呵成；有些幼儿走走停停；部分幼儿败下阵来，嚷着没力气了，走不动了；还有少部分幼儿还在继续玩，不停地甩手，有些气喘吁吁……面对幼儿发展进程中的差异，熊老师提出了建议：让走走停停的幼儿尝试坚持走完两段钢丝桥再休息；让感觉累的幼儿和一些气喘吁吁的幼儿暂时停止游戏，到"体能站"休息、喝水；不累还想继续玩的幼儿就继续挑战钢丝桥的新玩法。20 分钟后，一些体能状况好的幼儿玩出了其他花样，他们完全不知疲倦。

因此，实例 5－2 中的活动设计应做一些调整才更科学。如针对体能状况较差的幼儿，教师在设计该活动时，可以将走钢丝和动作较缓和的一些活动相结合，如"钻山洞"、"过小桥"等，一是避免单调，二是运动呈现起伏状态，对于幼儿体能的释放更具合理性，还可以通过适当休息或转换角色来缓解疲劳，避免出现运动强度过大造成的运动安全问题。同时，针对幼儿体能状况较好的情况，在进行有关力量和耐力发展运动时，教师可以选择引导幼儿参与搬运物体、投掷沙包、攀爬、游泳等活动，提高幼儿的身体素质。

4. 设置游戏情境，激发女孩的活动兴趣

在运动区活动中，大部分女孩不太敢于尝试力量型的动作。如攀登一定高度的攀爬墙，在摇晃的“钢丝桥”上俯身爬过桥，顺着柱子往上爬等。这主要是因为这些力度较大的动作对女孩来说的确难度较大。为此，教师应有意识地激发女孩的兴趣，设计符合幼儿年龄特点的游戏情节。

实例 5-3

勇攀轮胎墙

完成动作：攀爬至3—4层的轮胎墙，拍响悬挂在墙上的铃铛。

年龄班：大班

熊老师正确示范动作要领，强调手脚如何协调攀登后，鼓励幼儿开始挑战先上场的是男孩们，大多数男孩很踊跃，个别男孩有运动困难，需要熊老师的带动、帮助。其间，熊老师鼓励男孩们成为“蜘蛛侠”，并且如果拍响铃铛完成任务就可获得一枚奖章。男孩们一脸兴奋，成功率高达90%。轮到女孩们上场了，少部分女孩跃跃欲试，大多数女孩有些勉强，有的女孩问熊老师：“我非要登吗？”熊老师摆了一个造型，喊了一声：“出发！”女孩们开始乐呵呵地往上攀登，有几个女孩站在轮胎墙下不动，我走过去询问她们：“准备好了吗？蜘蛛侠们，可以上去试试了。”一个幼儿说：“我怕疼！”另外两个说：“欣桐说我们一起玩别的，这太不好爬了。”我问正在攀登的幼儿：“手疼吗？”“不疼，戴上手套就不疼了。”这时，熊老师走了过来，拍了拍她们的肩膀说：“来，和勇敢的熊老师一起来当蜘蛛人！”熊老师活泼有趣的话语显然调动了几个女孩的兴趣，她们虽然还有些犹豫，却也高高兴兴地戴上手套跟着熊老师勇攀轮胎墙去了。这一轮下来，女孩们的成功率将近75%，在之后的自由攀登中，女孩们参与率明显高出20%。

再次组织攀登轮胎墙活动时，熊老师调整了策略，组织了一次“寻找宝藏”活动。将水晶石头以及小布绒玩具放在3—4层的轮胎里，将幼儿平均分成两组，在规定时间内找到“宝藏”多的一组为胜方。结果，每个幼儿都积极参与到活动中。

如案例中的学当“蜘蛛人”，生动形象又具趣味性；以合作比赛的游戏形式开展活动，也能更好地激发幼儿的兴趣。教师还可以采用评选全能小明星等方式鼓励女孩参与各项运动。案例中，熊老师是一名男教师，也有他的优势，男教师能给予幼儿更多的安全感和运动力量。

拓展练习

1. 幼儿园户外运动区的教育功能有哪些？
2. 分析以上案例，该区域活动设置遵循哪些原则？
3. 见习一班级区域活动，简要评价该班区域内容和活动材料。

第二节　科学发现室的设计与指导

案例引导

某小学附属幼儿园有6个班级，在园幼儿200人，该园设有科学发现室一间，位于幼儿园顶楼的西南角，由原来的一间保管室改造而成，室内环境基本维持了保管室的原状，面积约20平方米，仅一道门和一扇窗，室内摆放了一些原来保管办公用品的柜子和办公桌，柜内摆放了一些废旧的纸张、泡沫、木块、铁丝、磁铁等作为幼儿探究科学的材料，桌面上摆放了一些教师制作的科学玩具，幼儿起初对科学发现室充满好奇，但幼儿去过几次该科学发现室后就失去了兴趣甚至根本不想去。由于位置不变，条件较差，教师都不愿组织幼儿到该科学发现室中进行科学探究，园长出于安全因素考虑，也不提倡使用该科学发现室，因此，该科学发现室常年处于荒废状态。

幼儿为什么对该园的科学发现室失去兴趣？应该如何创设幼儿园的科学发现室？科学发现室日常该怎么管理？组织幼儿到科学发现室进行科学探究时要注意些什么呢？

一、科学发现室概述

科学发现室，又称科学活动室或科学探索室，是在幼儿园一间专门的活动室内投放各种科学仪器和材料，供幼儿探究科学的场所。与班级内的科探区相比，科学发现室的空间更大，材料更丰富，幼儿可以选择的材料更多，可以进行的探究活动也更多。

二、科学发现室的设置

1. 基础设施建设

(1) 面积：生均不小于1.8平方米，建议科学发现室的面积在70平方米以上。

(2) 位置：科学发现室应保证最佳建筑朝向，室内避免直射阳光，主要采光面应位于幼儿座位的左侧。科学发现室要建造在地面较高处(或垫高地平)。

(3) 照明：采用自然光及辅助照明。教师演示台及幼儿实验桌面的平均光照度不应低于300 Lx，书写板宜设局部照明，其垂直照度的平均值不应低于200 Lx，实验台面与书写板面上的照度均匀度不应低于0.7。室内无可见眩光，宜安装窗帘。

(4) 噪声控制：室内环境噪声应低于60分贝。

(5) 温度：室内温度以不高于30℃为宜，室内温度过高时宜采用风扇、空调等器械来降温。

(6) 水源：设置给排水系统，地面要有地漏(或室内地面整体高于室外地面)，宜在发现室周边设防锈水嘴，防堵、防臭水池。

(7) 安全条件：配备防火、防潮、防盗等设施设备。

(8) 地面：应坚实耐磨、平整、防水防滑、不起尘、不积尘。

(9) 墙面和天花板：应光洁、无眩光、防潮、不起尘、不积尘。

(10) 环境：环境布置应适合幼儿身心发展和认知特点，营造探究科学的氛围，做到生动活泼，墙面和天花板宜用反映科学内容的图案进行装饰。

(11) 空间布局：根据材料种类和幼儿活动相对分区，靠墙的位置摆放仪器和材料柜，中间的位置作为幼儿操作的空间，既要摆放桌凳作为操作平台，也要留出适当的地面空间供幼儿进行竞赛、游戏等活动。

2. 材料选择

科学发现室选择的活动内容要广泛，侧重于选择需要专门仪器的科学现象观察，需要多种专门材料、难度较大的科学原理探究，分组探究活动，制作活动，活动材料要种类丰富、数量充足。详见表5-1。

表 5 - 1　科学发现室仪器和材料示例

<table>
<tr><th colspan="2">项　目</th><th>配　备　标　准</th><th>备　注</th></tr>
<tr><td rowspan="3">生命科学</td><td>动物</td><td>1. 图片类：动物挂图、图书、图片 30 种
2. 声像类：动物录像、VCD 30 盘
3. 标本类：各类动物标本 10 种
4. 操作类：各类动物玩具 40 个</td><td>结合当地实际选择</td></tr>
<tr><td>植物</td><td>5. 图片类：植物挂图、图书、图片 30 种
6. 声像类：植物录像、VCD 30 盘
7. 标本类：植物标本 10 种
8. 操作类：植物的果实或种子实物若干、仿真植物 40 个</td><td>选择时要涉及各种植物</td></tr>
<tr><td>人类</td><td>9. 图片类：人体骨骼肌图 1 张、人体拼图 10 套、人类进化、诞生图片 1 套
10. 声像类：有关人类录像、VCD 5 盘
11. 模型类：人体模型 1 个</td><td></td></tr>
<tr><td rowspan="5">环境科学</td><td>空气作用大</td><td>12. 图片类：保护环境、空气污染的图片 10 张
13. 声像类：空气作用、污染的录像、VCD 1 盘
14. 操作类：蜡烛 5 根、吹气玩具 10 个、广口瓶 5 个、塑料袋 10 个</td><td></td></tr>
<tr><td>风</td><td>15. 图片类：有关风及其作用的图片 10 张
16. 声像类：有关风及其作用的录像、VCD 1 盘
17. 操作类：气球 10 个，风车、吸管各 30 个，纸条、纸屑若干</td><td></td></tr>
<tr><td>我们的地球</td><td>18. 图片类：缤纷世界少儿地图 1 张、世界各地风光 10 张
19. 声像类：有关地球、世界各地录像、VCD 1 盘
20. 操作类：地球仪 10 个、中国地图拼图 10 套</td><td>各地风光图片应具有代表性</td></tr>
<tr><td>生态平衡</td><td>21. 图片类：生态平衡(植树造林、保护鸟类、绿色食品等)图片 10 张
22. 声像类：生态平衡(植树造林、绿色食品、生态污染)VCD 1 盘</td><td></td></tr>
<tr><td>桥</td><td>23. 图片类：著名现代大桥图片 5 种、图书 10 本
24. 声像类：有关现代大桥、桥的发展史录像、VCD 2 盘
25. 操作类：桥的模型 5 种、木制大型结构玩具 1 套(100 件)</td><td>应包含古代桥和现代桥</td></tr>
<tr><td rowspan="4">科学现象</td><td>有趣的声音</td><td>26. 声像类：录有各种声音的磁带 1 盘
27. 操作类：
(1) 备有各种能产生乐音和噪声的物体 20 种
(2) 利用声音的各种特性制成的玩教具 10 件，如：传声筒、橡胶吉他等</td><td></td></tr>
<tr><td>磁铁真奇妙</td><td>操作类：
28. 大小不同的磁铁 30 个，铁屑若干
29. 利用磁铁的特性制成的操作玩具 5 套
30. 各种实验材料：纸屑，铁钉，塑料等 10 种
31. 指南针 10 个</td><td></td></tr>
<tr><td>弹性秘密</td><td>操作类：
32. 可操作的弹性物品橡皮筋、弹簧等 20 件
33. 各种弹簧 10 件
34. 自制弹性玩具不少于 5 件</td><td></td></tr>
<tr><td>沉与浮</td><td>操作类：
35. 不同大小、轻重的物品：木块、纸、皮球等 30 件
36. 大小、形状不同的盛水容器 10 个
37. 沉浮原理制成的玩具 5 件</td><td></td></tr>
</table>

<table>
<tr><th colspan="2">项 目</th><th>配 备 标 准</th><th>备 注</th></tr>
<tr><td rowspan="5">科学现象</td><td>火</td><td>38. 图片类：关于火的图片 15 幅
39. 声像类：关于火的录像带 1 盘</td><td></td></tr>
<tr><td>力</td><td>40. 有关惯性的实验材料：玩具汽车、斜坡等 5 套
41. 有关张力的实验材料：雨伞等 5 套
42. 有关压力的实验材料：图钉、针等 5 套
43. 有关杠杆原理的实验材料：秤、剪刀等 5 套</td><td></td></tr>
<tr><td>光和影子</td><td>操作类：
44. 手电筒 10 个、幻灯机 1 台
45. 平面镜 30 个、放大镜 10 个、哈哈镜 5 个
46. 利用光的影子制成的玩教具 5 套</td><td></td></tr>
<tr><td>电</td><td>操作类：
47. 电池、小电珠、电线 40 套
48. 摩擦生电实验材料：塑料棒、纸屑若干
49. 导体(金属物)、绝缘(木块等)材料 10 种
50. 电子积木 5 套</td><td></td></tr>
<tr><td>物体的运动</td><td>操作类：
51. 有关平行运动的实验材料：小纸箱等 5 套
52. 有关转动的实验材料：钟表盘、玩具汽车等 5 件
53. 有关机械运动的实验材料：自制小秋千、钟摆等 5 件</td><td></td></tr>
<tr><td rowspan="6">科学技术及科技产品</td><td>四大发明</td><td>54. 图片类：毕昇、蔡伦及四大发明的图片 1 套
55. 声像类：四大发明的录像带或 VCD 1 盘</td><td></td></tr>
<tr><td>火箭上天</td><td>56. 图片类：火箭发射卫星图片 1 套
57. 声像类：火箭发射卫星实况 1 组
58. 操作类：火箭模型 4 个，简单实验材料气球 50 个</td><td></td></tr>
<tr><td>活动的电影</td><td>59. 声像类：儿童电影片段录像 1 盘
60. 操作类：通俗易懂的实验材料不少于三种，每种 20 件，如小鸟进笼、扇子、喷壶、玻璃纸、小鼓等</td><td></td></tr>
<tr><td>通信工具</td><td>61. 图片类：现代通信工具，如可视电话、传真机、卫星电话等图片 10 幅
62. 声像类：现代通信录像或 VCD 1 盘
63. 操作类：通讯工具实物或模型 5 件，如电话机、BP 机、移动电话、磁卡电话等</td><td></td></tr>
<tr><td>塑料制品</td><td>64. 图片类：有关高科技塑料制品图片 5 幅
65. 声像类：有关高科技塑料制品录像 1 盘
66. 操作类：塑料制品玩具、日常用品 10 种</td><td></td></tr>
<tr><td>特种车</td><td>67. 图片类：不同特种车图片 10 幅
68. 声像类：特种车形状、执行任务录像 1 盘
69. 操作类：特种车(消防车、救护车、警车等)模型 10 个</td><td></td></tr>
</table>

（《济南市幼儿园科学发现室配备标准》，济南市教育局网）

二、科学发现室的日常管理和活动组织

科学发现室要为全园各个年龄段的幼儿服务，面积大、材料多，应由一名专职教师负责科学发现室的日常管理和各个班级幼儿探究活动的组织。

1. 日常管理

幼儿园应该建立科学发现室管理制度，管理制度主要从卫生管理、安全管理、仪器和材料管理、开展活动的程序等方面作出规定。

(1) 卫生管理：科学发现室地面应随时打扫，做到无垃圾、无灰尘、无积水，门窗、墙面、天花板、仪器柜等应定期清洁。

(2) 安全管理：科学发现室内的物品摆放要保证安全，电路应装漏电保护开关，照明电路和空调电路应分开布线，所有用电设施设备应定期检查维护，插座应带防触电功能，非必需情况下避免幼儿使用交流电插座。活动指导教师要教育幼儿注意安全，随时关注幼儿的行为，应阻止幼儿攀爬仪器柜、抛扔仪器和材料、追逐打闹等行为。

(3) 仪器和材料管理：仪器和材料应归类摆放，建立仪器和材料台账、使用登记册、借还登记册、新购仪器和材料登记册、报废仪器和材料登记册等。仪器和材料应随时检查，出现安全隐患或使用故障要及时处置，还应定期清洁，做好仪器和材料的防潮、防尘、防霉工作。活动指导教师应向幼儿讲解仪器和材料的正确操作方法及安全注意事项，要教育幼儿轻拿轻放仪器和材料，完成探究后将仪器和材料放回原处，未经允许不得将仪器和材料带出科学发现室。

(4) 开展活动的程序：每学期开学时应根据班级数量编排出每个班级使用科学探索室的活动时间表，每个班级应在规定时间组织幼儿进入科学发现室开展活动，活动开始前教师应进行安全检查，对幼儿进行常规安全教育和仪器材料的使用介绍，活动过程中教师要随时观察和指导幼儿的探究活动，要随时维护好活动秩序，活动结束后应检查幼儿是否按要求归还仪器和材料，离开活动室时应关灯、关好门窗。

2. 活动组织

科学发现室中的活动指导和与班级科探区的活动指导要点相同，遵循“教师间接指导、幼儿自主探究”的原则。教师的作用不是对幼儿的科学探究过程进行直接指导，而是为幼儿创设和谐的探究氛围，提供丰富的科学探究材料，通过环境和材料趣味性激发幼儿的探究兴趣，引发幼儿的自主探究行为。教师在组织幼儿进行科学探究前应该给幼儿讲清一些基本的纪律要求，如不能随意奔跑、不能追逐打闹、不能大声喧哗等，并始终维持科学发现室内有良好的秩序。在幼儿探究活动开始前可启发幼儿发现问题或帮助幼儿找到探究的内容。应尽量不干扰幼儿的探究活动，可以观察者的身份观察幼儿的探究行为，对未开始探究活动或探究活动遇到困难无法继续进行的幼儿可进行个别指导。每次活动半小时左右为宜，活动结束后应让幼儿将探究材料放回原位，将垃圾放到垃圾筐中，培养幼儿良好的整理习惯。

拓展练习

1. 科学发现室和科探区有何异同？
2. 科学发现室的基础设施建设包括哪些方面的内容？
3. 科学发现室中投放的仪器和材料有哪些种类？
4. 科学发现室的日常管理包括哪些方面？
5. 阐述科学发现室的活动组织原则和基本程序。

第三节 图书室的设计与指导

案例引导

目前，我国公共图书馆的读者阅读工作往往只注重学龄儿童读者，幼儿读者的早期教育阅读常常是被忽视的。在我国，0—6 岁的婴幼儿多达 1.3 亿人，是一个较庞大的群体，各公共图书馆对于这部分的幼儿阅读内容比较少。已经无法满足日益增长的幼儿读者及其家长的需求。当今世界对于幼儿早期教育及其家长特别是母亲的教育是常关注的热点之一。如何在幼儿园内创设图书室，帮助幼儿创设良好的早期阅读环境，是所有幼儿园当前所面临的重要问题。

一、幼儿园图书室的概述

(一) 幼儿园图书室的概念

联合国教科文组织在《公共图书馆宣言》中提出，“公共图书馆要帮助少年儿童自小就培养并加强阅读习惯，激发其想象力和创造力”。宣言阐述了公共图书馆对支持少年儿童教育有着义不容辞的责任。可见创设图书室是大势所趋，那么作为幼儿教师我们更应该了解图书室，走进图书室的世界。百度中对图书室的定义为：“保管或管理藏图书的一间房子或几间房子。”这样的定义很模糊，那么幼儿园的图书室到底怎样呢？结合各种参考文献，幼儿园图书室应该是利用藏书帮助幼儿阅读的科学、教育、文化性质的服务场所。

(二) 幼儿园图书室的作用

一位日本学者认为，学校和图书室犹如一辆马车上的两个轮子，两者协调动作，车子才能跑得快。可见要让幼儿“跑”起来。不仅仅是重视课堂教育，还需要将图书室的功能调动起来。但非常遗憾的是，不少家长、老师在培养 0—6 岁幼儿健康快乐成长的过程中忽视了图书室的资源，没有意识到图书室对孩子的重要作用。

1. 图书室对促进幼儿成长起到重要影响

图书室的设立是非常重要的，它能促进孩子的社会性和独立性。因为在自主选择、使用和归还图书时，孩子的责任感可以得到加强；图书室就像是一个小型的图书馆，可以让孩子通过借阅、还书等活动了解图书馆的基本功能和使用规则；另外，在与同伴一起使用图书室的过程中，孩子还能学会分享和轮流。

2. 图书室有助于拓展幼儿早期阅读教育

图书室是家庭教育、学校(幼儿园)教育和社会教育体系中极为重要的链条，对儿童的启蒙教育有着得天独厚的优势。它可以促进孩子的早期阅读技能和语言发展。培养孩子对早期阅读者至关重要的四种生成阅读行为：浏览(快速翻书)、安静研究(看图书的插图)、假装阅读(以单独、集体或分享的形式假装在阅读)以及传统型阅读(认出书上全部或部分词句)。此外，阅读时幼儿将被允许进行自由交流，而这种幼儿间的自由交流，对他们的语言发展至关重要。

3. 幼儿园图书室资源丰富，可从各方面调动幼儿的阅读兴趣

如图书馆有不同载体和介质的适合幼儿文化品位的读物，有大量的多媒体(CD、DVD、磁带)、有传统的印刷型资料(低幼图书、低幼期刊等)，还有玩具、游戏器具及计算机网络资源，吸引着幼儿及其家长走进图书馆，让他们在图书室找到令自己有所见、有所闻、有所惊、有所喜、有所问、有所知、有所想、有所盼的新天地。

4. 幼儿园图书室有着人才优势

图书室凭着多年的社会实践经验，培育了一大批充满爱心、熟悉儿童心理的幼儿教师。可以说，他们是儿童社会教育的专家。他们不但业务精湛，知识面广，专业技能强，而且乐业敬业，甘于奉献，是儿童的阅读指导的良师益友。

5. 幼儿园图书室有着环境优势

它给幼儿构建了一道特殊的文化风景线，它品位高雅，格调清新，散发着自己的独特风韵。图书室里有宽敞明亮的幼儿阅览角，还有活动角、玩具角、试听角、观影角等，它为幼儿提供了良好的阅读氛围，使他们有一种安全感、亲切感。吸引着孩子们走进一个柔和、文雅、积极、向上的精神家园。

图 5－12　阅览室(图片来自四川绵阳小岛幼稚园)

二、幼儿园图书室场地选择和材料投放

1. 图书室的场地要求

(1) 应选择位置适中、交通方便、环境安静、工程地质及水文地质条件较有利的地段。

(2) 与易燃易爆、噪声和散发有害气体、强电磁波干扰等污染源保持较远的距离。当图书室与其他建筑合建时，必须自成一区，单独设置出入口。

(3) 交通组织应做到人、车分流，道路布置应便于人员进出、图书运送、装卸和消防疏散。

(4) 光线充足、照度均匀，防止阳光直晒。东西向开窗时，应采取有效的遮阳措施。

(5) 被过往人流穿行，独立使用的阅览空间不得设于套间内。

(6) 行列空间的最小间隔尺寸应符合相关的规定。

(7) 集体和个人使用的音像资料、视听室宜自成区域，便于单独使用和管理，与其他阅览室之间互不干扰。

(8) 音像视听室应由视听室、控制室和工作间组成。视听室的座位数应按使用要求确定。每座位占使用面积不应小于 1.50 平方米。当按视、听功能分别布置时，应采取防止音、像互相干扰的隔离措施。

图 5-13　阅览室(图片来自江苏徐州国基幼儿园)

(9) 目录柜组合高度:成人使用者,不宜高于 1.50 米;幼儿使用者,不宜高于 1.30 米。

2. *图书室材料投放要求*

(1) 以书刊为主要信息载体供读者使用的阅览室。

(2) 可以创设独特区角"音像视听角"、"缩微阅览角"、"电子出版物阅览角"等。这类阅览室,读者须借助设备才能从载体中获取信息。

(3) 创设开架阅览角。藏书和阅览在同一空间中,允许读者自行取阅图书资料的阅览室。

(4) 可以投放非书资料,包括录音带、录像带、幻灯片、投影片、电影拷贝、缩微胶卷、图片、模型、智力玩具、机读磁盘、磁带、光盘等。

(5) 可以设置计算机信息检索。计算机信息检索是利用计算机系统有效存储和快速查找的能力发展起来的一种计算机应用技术。它可以根据用户要求从已存信息的集合中抽取出特定的信息,并具有插入、修改和删除某些信息的能力。图书或文献检索系统属于信息量较大而不常修改的二次性信息检索系统。

三、图书室的设计和指导

(一) 图书室创设活动目标

根据对幼儿园教育环境的评价标准,本着"全人教育"的原则促进幼儿发展,图书室的主题应该是多元化的,因为单一的主题无法满足孩子的个性化需要。所以,教师们还应提供一些与儿童生活密切相关的内容作为图书角图书的主题。例如,在大班孩子开始换牙的时候,教师应在图书室提供一些关于人类牙齿发育和健康的图书,以及关于牙齿仙女的童话或故事书。这一类的图书最能引起孩子的兴趣。

(二) 图书室的环境创设

幼儿园的图书室通常会配备与幼儿身高相适宜的书架和既柔软舒适又鲜艳美观的靠垫及地毯。有些还会使用废弃的浴缸或幼儿用的沙包椅、充气沙发代替靠垫及地毯。总之,教师应尽量发挥自己的想象力来为孩子营造一个既舒适又有趣的阅读环境。舒适有趣的阅读环境对培养孩子的阅读兴趣非常重要,因为环境的舒适性和趣味性能让孩子感受到阅读的无穷乐趣,也能延长孩子持续阅读的时间,增强师幼间的互动。

(三) 制订图书室的方案

图书室活动方案不同于集体教育活动的方案，制订思路相对比较自由。教师可以采用文字式和表格式来写，以体现适宜的活动目标、内容和指导要点。

1. 明确活动时间

教师要根据园内或自己的教学合理安排幼儿进入图书室的阅读时间。

2. 制定“图书室活动”目标

(1) 以激发幼儿看书，培养幼儿的阅读兴趣和良好的阅读习惯为主要目标；

(2) 以活动来促进教师和家长对早期阅读的重视，以利于在幼儿园阶段甚至之后的时间坚持点滴的早期阅读能力的培养。

3. 开展图书室活动的方法和步骤

(1) 保证幼儿阅读时间

因为图书室是面对全园幼儿，所以保证幼儿阅读时间的关键在于幼儿园对图书室开放时间的统筹安排。幼儿园要对全园幼儿进入图书室时间进行相对固定的安排。比如下表 5 - 2：

表 5 - 2 图书馆开放时间安排

	星期一	星期二	星期三	星期四	星期五
上午	小二	大一	中一		小一
下午		中二		大二	

除了固定时间，幼儿可以根据教师平时安排进入图书室进行阅读。一般教师可以根据自己的教学活动内容合理安排幼儿进入相应的地方进行相关阅读。

最后，幼儿可以自由选择图书室面向全园开放时进入阅读。

(2) 丰富幼儿的知识和生活经验

国外有关研究表明，人的主要阅读能力是在 3—8 岁形成的。具有阅读能力的幼儿求知欲旺盛，能运用语言与人大胆交流，有良好的学习习惯，对自己的行为充满信心，并且阅读能力越强，独立学习、主动学习的潜能就越大，所获得的知识、信息也就会越多。可见，在这个时期幼儿如果能够养成“能阅读、会阅读、爱阅读”的良好习惯，形成自主阅读的能力，就能为幼儿的终身学习奠定好的基础。教师合理利用图书室可以丰富幼儿的知识面，拓展视野，增加幼儿的生活经验。

(四) 科学指导幼儿阅读

1. 以间接的指导方法为主，帮助幼儿组织和开展阅读

间接的指导方法一般采用：观察；用语言提问、提示、评论；示范、表情、眼神、动作、手势等。这种指导方法在于启发幼儿的主动性，与直接指导方法，如指示、直接教、具体指挥等是不同的。

教师在指导阅读时，首先要观察和了解幼儿的阅读习惯和行为，对不当或是不良的阅读习惯进行指正，帮助幼儿建立良好的阅读习惯。当发现幼儿翻书随意，频繁换书时，教师应该进行恰当的指导，帮助幼儿学会选择书籍，明白怎么去选择书籍、阅读书籍。同时教师的帮助不要过早，也要使幼儿在阅读中付出一定的努力，克服一定的困难。

2. 尊重幼儿的阅读，针对不同的年龄指导阅读

(1) 对小班幼儿的观察与指导

小班幼儿阅读理解能力低，又特别容易受到外界环境的影响。因此教师主要是培养幼儿对阅读的兴趣，了解图书室的功能，能明白进行借阅书籍的方法，了解图书室的阅读的规则，知道怎么翻书阅读。

实例 5-4

图书室活动计划表

年龄班：小班 时间：九月

目标	认识图书室 激发幼儿阅读的兴趣				
内容安排	认识图书室	各种各样的书	认识图书的标记	文明小读者	我爱图书室
活动准备	图书室环境布置	不同种类的书若干	不同种类的书若干	优美的阅读环境、各种各样的图书	不同种类的图书
指导要点	引导幼儿对图书室环境的观察，激发幼儿对阅读活动的兴趣	1. 帮助幼儿了解书的来历及基本功能 2. 引导幼儿观察书的基本结构 3. 鼓励幼儿互相交流自己看过的图书类型	1. 引导幼儿认识图书分类标记 2. 尝试合作，制定出图书室图书的分类表	1. 引导幼儿看书时要保持安静，不大声喧哗 2. 观察幼儿是否有在图书上乱涂乱画、损坏图书的现象 3. 引导幼儿要爱护图书	1. 幼儿了解不同类的书，激励幼儿多看不同类的书 2. 激发幼儿阅读的兴趣
操作流程	1. 带领幼儿参观图书室 2. 交流分享参观情况 3. 按照幼儿的交流情况，教师给予小结	1. 出示各种各样的书，激发兴趣 2. 了解书的来历、结构及功能 3. 人手一本小书，简单翻阅，进一步认识书	1. 出示图书，引导幼儿观察各种图书的不同之处 2. 幼儿尝试根据图书的不同特征制定图书的分类表 3. 交流经验，分享快乐	1. 谈话活动，交流看书时的规则 2. 幼儿看书，教师四处巡视，及时提醒有不良行为的幼儿 3. 师幼互相交流活动后的感想	1. 引导幼儿说说图书室的构成 2. 幼儿选择自己喜欢的区域 3. 幼儿尝试选择自己喜欢的图书翻看，教师巡回指导
调整建议					

(2) 对中班幼儿的观察与指导

相对来说，中班幼儿已经了解图书室的各项规章制度，随着阅读能力的提升，中班的幼儿能较好地完成借书阅读。但是因为了解，他们有了与别人分享阅读的意愿，但是经验不够，分享效果不明显。在阅读中教师应注意观察幼儿，让幼儿学会在分享阅读，促进社会性的发展，提升幼儿的阅读能力，进一步培养幼儿阅读的兴趣。具体参见实例 5-5。

实例 5-5

图书室活动观察记录(中班)

(胜利油田河口第六幼儿园)

观察目的：

1. 是否喜欢与同伴分享阅读，体验分享阅读的乐趣。

2. 能否与同伴大胆交流自己的发现。

观察记录：

刚进入图书室，我就听见有幼儿在窃窃私语："今天，我和你一起看吧！"原来，小朋友们都在与小伙伴商量，要翻阅同一本书呢！

幼儿开始分散阅读之后，我在图书室细心观察幼儿的表现，有的幼儿一个人安静地翻阅着图书，有的幼儿则两两结对，共同阅读！

在以往的图书室活动中，我发现幼儿喜欢与同伴共同阅读同一本书，这种共同阅读、相互分享的阅读方式，不仅让幼儿有了"看"的机会，还给了幼儿"讲"的机会，无论是对幼儿的理解能力、语言表达能力和人际交往能力的提高，都有很大的帮助。

(3) 对大班幼儿的观察与指导

大班幼儿对于随着理解能力的提升，他们的阅读面更宽广，阅读习惯更为稳定。对阅读材料的选择更加广泛、丰富，对各种文化科学知识都充满好奇。教师可以引导幼儿选择百科类图书、数学类、手工类的图书。如《揭秘地球》、《揭秘海底》、《儿童百科全书》、《动物百科全书》、《宇宙百科全书》、《热带雨林全景书》、《数学绘本系列》。其次教师可以让幼儿进一步走进图书室，充当管理员，更深层次了解图书室的功能和作用，进一步激发幼儿的阅读兴趣。最后可以带领幼儿参观真正的图书馆，走进书香世界。具体可参见实例 5－6。

实例 5－6

参观图书馆活动(大班)

一、活动时间： 2012.2

二、活动地点： 图书馆

三、活动目标：

1. 帮助幼儿了解图书馆的环境，了解图书馆各部门的主要功能，了解借书、还书的基本要求。
2. 体验阅读氛围，培养幼儿的阅读兴趣。
3. 培养幼儿的观察力和学习与人交往的技能。
4. 引导幼儿外出活动时注意安全，学会保护自己，并增强集体意识。

四、活动准备：

1. 进行过"图书的智慧"谈话活动。
2. 提前和图书馆做好沟通工作。

五、活动过程：

1. 稳定幼儿情绪，做好准备工作(上厕所、检查衣物、所带物品)。
2. 提醒幼儿注意安全，关注个别幼儿。
3. 组织孩子集体去少儿图书馆。
4. 带幼儿参观少儿图书馆的环境、了解图书馆各部门的主要功能。
5. 体验图书馆的浓浓的阅读氛围并尝试选择图书、安静阅读。
6. 鼓励幼儿采访图书管理员，大胆提问与交流，进一步了解借书、还书的方法。

六、结束活动：

教师引导幼儿小结活动感受并组织回园活动。要求：注意安全，随时清点人数。

3. 使幼儿愉快地结束阅读

幼儿在阅读时应该是充满期待进入，饱含热情阅读，流连忘返中结束。因此，教师要充分调动图书室内的各种有效资源，促使幼儿保持阅读的积极性。结束时，应鼓励和督促幼儿放好图书安静离开，养成良好的阅读习惯。根据幼儿在图书室阅读的行为进行恰当反思，为下一次阅读做好准备。

拓展练习

1. 什么是幼儿园图书室，图书室的作用有哪些？
2. 如何指导不同年龄的幼儿进入图书室进行阅读和借阅书籍？

第四节 感统训练室的设计与指导

案例引导

宏宏是一个10岁的男孩子，智力正常，但常有种种奇怪的表现。动作协调性差，做操动作不能到位，吃饭时总是将饭菜掉在地上，往往掉的比吃的还多，而且总是喜欢到处乱跑，即便被迫坐在椅子上，也从来闲不下来，喜欢敲敲打打。写的字总是张牙舞爪。做事总是非常磨蹭，很少能按时完成老师完成的作业。孩子出现这些问题是什么原因呢？

一、感觉和感觉统合

感觉是一切学习的基础，所有婴幼儿基本是靠感官来学习的，给他的良好刺激愈多就愈能激发他的内在潜能。心理学家研究发现，感知觉训练对孩子的心理发育非常重要，早期缺乏训练会导致感统失调，影响今后的学习能力。儿童感觉统合一旦失调，就会表现出自我概念差；脾气暴躁、性格孤僻；动作笨拙、粗心；好动不安，注意力无法集中；言语与语言发展缓慢等，严重影响儿童的发展。

"感觉统合"即"感统"，是美国心理学专家爱尔丝博士创导的。是指人的大脑将从各种感觉器官传来的感觉信息（视觉、听觉、触觉等），在中枢神经形成有效组合的过程。感觉教育一直是幼儿教育领域中最基础的教育。任何幼儿都必须经由感觉学习，大脑才能有效地发展出完整的思考能力，产生自发自动的学习效果。幼儿不仅需要感觉学习，还需要感觉统合的学习，对感觉的教育与对感觉统合的教育是一脉相承的。正因为人有感觉统合的能力，所有的学习和动作才能顺利进行。

二、感统失调及表现

（一）感统失调

感觉统合失调是指外部的感觉刺激信号无法在幼儿的大脑神经系统中进行有效的组合，从而使机体不能和谐运作，久而久之造成各种障碍，最终影响身心健康。感统失调多发生在5、6岁至11、12岁的幼儿身上。通常，这些孩子智力发育正常，却有学习或行动上的障碍，常常表现出注意力不集中，学习容易出差错，做事笨手笨脚、拖拖拉拉、丢三落四，性格害羞胆小或脾气暴躁等现象。部分幼儿甚至因学习成绩很差，被误认为是存在智力发育障碍。在"感觉统合失调症"的幼儿中，有许多因为没有进行及时干预，影响了幼儿的智力发育和学习能力发展，造成幼儿学习基础差、心理发育迟缓和人际关系障碍，出现厌学、逃学、撒谎等问题，甚至会出现品行障碍，这些孩子的品行障碍长大了就会延续为人格障碍，变成犯罪的易感人群。

(二) 感统失调的表现

感觉统合能力正常,幼儿就能注意力集中,情绪稳定,动作协调,做事有效率。感统失调将会在不同程度上削弱人的认知能力与适应能力,从而推迟人的社会化进程。严重的感统失调,如孩子多动不安,喜欢上课做小动作,做作业无法专心,但却可以长时间看动画片,写字容易颠倒,对陌生环境害怕,不会系鞋带,不会用筷子,语言表达能力较差,经常忘记老师布置的作业等。这些将会严重影响儿童发展。严重的感统失调主要有以下几种:

1. 前庭功能失调

表现为好动,上课不专心,注意力不集中,爱做小动作,很难与其他同学相处。有些孩子还会出现语言发展迟缓、说话晚、语言表达困难等。

2. 视觉统合失调

表现为尽管能长时间地看动画片,玩电动玩具,却无法流利地阅读,写字时偏旁部首颠倒,甚至不认识字,学了就忘,不会做计算、抄错题等。

3. 听觉统合失调

表现为丢三落四,对别人的话听而不闻,经常忘记老师说的话和留的作业等。

4. 本体统合失调

表现为消极退缩,缺乏自信心,平衡能力差,容易摔到,不能像其他孩子那样会翻滚、系鞋带、跳绳、骑车、拍球,而是手脚笨拙等。

5. 触觉统合失调

表现为不合群、紧张、孤僻、爱惹人、偏食或暴饮暴食、脾气暴躁、害怕陌生环境、吃手、咬指甲、爱哭、爱玩生殖器等。

(三) 感统失调原因

感统失调在所有幼儿身上都是存在的,只不过有的轻微,家长不容易感觉到,也不需要专门矫正。在现代化的都市家庭中,感统失调的孩子达85%以上,其中30%的孩子为重度感统失调。为什么在我们的周围,有那么多的孩子会患上"感觉统合失调症"呢?针对这个问题,专家们做过大量研究分析,认为有以下四种原因:

1. "先天不足"

专家认为,现代一些孕妇面对快节奏的生活方式天天处在忙碌、焦虑、不安之中,而运动明显不足,这就影响到胎位的变动,并直接影响到胎儿在平衡能力方面的发育。另外,一些孕妇因为嗜好烟酒、浓茶、咖啡等影响营养的摄入,造成胎儿大脑发育的不足,引起出生后触觉学习不良的现象。

2. 孩子生活环境过于封闭

过去,幼儿的语言、行为与思想大多是在兄弟姐妹中或邻居的友伴中学会的,但是现在的孩子都是家中的"独苗",又居住在"独门独户"的环境中,多数孩子在4岁之前缺乏与同龄小孩相处的经验,有的直到6岁才初次接触到同龄孩子,这对孩子以后人际关系的发展极为不利。

3. 孩子缺乏应有的游戏活动

一些年轻的父母疼爱孩子过度,让孩子生活在真空里,穿要穿最柔软的衣服,吃要吃最有营养的食物,住要住最舒适的环境,整天抱在怀里,生怕孩子摔了,以致有的孩子没有经过爬行便直接学会了走路。大人们常常对自己孩提时代在庭院里奔跑、跳跃、玩水、玩沙的情景记忆犹新,可现在的孩子很难享受到这一切了,一些传统的游戏如滚铁环、打弹子、捉迷藏等,现在的孩子也没机会去玩。于是,孩子就很少获得五官感觉上的刺激和对肌肉运动的感受,大多数现代家庭如此抚养孩子的方式虽然一时看不出有什么不好，但随着时间的推移，便会使孩子的身体协调能力发展迟缓和感觉异常。

4. 父母教育方式上的偏差

有的父母对孩子呵护过度，骄纵溺爱，造成孩子身体操作能力的欠缺。一些孩子到小学三、四年级还不会自己穿衣脱鞋，不会使用筷子，吃饭的时候饭粒撒满地等。有的父母"望子成龙，盼女成凤"之心切，对孩子管教太严，要求太多，让孩子负担起超过他实际能力的智力活动，几岁的孩子，就让他学钢琴、学外语、学电脑等，压抑他爱玩耍的天性，说是让他不"输在人生的起跑线"上，结果却往往适得其反。专家认为，小孩在 6 岁以前不宜进行学习，只有游戏才是适合孩子天性并有益健康和智力的活动。即使幼儿 6 岁后的学习，也应以培养兴趣为主。

三、感统训练

如何避免和有效地帮助这些"感觉统合失调"的孩子走出困境呢？专家认为，一是要对孩子从零岁就开始进行系统、科学的早期教育；二是家长与老师应当为这些孩子创造一个自由宽松的学习、生活环境，还给他们游戏的权利，以科学观念和教养方法，在开发孩子智力的同时，还要注重培养他们良好的感觉能力和心理素质，使他们提高学习的能力，成为可塑之才。

（一）感觉统合训练

感觉统合训练是指基于幼儿的神经需要，对其感觉刺激作适当反应的训练，其目的不在于增强运动技能，而是改善脑处理感觉资讯与组织并构成感觉资讯的方法。爱尔丝在发现感觉统合失调的现象后，设计了感觉统合训练课程，开发了众多的训练器材，刺激孩子的前庭、本体、视觉、触觉、听觉等，以改善孩子所存在的问题。爱尔丝博士提出 2—6 岁是儿童感觉统合的最佳训练阶段，特别强调触觉、前庭觉、本体感觉的刺激。如今，感觉统合训练已经不再仅仅是一种治疗问题儿童采用的方法，而且成为促使正常儿童感觉统合能力发展的重要教育手段。

（二）感统训练目的

意大利教育家蒙台梭利和瑞士儿童心理学家皮亚杰认为，0—6 岁幼儿的学习主要以感觉学习为主，由于感觉器官本身是在不断成长中，感觉统合不健全是正常的，在生命中最重要的学习阶段 0—12 岁，感觉统合的游戏对成长中的孩子可以帮助他打下良好的基础，对今后学习能力的发挥有重大的作用。0—3 岁是感觉统合的早期预防期，要经常对宝宝进行摇摆、举高、旋转等训练。3—6 岁是感觉统合的早期干预期，此阶段的宝宝有感统失调的时候，要进行必要的设备训练进行干预。如果错过关键期，再进行训练，效果达不到预期设想。

感觉统合训练的本质是以游戏的形式丰富幼儿的感觉刺激，其目的在于：

（1）提高学习能力，改善不良的行为习惯。

（2）提高人际交往能力及语言表达能力。

（3）提高身体协调性。

（4）帮助孩子树立自信心，塑造健全的人格。

感觉统合训练就是通过各种游戏使孩子在快乐中接受大量刺激信息，建立正确的反射，所以感觉统合训练既是一种严格的训练，又是一种有趣的游戏，孩子很愿意参与，从而获得肯定的成长经验。例如玩沙游戏、海洋球游戏、大龙球压滚游戏等可促进触觉功能的发育；滚筒、平衡台、吊缆等可促进前庭功能的发育；跳床、滑板、拍球等对于身体协调能力有促进作用等。实践证明，幼儿经过一段时间的集中训练后，动作较协调，手的操作能力提高，情绪较稳定，暴怒行为明显减少，注意力改善，在低年级中学习能力有长进、成绩提高等。

(三) 感统活动原则

感觉统合训练的关键是同时给予幼儿前庭、肌肉、关节、皮肤触压、视、听、嗅等多种刺激，并将这些刺激与运动相结合。感觉统合训练涉及心理、大脑和躯体三者之间的相互关系，而不只是一种生理上的功能训练，训练时要把握好以下几点：

(1) 为幼儿创设丰富多彩的室内活动场所，在游戏中进行快乐教学。

(2) 训练中孩子是主角，尊重孩子对感觉刺激的需要和选择。给孩子自由选择项目的权利，根据孩子的自然活动情况，调动他们活动训练的积极性，从自选动作过渡到规定动作，以此调动他们的参与兴趣。

(3) 训练当中要让孩子感到愉悦而不是压力和恐惧。

(4) 训练过程中，及时表扬孩子的进步，并与家长分享孩子成功的喜悦。

(5) 每天都有多样的感觉刺激。

(四) 感觉统合的训练方法

感觉统合的训练主要是人类最重要的感觉训练，可细分为触觉、前庭平衡觉、运动感觉等项目的训练。具体介绍如下：

1. 触觉训练

强化皮肤、大小肌肉关节神经感应，辨识感觉层次，调整大脑感觉神经的灵敏度。

使用器械：按摩球、平衡触觉板、波波池。

适应症：胆小、爱哭、情绪化、怕陌生、笨手笨脚、怕人触摸、发音不正确、偏食、挑食、注意力差、自闭、体弱多病等。

2. 固有平衡训练

调整脊髓中枢神经和对地心吸力的协调，强化中耳平衡体系，协调全身神经机能，奠定大脑发展基础。

使用器械：独脚椅、大陀螺、脚步器、竖抱筒。

适应症：多动不安、容易跌倒、坐无坐相、站无站相、脾气急躁、好惹人、语言发展不佳、缺乏组织力及推理能力、双侧协调不良、手脚不灵活、自信心不足。

3. 前庭平衡觉训练

调整前庭信息及平衡神经体系自动反应机能，促进语言神经组织健全、前庭平衡觉及视听能力完整发展。

使用器械：圆筒、平衡踩踏车、按摩大龙球、滑梯、平衡台、晃动独木桥、袋鼠袋、圆形滑车。

适应症：身体灵活度不足、姿态不正、双侧协调不佳、多动、爱惹人、语言发展迟缓、视觉空间不佳、阅读困难、自信心不足、注意力不集中、容易跌倒、方向感不明、学习能力以及习惯难以培养。

4. 本体感训练

强化固有平衡、前庭平衡、触觉、大小肌肉双侧协调，灵活身体运动能力、健全左右脑均衡发展。

使用器械：跳床、平衡台、晃动独木桥、滑板、S形垂直平衡木、S形水平平衡木、圆形平衡板。

适应症：语言发展迟缓，笨手笨脚、注意力不集中、多动不安、情绪化、组织力及创造力不足。

四、创设感统训练室

(一) 场地

感知觉统合训练场地的建设和器材的配备是感知觉统合训练所必要的硬件条件。场地建设必须把握的几个问题。①

(1) 场地面积：80—150平方米，地面平整，有一定弹性(可用地毯或地板革)，四周墙壁以暖色调为主(不要装大的镜子)，距地面1.2米以下要进行软包，以保证幼儿的安全。

(2) 所有器械在使用前要进行详细检查，对有棱角的部位要用泡沫包裹起来，防止碰伤幼儿。

(3) 对使用滑道的场地，在滑道终点要有防撞设施。

(4) 器械布置。感知觉统合训练器械尽可能沿场地的四周摆放，器械离墙的距离一般为50厘米左右。场地中央必须保留出不小于20平方米的活动空间。

(5) 感知觉统合训练场地附近要设立更衣室，有条件的要设立淋浴间和卫生间。

由于接受感知觉统合训练的都是儿童，对器械或器材的选择一定坚固耐用，确保安全。切不可图便宜而忽视器械设备的安全可靠性。

(二) 材料

(1) 全功能系列：滑板爬、趴地推球、吊床、转椅、滑梯。

(2) 前庭系列：吊床、转椅、滚筒、滚垫、趴地推球、滑板爬、翻跟斗、爬带、滑梯。

(3) 五感系列：追视、转眼、听音、嗅物、品味、触肤、吊床、转椅。

(4) 精细动作系列：捏泥、夹珠、穿珠、选豆、画像、手工(剪纸、摺纸、摺胶管花、绣花、编织、打绳结)。

(5) 触觉系列：袋鼠跳、羊角球、触觉球、挤压、大笼球、擦浴、风筒、滚垫、涂料、滚筒、趴地推球、捏泥。

(6) 平衡协调系列：独脚椅、平衡台、平衡木、乐乐球、大笼球、爬袋、躲避球、跳绳、画像。

(7) 本体系列：跳绳、跳床、乐乐球、拍球、躲避球、翻跟斗、青蛙跳、跳数字。

(8) 游乐场系列：(推荐项目)滑梯、球池、攀爬、浮桥、秋千、跷跷板、滑冰、跳舞机、旋转游戏(风车、飞机、木马、过山车、碰碰车等)。

感统训练常见材料：

大滑板

滑梯

① 引自中国孤独症网康复教育，有改动。

大陀螺

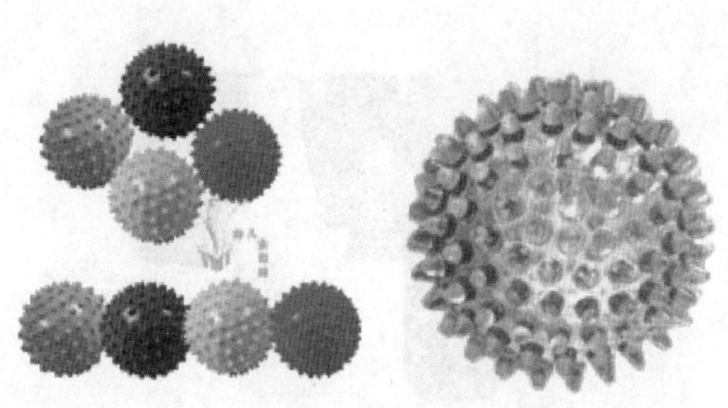

触摸球

羊角球

大龙球

平衡触板

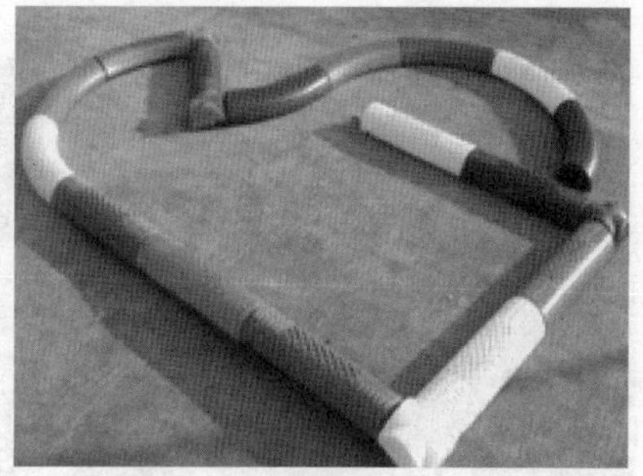

平衡触板

平衡步道

摇摆跷跷板

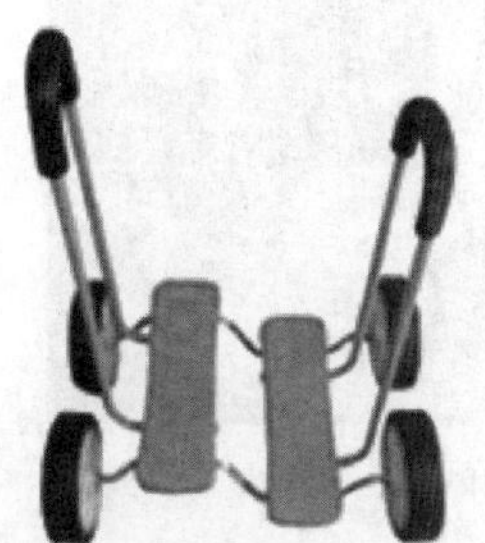

平衡踩踏车

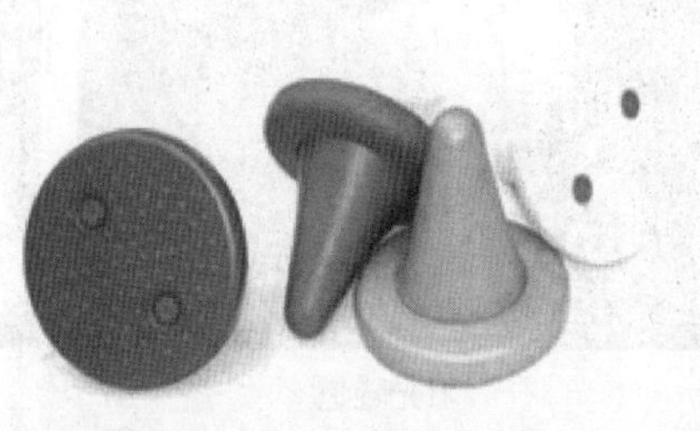

独脚玩具

跳袋

轨道玩具

创意接龙

圆形跳床

圆筒吊缆

圆筒吊缆

圆平衡板(二分之一圆)

万象组合

阳光隧道

投掷玩具

图 5－14　感统训练器材

训练器材

感统训练器材能够同时给予儿童视、听、嗅、触、关节、肌肉、前庭等多种刺激，并将这些刺激与运动相结合。在改善儿童运动协调能力、注意力集中程度和提高学习成绩等方面都具有明显效果。

感统训练器材像孩子的玩具一样，通过感统刺激的具体活动，让儿童在快乐玩耍中，充分张大每个感觉细胞，去感受刺激，让大脑在“跟着感觉走”的过程中，充分完善其组合。

感统训练器材对孩子进行的训练不只是一种生理上的功能训练，而是协调心理、大脑和躯体三者之间相互关系的训练。儿童在使用感统器材的训练中，促进感知觉系统的发育，增强自信心和自我控制能力。在应用感统训练器材的游戏中，使幼儿感觉到自己对躯体的控制，增强感觉信息的输入，尤其是前庭刺激的输入，促进感知觉的协调，进而达到改善脑功能的目的。

五、将感统训练纳入幼儿园课程

有人误解感统训练是针对问题儿童进行的矫治训练，这是不正确的，感觉统合训练主要是通过一些有趣的游戏进行，是所有孩子都喜欢的活动，可以将感统训练纳入幼儿园课程。那么，将感统训练纳入幼儿园课程要注意什么呢？

1. 创编生动有趣的感统操和感统游戏，让幼儿充分感受到感统活动的乐趣

教师要积极动脑，针对幼儿的生理和心理特点，设计适合幼儿的感统活动方案。可以以幼儿喜欢的小动物为主人公，加上生动有趣的情节，幼儿置身其中，兴致会非常高。

2. 将感觉统合游戏与其他活动相联系

感统训练最终目的是促进幼儿的全面发展。《幼儿园教育指导纲要（试行）》指出，各领域内容要相互渗透，把感统游戏渗透到其他领域活动、区角活动、生活活动、家园活动中，能丰富幼儿的活动内容，更有效地促进幼儿情感、态度、能力、知识、技能的发展。

3. 循序渐进，逐步加深游戏的难度

从简单到复杂，通过变化玩法、增加游戏情节等保持幼儿游戏的兴趣，体验游戏的快乐和成功。

4. 组织感统活动与习惯养成教育结合

如活动前提醒幼儿上厕所、喝水，活动中注意培养幼儿轮流、合作、分享、勇敢、大胆、自信等品质，引导幼儿活动后学习收拾整理活动场地和材料。

实例 5－7

运粮食（大班）

活动目标：

强化前庭刺激，提高运动策划能力；通过滑板游戏激发幼儿参加感觉统合活动的兴趣和热情，感受幼儿间合作的快乐。

活动准备：篓子 3—4 个、沙包若干、人手一块滑板。

活动过程：

开始部分：幼儿俯卧滑板，进场后成圆形。

导语：天气真好，小蚂蚁一起出去玩玩吧！幼儿做操（头部—上肢—下肢—体侧—体转—跳跃）。

基本部分：

1. 讲解玩法

幼儿两两组合，一个在前俯卧滑板，一个在后拉住前面小朋友的双脚。前面小朋友用双手扒地面带

动后面的小朋友前进，到达目的地后将附在身边的沙包投入篓子里。让一组小朋友来演示(教师边指导、边讲解动作要领)。

2. 幼儿自由组合，练习一次后讨论

“怎样才能滑得又快又稳?”掌握动作要领：两个人要配合，前面的人手要用力划，坐在后面的人用脚蹬地。幼儿再次练习，教师强调游戏规则，小蚂蚁到粮仓运粮食，每次只能运一袋。

3. 幼儿游戏

教师及时表扬游戏中能相互配合，团结协作得较好的幼儿。

结束部分：放松整理，仰卧滑行板。

拓展练习

1. 感觉统合和感统失调是什么?
2. 幼儿园感统训练要注意什么?
3. 自定年龄班，尝试设计一则感统活动。

参考文献

[1] 丁彩霞. 浅议大班运动区域的创新与实践[G]. 教师，2011(31).
[2] 陈彦. 小班运动区环境创设的实践探索[G]. 家教世界，2014(6).
[3] 余昭君. 幼儿园运动性区域活动中三大要素的实践探索[M]. 中国校外教育，2008(7).
[4] 陈彦. 运动区活动中对不同群体幼儿的支持策略[M]. 福建教育，2014(23).
[5] 陈彦. 运动区活动中如何尊重不同群体差异[M]. 福建教育，2014(23).
[6] 李筠景. 我园开展开放式运动区域的几个指导性原则[G]. 小学科学(教师版)，2013(12).
[7] 李晓萍. 小空间大运动——运动区域环境创设例谈[G]. 早期教育：教师版，2013(11).
[8] 花玉芳. 创设支持幼儿发展的趣味运动环境[G]. 小学科学，2013(1).
[9] 宋萍. 区域体育运动区域的创设及思考[G]. 课程教育研究，2013(9).
[10] 虞建珍. 有效设计运动游戏促进幼儿快乐运动[M]. 早期教育：教师版，2009(12).
[11] 张子燕. 小议学龄前教育及图书馆的利用[J]. 中小学图书情报世界，2004.
[12] 罗维军. 幼儿早期阅读的价值及指导策略探究[J]. 辽宁师专学报：社会科版，2008(6).
[13] 吴端萍. 幼儿园区域性体育活动的探索与实践[G]. 福建教育，2014(20).
[14] 方莉梅. 幼儿园运动环境创设实践与探索[G]. 学周刊，2014(8).
[15] 高燕勤. 儿童感觉统合失调[EB/OL]. 高燕勤大夫个人网站，好大夫在线，http://haodf. com. 2012(9).
[16] 周飞波. 幽幽书香，伴我成长——浅谈幼儿园阅读角的创设与利用[Z]. 首届浙江省中小学图书馆(室)管理和应用优秀论文. 2007.
[17] 孙瑞雪. 捕捉儿童敏感期[M]. 北京：中国妇女出版社，2010.
[18] 吉姆·崔利斯. 朗读手册[M]. 天津：天津教育出版社，2006.
[19] 尹建莉. 好妈妈胜过好老师[M]. 北京：作家出版社，2010.
[20] 韩波. 幼儿教育法与图书馆服务模式[J]. 山东图书馆季刊，2004(2).
[21] 李学锋. 少儿图书馆开展儿童早期阅读教育初探[J]. 中小学图书情报世界，2007(4).
[22] 李丽. 浅谈幼儿早期阅读教育[J]. 世纪桥，2007(8).

第六章　幼儿园乡土特色区域活动的设计与指导

学习目标

1. 了解幼儿园地方特色的区域活动的内涵和外延。
2. 了解幼儿园地方特色区域活动设计与指导要点。

名言语录

只有社会与儿童找到平衡点时，幼儿对于活动才有真正意义上的兴趣。

——杜威

第一节　乡土特色区域活动的内涵和外延

案例引导

某幼儿园教师创设地方特色区角时，利用废旧箱子、泡沫纸等常用的美术材料制作成烧烤区角，或者用卡纸画成图案再让小朋友粘贴、绘画，当问及为何不利用地方特色资源设计区角时，该教师很茫然，自己所处的地方与别的地方似乎没多大区别，有何特色资源可以利用呢？

《幼儿园教育指导纲要(试行)》在总则中明确指出："充分利用自然环境和社区的教育资源，扩大幼儿生活和学习的空间。"幼儿教师应充分利用当地的丰富的自然环境资源和鲜活的人文环境资源，让幼儿从视觉、听觉、触觉等多种感官上感受到浓郁的地方特色美和气息，鼓励幼儿去发现美、感受美、创造美。我们可以根据当地的文化特色来开展幼儿园的区域活动，丰富小朋友对这些地方特色的感知，激发幼儿创造的灵感，产生热爱家乡、热爱祖国的情感。

一、乡土特色区域活动的内涵和外延

所谓乡土特色区域就是与别的幼儿园(主要指农村幼儿园)不同的、比较独特的区域。这种特色可以是地域特色，也可以是园本、班本特色的体现。特色区域并不仅仅反应在独特的名称上，有些区域用的是常规区域的名称，比如建构区，投放只有本地区独有的建构材料，或者只有自己幼儿园开发挖掘的建构材料，开展富有特色的建构活动，这也可以称其为特色区域。还有一种特色区域，尽管别的幼儿园也有，但是某个幼儿园有自己持续深入的探索研究，积累了丰富的经验，形成了自己丰富而独特的环境和活动特色，这也是一种特色区域。

"一方水土养一方人"，在幼儿园室内外公共环境的创设中，隆昌部分乡镇幼儿园充分挖掘地方民风民情中有价值的内容，充实幼儿园地方特色化环境创设的教育内涵。除了常设的美工区、操作区、表演区外，还充分利用地方特色资源，开设音乐区角、土陶制作区角、攀爬区角(用夏布做成绳子等)等活动。既满足了幼儿玩中学、学中玩的教育理念，又激发了幼儿的主动探究、创新的天性。

二、乡土特色区域活动设计与指导要点

1. 挖掘可利用的本土原生、再生、创生资源，进行科学分类和整理

发挥农村地域优势，实现低成本、高质量的幼儿教育，是落实《幼儿园教育指导纲要(试行)》精神、推进农村幼教课程改革、优化幼教质量、提高农村幼儿教师教育教学水平的关键。不少农村幼儿园存在教育经费紧缺、教玩具和操作材料缺乏的问题，为此农村幼儿园应根据区域活动的新理念、结合本园的环境，从实际出发，挖掘一切可以利用的乡土资源，如植物资源、动物资源、自然物质资源、地方特色产业和

文化资源等，开展丰富多彩而又具有本土特色的区域活动。

“儿童的智慧源于操作”，材料对活动区开展有着至关重要的作用，农村的各种农作物、野花、野草、野果，根据季节变换各不相同，它们均是农村孩子的天然玩具。它们既是引发幼儿探索活动的刺激物，也是幼儿主动建构、认识周围世界的中介。如何收集具有教育价值的乡土资源，从一些幼儿园和教师经验看有以下方式：

（1）教师积极参与收集特色资源的活动。教师要不断学习、交流、研讨、扩展活动思路，明确收集范围，如把乡土材料分成：植物类、沙石类、民间劳动工具类、昆虫动物类和其他废旧日用品类等，幼儿园教师协调商量，进行分类收集，为开展农村幼儿园特色区域活动奠定物质基础。

（2）家长和幼儿自主收集。拓展收集途径，发动家长和幼儿共同参与收集活动。让家长欣赏一些利用收集的材料制成的成品、半成品教玩具，以激发家长的积极性。在亲子活动中，让家长利用自己和孩子一起收集的物品，开展各类创作活动，也能大大激发家长共同参与幼儿园活动的兴趣。

2. 利用整合的本土资源材料，创设特色区域环境

创设特色区域，要注重三维空间的合理利用，尽可能充分利用活动室、走廊、休息室的每一个角落，创设主题背景下的区域游戏活动空间，比如用充满本土气息的材料做成吊饰将活动室有序分割为益智区、美工区等。

3. 巧思妙想，体验创造的乐趣

为了引导幼儿了解家乡，感受家乡的特色资源，让幼儿在独特环境熏陶下受到潜移默化的熏陶，更加热爱家乡，热爱祖国，我们应调动幼儿的积极性，群策群力去创作。例如隆昌的夏布之花乐满园、土陶制作人人夸、小小竹子用处多就将这些体现得淋漓尽致。

拓展练习

什么是地方特色区域活动？你的家乡有哪些宝贵资源可开展特色区域活动？

第二节　乡土特色区域活动设计与指导要点

案例引导

四川省隆昌县，具有源远流长的文化底蕴和得天独厚的地方特色资源，有精美绝伦的土陶艺术，有叹为观止的青石文化（石牌坊等），有独一无二的夏布，还有极具风土人情的云顶鬼市……老师们也意识到了蕴藏在隆昌的丰富多彩的教育资源的价值，但是这些资源怎么整合为适合幼儿学习、探索的区域材料呢？如何让幼儿受到中国传统文化的熏陶的同时，还能在心中播下一粒老祖先留下的种子，让其枝繁叶茂呢？又如何将这些资源有机整合到区角活动设计中，更好地促进幼儿发展呢？

一、地方特色区域活动介绍——夏布之花乐满园

位于川南丘区地带的隆昌县，自古以来有着种植苎麻的传统。由苎麻纱经手工织成的夏布，是流传于内江市隆昌地区的一门传统编织工艺。这种工艺已有1 000多年的悠久历史。自唐宋以来隆昌夏布编织技术就比较发达。明清时隆昌夏布成为宫廷贡品，并开始销往海外，成为中国最早出口的纺织品。

然而一直以来，由于粗放式经营的缘故，隆昌夏布——这一传统的手工技艺却始终处于艰难发展的境地。在纺织技术高度发达的今天，夏布这种有着数千年历史的传统工艺正濒临失传。以下介绍四川隆昌周兴镇幼儿园的具体做法。

图 6-1　夏布之花乐满园（图片来自四川隆昌县周兴镇幼儿园）

（一）吊饰

图 6-2　吊饰（图片来自四川隆昌县周兴镇幼儿园）

（1）吊饰分为两层，一楼是用大麻绳（拔河那种）分别染上不同的丙烯颜料，然后编成花朵的图案，用细铁丝定型用于吊饰。

（2）二楼用的是麻布口袋，先将铁丝挽成花瓣的形状，比照着将麻布口袋也剪成花瓣状，并涂上丙烯颜料，五个花瓣挽成一朵花，细铁丝定型，并以绿叶衬托。

（二）楼道

（1）楼道分两边，一边以向阳花为主题，另一边以桃花为主题。

（2）制作材料是麻布蚊帐，将蚊帐剪成大大小小的向阳花（桃花）形状。

（3）在每个花瓣、花心里面放入海绵，使之有立体感，再用速溶胶粘好，最后涂上相应的渐变色（绿叶制作方法一样）。

（4）向阳花的枝干是用纯色的大麻绳（夏布的原材料）制成的。桃花的枝干是用麻布口袋填充海绵制成的。

图 6-3　楼道(图片来自四川隆昌县周兴镇幼儿园)

(5) 花朵中间是用喷绘展示的夏布制作。

(三) 各区角

1. 爱心火锅庄

图 6-4　爱心火锅庄(图片来自四川隆昌县周兴镇幼儿园)

(1) 用麻布口袋拼接,制成一整块布,制作火锅庄的名字,圆拱形是用铝合金材料制成的支架。

(2) 侧面悬挂麻布画,是用整块的麻布口袋,幼儿和教师一起在上面制作的各色图画,并用大麻绳悬挂起来。

(3) 底部是用大小差不多的木棍制作的篱笆,并用大麻绳涂上颜料制成藤蔓,悬挂丝瓜和绿叶。丝瓜、绿叶也是由麻布蚊帐填充海绵制成的。

2. 理发屋

(1) 理发屋的坐垫是用稻草编的草垛子。

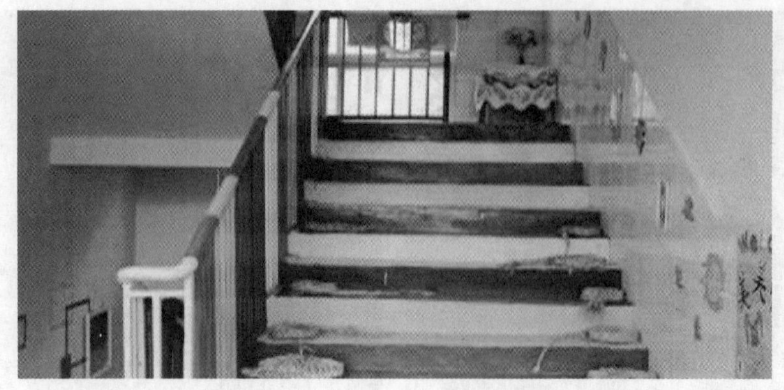

图 6-5 理发屋(图片来自四川隆昌县周兴镇幼儿园)

(2) 墙上贴的是各类发型图片,是用麻线充当头发的部分粘贴在图片上面。

3. 美工区

(1) 帽子是麻线编的辫子,旋转成帽子的形状,再用布剪成花朵加以装饰。

(2) 挂件全是用刺绣用的模子,将夏布染色后用丙烯颜料直接画在上面。

(3) 其实美工区是把大小不同,长短不一的麻绳染成各色提供给小朋友,还有麻布的各种形状拿给小朋友操作。

(4) 美工区进门的帘子也是用大麻绳染色后悬挂做枝干,用无纺布剪成花瓣,用胶粘好,利用毛条,悬挂在染色的枝干上。

4. 手工操作区

(1) 手工操作区分为:贴一贴、画一画、绣一绣、做一做。因场地有限,我们将手工操作区直接挂在了墙面上。

图 6-6 手工操作区 1(图片来自四川隆昌县周兴镇幼儿园)

图 6－7 手工操作区 2(图片来自四川隆昌县周兴镇幼儿园)

(2) 贴一贴：用木板将麻布蚊帐制作成正方形的操作板，将平时收集的布料上面的图案全部剪下来，小朋友可以自由粘贴。

(3) 画一画：麻布蚊帐制作操作板，幼儿在上面做手指画。

(4) 绣一绣：用麻绳制作正方形的模型，用麻布口袋打底，利用发夹当针，用网上买来的五彩麻线，幼儿自由操作刺绣。

(5) 做一做：将麻布广泛定义为布，发动家长，利用五彩布制作。

5. 图书角

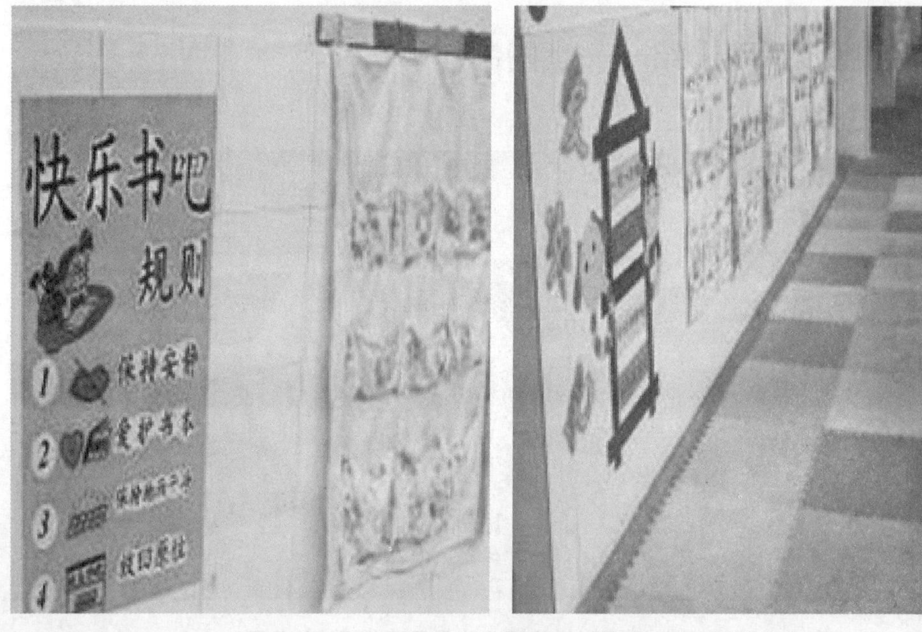

图 6－8 图书角(图片来自四川隆昌县周兴镇幼儿园)

在图书角我们将麻布意义扩大为布，用花布制作的口袋，存放大大小小的图书。

6. 音乐角

图 6-9　音乐角(图片来自四川隆昌县周兴镇幼儿园)

(1) 音乐区外面，是用大麻绳染色后做成的帘子，并用大麻绳在帘子上用铁丝固定，制成各种音符。

(2) 音乐区里面有表演舞台，表演的衣服是用麻布口袋做成的，先剪成衣服的形状，用胶粘好，再绘上民族舞蹈服的模样。

(3) 表演用的新疆帽，就用方便面的盒子做帽子，长辫子全是麻线编成的小辫子。

(4) 打击乐就是用竹子制成的一套。

二、地方特色区域活动介绍——土陶制作

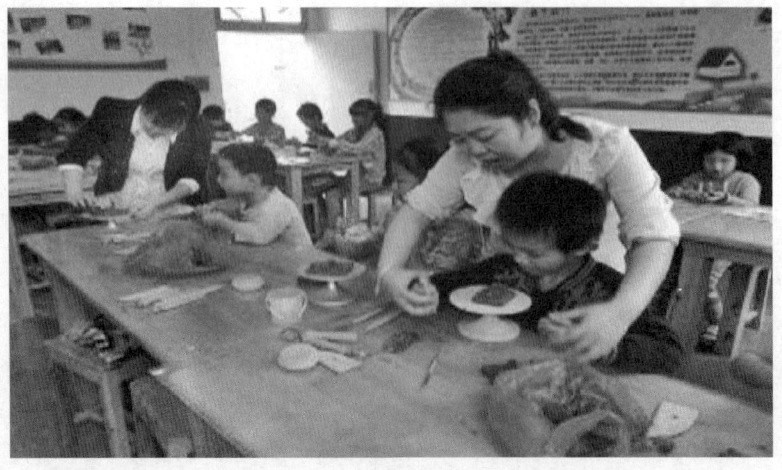

图 6-10　土陶制作(图片来自四川隆昌县石燕桥镇幼儿园)

隆昌土陶制作已有600多年历史。其工艺流程包括制泥、制坯、上釉、烧制等环节。在四川隆昌石燕桥镇一带，已经形成了一道独特的汉族土陶文化艺术风景线，几乎每家每户，都有土陶制品，用来装水、装酒、泡菜等，更有精美的艺术作品，四川隆昌石燕桥幼儿园就利用它创设了土陶区角，让幼儿感知土陶文化，同时鼓励幼儿动手操作，创新。

三、地方特色区域活动介绍——小小竹子的用处多

四川泸州纳溪丰乐镇幼儿园开展的特色区域活动，不是单一的让幼儿去"做做、玩玩"，而由教师从中去协调各类活动之间的联系，将地方特色与区域活动有机相连，引导幼儿领略、尝试、操作、感知地方特色资源，培养幼儿对它的认同与喜爱，增强民族自信心和自豪感，给幼儿创设出宽松愉悦的活动环境。老师们可就地取材，把竹子锯成需要的长度，打磨、粘贴，有的装饰区角，有的制作成打击乐器，有的留做小朋友的玩具，这样的玩具绿色无污染，又环保。

图6-11　竹子区域活动

大自然是幼儿的欢乐之源。幼儿园教师应从实际出发，回归自然、回归生活，挖掘身边的自然资源、社会资源、文化资源，积极引导幼儿自主地探索区域活动，为幼儿提供丰富的学习机会，促进幼儿健康、和谐、快乐地成长！如图6-12"有趣的竹子"所示。

图 6-12 有趣的竹子(图片来自四川泸州纳溪丰乐镇幼儿园)

拓展练习

1. 请列举你所知道的幼儿园地方特色区域活动。
2. 你家乡有何特色资源？你怎样将这些资源整合到你的幼儿园区域活动中？

参考文献

[1] 虞永平.多元智能理论与幼儿园课程研究[J].学前教育研究,2004(5).
[2] 杨静.回归自然,回归生活[J].幼儿教育,2003(7).